KB182540

옥스퍼드 튜토리얼

THE OXFORD TUTORIAL
by David Palfreyman

옥스퍼드 튜토리얼

초판 1쇄 펴낸날 2024년 12월 26일

지은이	리처드 도킨스 외 옥스퍼드대 교수 14명
엮은이	데이비드 팰프리먼
옮긴이	노윤기
편집장	한해숙
편집	신경아
디자인	최성수, 이이환
마케팅	박영준
홍보	정보영
영업관리	김효순

펴낸이	조은희
펴낸곳	주식회사 한솔수북
출판등록	제2013-000276호
주소	03996 서울시 마포구 월드컵로 96 영훈빌딩 5층
전화	편집 02-2001-5822 영업 02-2001-5828
팩스	02-2060-0108
전자우편	isoobook@eduhansol.co.kr
블로그	blog.naver.com/hsoobook
인스타그램	soobook2
페이스북	soobook2

ISBN 979-11-94439-05-9

이 책은 바다출판사에서 발행된 동명 도서와 같은 작품으로
내용은 동일하나 세부적인 차이가 있을 수 있습니다.

큐알 코드를 찍어서
독자 참여 신청을 하시면
선물을 보내 드립니다.

옥스퍼드 튜토리얼

리처드 도킨스 외
옥스퍼드대 교수 14명 지음
노윤기 옮김

생각하는 힘을
길러주는 교육
옥스퍼드의 천년 교수법

차
례

I

교육계의 권위이자 모범으로 인정받는 옥스퍼드 튜토리얼에 관하여

데이비드 팰프리먼 David Palfreyman, 옥스퍼드 고등교육정책연구소

들어가며

이 장에서는 '고등교육'의 개념에 관해 살펴보고자 한다. 고등교육이나 이른바 '고등'하다고 일컬어지는 대학교육, 그리고 그 외의 교육 분야(의무교육, 대안교육, 성인교육)들은 어떻게 운영되고 있을까? 이에 관해 더 살펴보면 '고등교육'은 단적으로 '교양교육'을 의미하며, 더 나아가서는 그간 여러 저자들이 제안해왔던 '인문교양'이나 '교양교육'의 개념으로도 설명할 수 있을 것이다. 이 장에서는 고등교육에서의 교양교육과 '직업교육'의 방법론 사이의 잠재적인 갈등에 관해서 살펴보고, 대학 내에서 이루어지는 직업교육이 고등교육으로 불려도 좋은지 검토해볼 것이다. 그리고 나서 일반적으로 단일전공을 이수하는 학위과정에 포함되는 교양교육 특별과정으로, 전공분야를 공부하는 학생들의 비판적 사고를 촉진하는 학습법인

옥스퍼드 튜토리얼에 관해 살펴볼 것이다. 이는 보통교육과 구별할 필요가 있는데, 보통교육이란 학생들에게 다양하고 폭넓은 커리큘럼을 제공하고 이를 적절히 전수하여 '학술 담론'들을 경험하도록 하는 '교양교육'과정을 말하기 때문이다. 지난 20년 동안 교수 대비 학생 수는 급증했고, 학생들이 학술 연구에 온전히 매진할 수 있는 여건은 점차 악화되어왔다. 이 장의 결론에서 나는, 영국의 대학들이 부실해진 학부교육을 개선하고 교양교육의 가치와 중요성을 재고하도록 촉구하고자 한다.

'고등교육'의 '고등'이란 무엇인가?

이 장에서 우선적으로 살펴볼 문제는 '고등교육'에서 말하는 '고등'이란 무엇인가 하는 것이다. 이에 관해서 다음과 같은 의문들을 제기할 수 있다.

'고등'교육은 정말로 중요한가? 한때 초등교육이라 불렸던 예비·중등교육[영국은 과거의 초등elementary교육을 현재 만5세(1학년)에 시작하여 만10세(6학년)에 졸업하는 예비학교primary school와 만11세(7학년)에 시작하여 만17세(13학년)에 끝나는 중등학교secondary school로 개편했다－옮긴이]이나 '성인'교육에서 가르치지 않는 수준 높은 '고등'교육이란 무엇인가? 혹시 질적으로 우월한 교육과정이 아닌 단지 새롭게 고안해낸 기술교육에 지나지 않는 것은 아닐까? 만일 고등교육을 수행하는 기관에서 학생들에게 전공도서나 학술자료를 읽고 분석하기보다 직무와 관련된 '기술'만을 가르치며 강의 내용을 암기하도록 한다면 어떻게 될까? 에세이를 작성하고 교수와 대면하여 적절한 피드백을 받으며 학문을 연구하는 대신 선다형으로 치러지는 컴퓨터 평가에만 몰두하면 어떨까? 20~25주 일정의 세미나를 10~12주로 축소해 실질적인 토론조차 이루어지지 못하게 하면 어떻게 될까? 이것이 현실이 되면 고등교육은 일반교육의 연장일 뿐이고, 고등교육이 아닌 성인교육의 하나로 간주해야 할지도 모른다. 사람들은 이러한 교육을 평생교육 정도로 여기게 될 것이다.

고등교육이란 전공과 상관없이 개인의 의사소통 능력과 비판 능력(종합·분석·표현 능력)을 배양하는 교육이다. 이것은 누군가가 3~4년 동안 고등교육을 이수한다고 해서, 이를테면 18세 고교 졸업생이 22세 대학 졸업생이 되었다고 해서 얻을 수 있는 능력이 아니다. 예를 들면 고등교육에 참여하는 학생들은 일반 학위과정의 교과서 수준 이상의 지적 수준을 함양하고 있어야 한다. 중요한 것은 학과 지식이 더는 유효하지 않을 때 그것을 수정하고 보완할 수 있는 능력이다. 이를 위해서는 기술적인 수준에서도 일반 학위과정의 내용을 넘어서야 한다. 다시 한 번 강조하지만 고등교육에서 해당 학문을 언제 어떻게 발전시켜야 하는지 인식하는 일은 매우 중요하다. 고등교육은 일반 성인을 위한 의무교육 과정이 아니다. 고등교육은 교양교육과정을 통해 비판적 사고를 증진시키는 교육이다.

고등교육은 기술을 습득하여 경제적인 이익을 도모하려는 이들을 위한 것이 아니고, 평생교육 및 직업 재교육, 그리고 교육받은 시민으로서 평생 사회에 기여하고자 준비하는 사람을 위한 것이다. 따라서 고등교육은 교양교육이기 때문에 직업교육의 역할을 벗어난다. 직업교육도 가치 있는 일이지만, 배관공이나 미용사에게 실무를 가르치거나 회계사 자격시험이나 은행 입사시험에 도움이 되는 지식을 전달해주는 이상의 역할을 하지는 못한다. 고등교육은 '훈련'이 아니다.

고등교육은 의사나 법률가와 같은 전문직업인이 되게 하는 출발점이 되기도 한다. 하지만 의사나 법률가가 자신의 지식을 도구적인 수단으로 생각하지 않고 그것을 올바르게 발전시키고자 하는 사람이라면 그는 자신의 직무를 수행하면서 더 큰 창의력을 발휘할 것이다(사실 기술적인 능력이 요구되는 직무의 종사자라고 할지라도 교양과 양식을 보여주는 일은 가능하다. '생각하는 배관공'이 '기계적인 배관공'보다 더 창의적으로 배관 작업을 할 수 있다).

미국 교육 제도에서 의학이나 법학과 같은 고등교육은 '일반교육'과 '교양교육'을 이수한 학부 졸업생을 대상으로 하는 전문대학원 과정이다. 이에 비해 영국은 학부에 법학이나 의학 과정을 개설하고 있으며, 23~24세가 아닌 19~20세 나이에 학생들이 의과대학에 등록하여 환자를 돌보기 시작한다. 이러한 모습은 '스크럽스 Scrubs'나 '이알ER' 등의 텔레비전 드라마를 통해 대중에게 익숙해졌지만, 여기에도 문제는 있다. 교육이 이루어지는 방식과 학위과정에 필요한 과업의 양, 학업 성취도를 평가하는 방법, 교수법과 학습의 질, 졸업 요건에 대한 지침, 고등교육에 부합하는 교육의 합목적성 등에서 학위의 개념과 수업 연한이 나라마다 다르기 때문이다. 예를 들어 미국의 학부과정생들은 다양한 과목 가운데 주전공과

부전공을 선택하여 공부할 수 있다. 이에 비해 영국의 학생들은 매우 전문화된 단일학위과정을 이수해야 한다. 유럽의 일반적인 고등교육과정은 이 두 나라의 방식을 절충한 형태로 운영되지만 수업연한은 미국과 같다(영국 내에서도 지역적인 차이가 있어서, 잉글랜드와 웨일스는 3년 학부제이지만 스코틀랜드는 4년 학부제이다).

그런데 '고등교육'이 이처럼 다양한 모습을 보인다고 해서 '자유주의 사회의 민주정치 모델이 가진 훌륭한 시민의식good citizenship within a liberal social democracy political model'이 아닌, 경제 발전을 추구하는 실질적이고 분명한 수단일 뿐이라고 단정할 수는 없다. 앞에서 언급한 것처럼 인적자본을 계발하는 일이 의사소통을 명확히 하고 비판적 사고를 함양하는 일이어서 결과적으로 교양교육의 경제적인 가치를 높이는 일이라고 믿지 않는다면 말이다. 만일 고등교육이 기술적·직무적 가치로 평가되어 취업을 위한 훈련 정도로 인식된다면 경제협력개발기구OECD 국가들이 가진 고등교육 제도들은 본래의 의미를 잃어버린 채 글로벌 경제를 구성하는 국가들이 서로를 압박하는 경제 정책의 형태로 귀결될 것이다. 따라서 '교육의 성과'가 우선적으로 강조되는 상황이 이어진다면, 영국 고등교육의 대중화란 곧 '저렴함'을 의미하게 될 것이다(최근 20년 간 학부생 수는 두 배로 늘었지만 학부교육에 투입되는 연간 예산은 40퍼센트 감소했다). 학생 대비 직원 수가 줄었다는 것은 교육과 교육에 대한 평가가 부실해졌다는 뜻이고, 무엇보다도 학생들이 학술 연구에 매진할 수 있는 환경이 악화되었다는 뜻이다. '학업 성취도'의 목표지점이 하향조정(퇴보하는 과정)된 것일까? 아니면-아마도 과도한 학습과 학습에 대한 압박으로 인해-교육 생산성이 증가한 만큼 교육 효과는 줄어들었지만 기대치가 높지 않기에 목표가 무난히 달성된 것일까?

전자가 옳다면 지금의 고등교육은 덜 고등한 교육으로 변질되고 있으며, 또한 교양교육을 토대로 한 교육학적 목표를 추구하기보다 의제 중심의 기술과 커리큘럼을 앞세우는 전문교육으로 변질되고 있다고 볼 수 있다. 이러한 현실에 정부 당국은 안타깝게도 고등교육이 현실에 맞게 더 '유연'하고 '합리적'으로 변해가고 있다는 막연한 긍정론을 펼친다. 하지만 그러한 교육이 가져오는 단기적인 이익은 사회와 경제에 지대한 영향을 미치는 고등교육의 장기적인 이익에 비할 수 없다(국가별 비교 분석을 위해 개빈 무디Gavin Moodie의 2008년 저서를 참고해보라. 자유시장경제 역시 교양교육을 필요로 한다. 대학 졸업생이 급변하는 경제 환경에 대응하고 고용 기회를 놓치지 않도록 잘 준비시켜야 하기 때문이다).

'고등교육은 중요한가?'라는 첫 질문으로 돌아가서 생각해보자. 만일 우리의 고등교육 산업이 지향하는 지금의 방식이 지속된다면, 혹은 정부의 예산 담당자들처럼 인적자원이론의 협소한 틀에서 고등교육을 바라본다면 경제에도 이득이 되지 못할 것이다(고등교육이 가지는 진정한 경제효과는 학생들이 학부과정에서 배우는 교육 자체가 아니라 학문의 연구와 기술이 전수되는 과정이라고 볼 수 있다. 이와 관련하여 경제학자 엘하난 헬프먼Elhanan Helpman의 2004년 책《경제 성장의 수수께끼The Mystery of Economic Growth》를 참고하라). 더 나은 사회를 위해 공공이 복리를 제공해야 한다는 전통적인 입장에 의거해도 고등교육은 분명히 의미 있지만, 그럼에도 이러한 이론은 1970년대 이래 정부의 적극적인 비용 투자를 이끌어내지는 못했다(다시 말해 우리와 같은 고등교육 '업계' 종사자들은 고등교육의 경제적인 가치를 인식하고 세금을 투입하도록 촉구하는 데 수동적이고 방어적인 태도로 일관해왔다). 고등교육은 분명히 교육 수혜자의 지위를 과시하는 위치재positional goods이지만(구직 시장에서 학력의 의미를 생각해보라), 동시에 개인의 욕구 충족을 위해 소비되는 소비재consumption goods이기도 하다(선진국 젊은이의 절반가량은 25~26세가 될 때까지 지속적으로 비용과 수고를 들여 일련의 교육과정을 이수하고 이를 통해 자신의 경쟁력을 확보해야만 한다. 즉 18세까지 수업을 마쳤다면 잠시 쉬었다가 3~4년의 대학생활을 이어가야 한다. 이후 잠시 휴식을 취할 수 있지만 곧 석사학위 취득 여부도 고민해야 한다. 요즘은 누구나 석사학위 하나쯤은 가지고 있지 않은가……). 만일 고등교육이 진정한 의미에서의 고등교육이 된다면 그것은 좋은 일일 것이다. 기술교육의 경우 피닉스Phoenix나 카플란Kaplan처럼 영리 목적의 회사들은 원격학습을 통해 더욱 효과적이고 효율적인 교육 환경을 제공할 수 있다. 공공교육기관에 마련된 저비용 '전문학사과정foundation degree'이 활발한 연구와 합리적인 교육을 모두 제공한다면 그것도 좋을 것이다. 그런데 무엇보다 중요한 것은 고등교육이 피교육자의 비판적이고 반성적인 사고를 증진시키는 교양교육이 되어야 한다는 점이다.

학생과 사회 모두의 장기적인 경제효과를 포함하여 교양교육의 보편적인 가치를 추구하는 일은, 산업숙련개발기구[Sector Skills Development Agency, 국내외 시장 분석과 기업의 자금 및 정책 지원을 담당하는 영국의 국책기관으로, 지금은 영국고용기술위원회UK Commission for Employment and Skills(UKCES)로 명칭이 바뀌었다-옮긴이]와 같은 공공기관이 주도하는 '멋진 신세계'와는 전혀 어울리지 않는다[헉슬리A. Huxley의 소설《멋진 신세계》에서 차용한 표현이다. 이 책에서 저자는 국가의 획일적인 교육 정책을 비판한다-옮긴이]. 또한 효과적인 고등교육을 위해 고용주들이 대학의 교육과정에 깊이 관여할 수 있어야 하고, 학생들은 직무 연관성이 있는 학점을 이수해서 실무에 적용 가능한 기술을 익혀야 하며, 결과적으로 대학은 영국의 산업 현장에서 즉각적이고도 효율적으로 활용될 경제적인 효용가치를 구현해야 한다고 주장한 2007년 레이치 보고서Leitch Review도 우리가 나아가야 할 궁극적인 목표와 거리가 있다(교육 리서치 기관인 타임스 하이어 에듀케이션Times Higher Education의 2007년 12월 14일자 13페이지에 이와 관련한 전문용어들이 설명되어 있다). 그러한 주장이 실현된다면 우리가 보게 될 것은 미국 커뮤니티 칼리지의 영국식 버전인 '훈련 대학교the training university'에 지나지 않을 것이다!

'교양교육'이란 무엇인가?

이 장의 두 번째 절에서는 교양교육에 대한 학자들의 여러 입장을 살펴보고자 한다.

앨런 블룸[Allan Bloom, 1930~1992, 미국의 고전학자이자 철학자-옮긴이]은 대학에 '매혹되는 시기'라는 의미에서 '교양교육의 모험the adventure of a liberal education'이라는 표현을 사용했다. 대학은 학생들이 학문의 총체적이고도 세부적인 요소들을 두루 배우도록, 혹은 반드시 배우도록 도와야 한다. (《미국 정신의 종말The Closing of the American Mind》, 1987, pp.336~347.)

고든 그레이엄[Gordon Graham, 1949~, 미국 프린스턴 신학교 철학과 교수-옮긴이]은 '교양교육과 순수과학의 핵심'은 '마음의 지평을 넓히는 일'이고 '대학교육의 본질도 이와 마찬가지'라고 보았다. '교양교육은 전문적이고 기술적인 연구들을 풍성하게 하여' 법학이나 의학, 공학 등의 '전문가를 양성'한다. (《대학: 사상의 회복Universities: The Recovery of an Idea》, 2002, pp.40~45.)

마이클 오크숏[Michael Oakeshott, 1901~1990, 영국의 역사가이자 철학자, 정치 이론가-옮긴이]은 인간이 자신의 삶과 세상에 대한 다양한 생각을 지식의 형태로 축적해놓은 '위대한 지적 모험에 응대하는 법'을 배우는 일이 '교양학습'이라고 했다. 그것은 지금 이곳의 시급한 문제에서 잠시 벗어나 인간이 자신의 궁극적 의미를 이해하려는 목소리에 귀를 기울이는 일이다. 그리고 이러한 행위와 과정이 대학에서 벌어져야 한다. 대학은 학생이 교수나 펠로 들과 소통하며 교육의 기회를 제공받는 곳이며, 또한 자신의 삶에서 '즉시 성과를 내놓지 않아도 되는 매력적인 시간'인 '간극의 선물'을 선사받는 곳이다. 성공적이라면, 대학교육은 교육의 참여자이자 수혜자인 학생들이 '지적 독선'을 넘어서 '도덕적 감수성'의 범위를 확장하고 '때가 덜 탄 순수함을 간직한 거칠고 모순적인 진리'를 극복하여 자신의 삶을 더욱 의미 있게 만들 수 있다. 즉 대학교육은 '단순한 강의의 현장'이 아니다. 오크숏은 다음과 같이 경고한다. 대학 수업이 자료조사 차원으로 변질되고, 교육이 강의 위주가 되어 학부생들의 자발적인 학업시간을 빼앗고, 학생들이 자신의 지적인 역량을 계발하기보다 아둔하고 나태한 마음가짐으로 이해하기 쉬운 도덕적·지적 성과물만을 얻으려 한다면, 그래서 소통하는 법조차 이해하지 못한 채 생계를 유지하거나 생활세계의 일원이 될 자격을 얻는 데에만 관심을 둔다면, 대학은 존재 의미를 상실하게 될 것이다. 《교양교육의 소리The Voice of Liberal Learning》, 티모시 풀러Timothy Fuller 편, 1989.)

카디널 뉴먼[Cardinal Newman, 1801~1890, 존 헨리 뉴먼John Henry Newman을 가리킨다. 뉴먼은 영국 성공회 성직자이자 옥스퍼드 대학교 복음주의학과 교수였다-옮긴이]은 《대학의 개념The Idea of a University》이라는 저서를 통해 대학은 마음을 훈련시키고(마음에 대한 실제적인 계발), 마음의 결기와 끈기를 배양하고, 지식을 이해하고 활용하는 능력과 마음을 다스리는 힘을 기르고, 눈앞의 현상을 파악하는 본능적인 직관을 갖도록 하고, 상호 연관된 입장이나 견해를 이해하거나 수단을 배양하도록 하여 '지적인 능력'을 키우는 데에 체계적인 과정을 제공해야 한다고 말했다. 마음의 습관이 잘 형성된다면 그것은 그 사람이 살아가는 내내 지속될 것이다. 여기에 필요한 덕목은 자유, 공정, 인내, 절제, 지혜 등과 같은 철학자의 습성이다. 또한 "교양교육의 목적은 지식 자체에 있지 않고", "가르침이나 습득에 있지도 않다. 오히려 지식이나 철학이라고 불리는 것들을 토대로 한 사유나 이성 자체에 있다". 교양교육은 구체적이고 즉각적인 목적에 봉사하거나 특정 사업이나 직종에 종속되지 않는다. 인간이 스스로 존재 목적을 구현하고 최고의 지성을 실현하기 위해 자신에게 주어진 능력을 계발하는 일이 교양교육이다(그것은 건강한 지성을 창조하는 일이기도 하다). 이러한 '지적 훈련'은

'개인에게 최선'이면서 동시에 사회에 대한 의무에서 해방되는 일이기도 하다. 그것은 '사회의 훌륭한 구성원을 양성하는 훈련'이고, '세상 본연의 모습'이며, 공공의 심성을 배양함으로써 '사회의 지적 역량'을 증진시키고자 한다. (이안 커Ian Ker의 이론들과 뉴먼의 《대학의 개념》, 데이비드 스미스David Smith와 애나 캐린 랭글로Anna Karin Langlow의 《대학의 개념The Idea of a University》(1988)의 견해가 포함되었다. 뉴먼 책의 중국어판 서문에 이러한 생각이 잘 드러나 있고, 이는 이후 영문판에도 실렸다.)

훔볼트[Humboldt, 1767~1835, 독일의 정치가이자 언어학자, 철학자-옮긴이]는 대학교육의 핵심이 뉴먼이 강조한 것과 같은 대학 내 교양교육보다는 연구 장려에 있다고 보았다. 하지만 그가 베를린 대학교가 나아가야 할 바를 논한 아홉 페이지짜리 1810년 글에 따르면, 대학이 만일 시대의 당면한 목표에만 부응한다면 오히려 국가와 개인에게 해가 될 것이며, 교육이 직업교육 중심으로만 나아간다면 대학의 장기적인 가치는 훼손될 것이라고 했다. 또한 그는 '학문을 바탕으로 한 교육'을 강조하며 학교와 대학을, 초중등교육과 고등교육을 구분해서 설명했다. 전자가 보편화된 기존의 지식을 가르치는 일이라면 후자는 지식의 선구자로서 아직 확증되지 않은 지식에 도전해야 한다는 의미였다. 교수가 학생들을 가르치기 위해서만 존재하는 것은 아니며 학생과 스승 모두에게 학문 연구에 정진할 책임이 있다. (훔볼트의 1810년 노트에서 인용.) 고등교육에서 필수적인 '학문 연구를 통한 교양 함양(Bildung durch wissenschaft)'은 대학의 학문 연구는 물론 학부생 수업에도 적용할 수 있다.

19세기로 되돌아가서, 1867년 세인트앤드루스 대학교의 총장이 되어 대학의 존재 이유에 대해 논했던 사상가 **존 스튜어트 밀**[John Stuart Mill, 1806~1873, 영국의 철학자이자 경제학자-옮긴이]의 이야기에 주목해보자. "대학은 인간에게 생계 수단을 마련하는 데 필요한 구체적인 지식을 가르치기 위해 존재하지 않는다. 법률가나 의사 들에게 전문적인 지식을 전수하기 위해서가 아니라, 인간의 존엄성을 드높이는 데 목적을 두어야 한다. 교육은 구두 만드는 방법을 가르치기보다 지적인 구두수선공을 만든다. 교육은 교양교육이 제공하는 내적인 훈련을 통해 이루어진다."

레오 스트라우스[Leo Strauss, 1899~1973, 미국의 정치철학자-옮긴이]는 '겸손을 말하지 않으면서도 가장 높은 수준의 겸양을 실현하도록 가르치는 것이 교양교육'이라고 정의했다. 또한 인간에게는 사회의 통념이라 할지라도 그것이 불변의 진리일리 없다고 비판하는 과감함이 필요하다. 이런 의미에서 '교양교육이란 대중문화의 해독제'이다. '교양교육은 저속함으로부터의 자유'를 의미하기도 한다. (《학술 연구과제Academic Questions》17: 2003/04 겨울, 31~36: 1959년판 재발간, 시카고 대학교.)

화이트헤드[A. N. Whitehead, 1861~1947, 영국의 철학자, 수학자-옮긴이]에 따르면 대학은 기성세대와 젊은 세대가 만나는 지식의 장을 마련함으로서 지식knowledge과 인생의 즐거움zest of life을 연결하는 실질적인 매개 역할을 해야 한다. 대학은 지식을 전수하지만 그 지식은 상상의 나래를 단 것이어야 한다. 바보들은 지식이 배제된 상상만을 좇고, 고

리타분한 학자들은 상상이 배제된 지식만을 추구한다. 따라서 대학의 역할은 상상과 경험을 결합하는 일이다. 대학생들은 옳고 그름에 구애받지 않고 학문을 연구할 시간과 공간을 보장받아야 하며, 위태로움에 내몰리지 않고 우주의 다양한 현상을 탐구할 수 있어야 한다. 대학은 학생들에게 지식을 습득하는 창조적인 방법을 일깨워야 하는데, 그러한 역할을 하지 못한다면 존재의 의미가 없다-적어도 유용한 가치가 없다. 그리고 '고상하고 창조적인 삶'이라는 말을 광고 문구에 그치게 두지 말고 실제 삶에서 구현해내도록 해야 한다. 특히 대학에서는 "지식을 전달하지만 바보와 다를 바 없는 교수(혹은 연구자)가 양산되는 일이 매우 흔하다. 대학이 학생들을 제대로 보살피지 않는다면 그 사실은 얼마 지나지 않아 모든 사람에게 알려질 것"이다! 따라서 진정한 대학은 '회사 조직'처럼 운영되어서는 안 된다. "문제의 핵심은 모든 규율 너머에 있다."《교육의 목적 외》, 1932, 7장.)

앨런 라이언[Alan Ryan, 1940~, 옥스퍼드 대학교 정치학 교수 역임-옮긴이]에 따르면 교양교육에서의 "자유주의 사상은 정치적이다. 자유주의 사상은 훌륭한 시민을 양성하고자 하며, 목적 달성을 위한 수단으로 교양교육을 포용한다. 또한 훌륭한 자유주의 시민을 길러내는 가장 적합하고 안전한 방식으로, 자율적이고 논쟁적이며 심성이 굳은 시민을 양성고자 한다"(물론 경제적인 자생력을 확보하는 일도 매우 중요하게 생각한다). 더욱이 "교양교육은 목적보다 내용에 정의되는 경향이 덜하다. 교양교육은 보편적인 지적 훈련 과정이기 때문이다. 그것은 대체로 정보의 인지하는 일과 그 정보를 사용하는 절제된 기술을 습득하는 일 사이의 균형을 중요시한다. …… 교양교육은 사실을 존중하지만 사실을 받아들이는 인식 수단에 대한 회의 또한 늦추지 않는다". 앨런 라이언은 훗날 대학이 가진 자유언론과 정치적 올바름[political correctness, 인종이나 성에 대한 차별적인 발언을 피해야 한다는 의미로 사용된다-옮긴이]을 논하며 다음과 같이 언급했다. "당신이 만일 자신의 신념을 의심하고 싶지 않다면, 대학에 진학해서는 안 된다."(《교양에 대한 우려와 교양교육Liberal Anxieties and Liberal Education》, 1998.)

다시 **앨런 라이언**은 교양교육이라고 해서 직업교육의 대척점에 있는 것은 아니라고 했다. 최근 각국의 정부들은 변화에 민감한 측면이 있다. 교양교육을 새로운 이름으로 포장하는 일은 오래전부터 있어왔다. 정확히 읽고 신속히 정보를 습득하는 능력……. 논리적이고 간결하게 말하고 쓰는 능력……. 수많은 정보의 함의를 포착하고 상이한 현상들을 통찰하는 능력……. 이러한 능력들은 넓은 의미에서 취업 역량을 높이기 위한 교육이기도 하다. 하지만 동시에 교양교육은 "세상이 본래 인간이 향유하는 대상이라는 강력한 함의를 드러낸다. …… 교양교육은 지적인 자유를 함양하는 교육이다. 그 가운데 학문에 대한 존중이 자리하고 있다".(《교양교육: 자연과학도 교양교육이다!A Liberal Education: and that includes the Sciences!》. 이 책의 다음 장을 참고하라.)

조지 턴불[George Turnbull, 1698~1748, 영국의 철학자, 신학자-옮긴이]의 저서 《교

양교육을 생각하다Observations upon Liberal Education》(1742)는 존 로크John Locke의《교육에 관한 몇 가지 생각Some Thoughts Concerning Education》이나 루소Rousseau의《에밀, 혹은 교육에 관하여Emile, or On Education》의 스코틀랜드 계몽주의 버전이라고 할 수 있다. 이 저서들이 강조하는 바는 대체로 교수법을 개혁하고, 커리큘럼을 확장하여 학교교육을 개선해야 한다는 것이었다. 이를 통해 아이들이 세상을 올바르게 살아갈 도덕적인 책무를 함양하여, 자유주의 세상을 살아가는 '젊은 신사'들로 키워내야 한다는 말이다. 그 교육은 시류적인 지식이 아닌 마음 깊이 새겨지는 '자유에 대한 사랑love of liberty'이어야 한다. 이를 통해 젊은 세대가 악덕과 유혹을 분별하고, 자신들이 살아갈 올바른 세상을 만들어야 한다. 턴불은 젊은이들이 '문제에 대한 해답을 스스로 찾도록' 돕는 '소크라테스식 대화법'을 권장했다. "젊은이들을 가르치는 스승은 전통적인 강의 내용과 형식을 고집하는 대신 학생들이 대화를 통해…… 질문에 이르도록 하여…… 사고의 산파 역할을 경험하도록 해야 한다. …… 젊은이들은 어떤 학문이나 교육에 참여하든 공부한 내용을 암기하기보다는 적절히 체득하여 스스로 이해한 것을 드러내 표현할 수 있어야 한다. 또한 기억이 아닌 자신의 판단에 의거한 쉬운 언어를 사용해야 한다." 턴불은 '판단력'과 '창의력'을 '암기력'(암기를 통한 학습)보다 훨씬 우월한 능력으로 여겼다. 그래서 그는 교양교육이 '신중하고 사려 깊은 사람의 성품과…… 신중한 태도와 비교하고 분석하는 습관……. 진지한 마음가짐과…… 배려하는 습관과…… 생각을 되새기는 습관과…… 진중하고 분석적인 삶의 자세와…… 마음의 덕이나 결기와…… 올바른 판단에 따라 행동하는 습관'을 얻을 수 있다고 주장했다. 이러한 덕목들을 통해 적절히 교육받은 사람은 "어떠한 편견과 억압이 자신을 가로막아도 자신의 주장이 철저히 시행되고 검증될 때까지 기다릴 수 있다".

오바디아 워커[Obadiah Walker, 1616~1699, 영국의 계몽주의 학자-옮긴이]가 쓴 《교육론, 특히 젊은 신사를 위한 교육에 관하여Of Education, especially of Young Gentlemen》라는 저서에 따르면 판단력이란 "유사한 것들을 세심히 비교하고 정밀히 식별하며, 하나의 대상과 현상과 이유와 그 밖의 것들을 세심히 검토하고 비교하며, 이를 통해 거짓에서 진실을, 나쁜 것에서 좋은 것을, 덜한 것에서 더 좋은 것을 구별하여 선택하는 능력이다". 또한 정당하면서도 합리적으로 토론하고, 문제의 핵심을 간파하며, 어려운 문제의 논점과 실마리를 발견하는 일도 중요하다. 그럴 경우 진실을 탐구하고 개념을 확장하는 정신의 활동을 촉진하고 증진시킨다. 특히 진정한 배움은 '암기'에 있는 것이 아니라 읽은 것을 소화하고 문제의 핵심을 파악하며, 때로는 토론과 의심을 통해 그것을 어떻게 해결할지를 아는 데 있다.

이러한 능력은 진실을 이해하고 생각을 숙성하는 정신의 활동을 촉진시킨다. 또한 이와 같은 학습은 단순히 '기억력'을 늘리는 데 머물지 않고, "받아들인 정보를 자기 것으로 소화하는 능력이다. 그것은 문제점이 어디에 있는지 파악하고, 그것을 어떻게 개선하고 어떠한 해법을 도출해낼 것이며, 어떠한 논점을 채택하고, 어떠한 반론을 펼칠지를 생각해내는 능력이기도 하다".

윌리엄 볼드윈과 토머스 팰프리먼[윌리엄 볼드윈William Baldwin, 1515~1563, 영국의 작가. 토마스 팰프리먼Thomas Palfreyman, ?~1589, 영국의 작가이자 음악가-옮긴이]은 《도덕철학에 관한 논문A treatyce on moral philosophy》(1575)의 '학습과 지식Of learning and knowledge' 편에서, 교육이란 마음속에 무엇인가를 채워 넣는 것이 아니고 이미 가지고 있는 지혜를 스스로 찾아내도록 일깨우는 일이라고 했다. 그것은 소크라테스가 지혜의 산파로서 역할했던 것과 같다. 철학자 세네카[Lucius Annaeus Seneca, B.C.4~A.C.65, 고대 로마의 스토아학파 철학자-옮긴이]의 다음과 같은 구절도 인용했다. "만물의 근원을 탐구하라." "배움이 없는 주장은 허상일 수 있다." 플라톤도 인용됐다. "선장이 배를 지휘하듯 이성은 지혜의 길을 안내하는 삶의 지표이다."

폴 액슬로드[Paul Axelrod, 1949~, 캐나다 요크 대학교 교수를 역임한 역사학자, 정치학자-옮긴이]는 《대립하는 가치들: 대학과 시장, 그리고 교양교육 비판 Values in Conflict: The University, the Marketplace, and the Trials of Liberal Education》이라는 저서를 통해 "대학의 교양교육은 지적인 창의력과 자율성과 자생력을 배양하고 비판적 사고를 촉진해야 하며, 이를 위해 지식의 폭과 깊이를 확보해야 한다고 주장했다. 또한 다양한 이념과 현실을 포용할 수 있어야 한다. 지역사회와 교류할 수 있어야 하며 이를 위해 효율적인 소통의 기술을 가르쳐야 한다"고 주장했다.

에이브러햄 플렉스너[Abraham Flexner, 1866~1959, 미국의 교육학자-옮긴이]는 이렇게 말했다. "누구나 손쉽게 취득할 수 있는 온갖 학위나 결합학위 과정 등은 이미 신뢰를 잃은 지 오래다. 대학교육이든 교양교육이든, 당신이 어떤 교육을 염두에 두고 있든, 누구나 동의하는 것은 진정한 교육이란 청소년기나 초기 성인기 남녀가 자신의 궁극의 가치를 추구하도록 돕는 일이라는 점이다. 이를 위해 자신이 속한 문화 속에서 자신의 취향을 계발하고 자유와 조직을 체험하며 지식과 권력의 방향을 탐구해야 한다."(《대학들: 미국, 영국, 독일, 1930Universities: American, English, German》, 1930.)

호르헤 도밍게스[Jorge Dominguez, 1945~, 하버드 대학교 멕시코학과 교수 역임-옮긴이]는 "학교에서 배운 지식이 모두 잊혀도 교양교육만은 마음속에서 사라지지 않는다"고 말했다. (화이트헤드를 인용한 이 말은 해리 루이스 Harry Lewis의 다음 책에서 다시 설명되었다.《영혼 없는 탁월함: 위대한 대학교 '하버드'는 어떻게 교육을 잃어버렸는가Excellence Without a Soul: How a Great University 'Harvard' forgot Education》, 2006, p.14.)

레온 보트스타인[Leon Botstein, 1956~, 미국 바드 칼리지Bard College의 현 총장-옮긴이]에 의하면 미국 대학교육은 교양교육의 마지막 보루이다. 교육은 청년들이 일자리 고용이라는 현실적인 목표를 이루도록 하는 협소한 개념이 아니다. 대학의 직업교육이 그러한 목표에 치중하거나 쉽게 사그라질 기술 훈련에 지나친 시간을 투자한다면 소기의 목표를 달성할 수 없다. …… 진정으로 중요한 것은 성격이 다른 학문들을 인위적으로 조합하고 통합하여 실용적인 기술이나 업무를 창출하는 일이 아니다. …… 배움 그 자체를 위해 배우는 일이야말로 가장 경쟁력 있고 창의력 넘치는 교육의 바탕이 된다. 《제퍼슨의 아이들Jefferson's Children》, 1997.)

데릭 복[Derek Bok, 1930~, 하버드 대학교 총장을 역임한 미국의 법학자-옮긴이]은 이렇게 말했다. "기술과 실용성을 추구하는 대학의 기술 관련 학문들은 시간이 지날수록 직업 현장에서 경쟁력을 잃게 될 것이다. 소통 능력이나 인간관계, 창의력, 거시적인 안목big picture thinking 등이 더욱 중요해질 것이다. 이러한 능력을 함양한 교양교육 전공 학생은 실용학문 전공자보다 더 좋은 직업을 얻게 될 것이다. 이를테면 전통예술이나 과학 분야를 전공한 학생들이 더욱 많은 직업적 기회를 잡을 것이다." 기업의 현장은 더욱 빠르게 변하고, 경력을 수없이 전환하고, 다양한 직종의 인력이 요구되고, 국제적 협력이 필요한 현실을 맞이하게 될 텐데, 그때도 광범위한 교양교육이 선호될 것이다. 《분발해야 할 우리의 대학들: 학생들이 얼마나 배워야 하며, 왜 배워야 하는지 솔직히 말해본다Our Underachieving Colleges: A Candid Look at How Much Students Learn and Why They Should Be Learning More》, 2006.)

조지 팰리스[George Fallis, 1947~, 캐나다 요크 대학교 교수를 역임하고 있는 경제학자-옮긴이]에 **따르면**《거대종합대학교, 이념, 그리고 민주주의Multiversities, Ideas, and Democracy》, 2007) 소크라테스에게 교양교육은 비판적 질문과 이성의 활동과 대화를 통해 증진된다. 우리가 모든 지식과 세상을 인식하고 행위하는 방식도 개인의 영역이든 집단의 것이든 상관없이 이성의 탐구를 통해 드러나야 한다. 지식은 시민의 대화와 질의응답,

상호작용을 통해 발현된다. 학생들은 정론과 전통에 도전해야 하고, 타인의 사고를 받아들이기보다 자신의 사고를 책임 있게 밀어붙여야 한다. 팰리스는 또한 근대 이후 대학들이 보여준 대학교육의 문제점을 개탄하며, 오로지 연구에 중점을 두는 일이야말로 교육을 향한 열정을 되찾는 방법이라고 주장했다. 그래서 대학교육에서 가장 시급한 과제는 교양교육을 강화하는 일이다. 팰리스는 명확한 철학 없이 외형만 키우는 오늘날의 대학들을 '거대종합대학교multiversity'라고 비판하며, 이러한 경향으로 인해 "학부과정에 대한 우선순위가 떨어졌다"고 주장했다. 아울러 이에 대한 해결책으로 대학들은 현재의 '연구과정'을 전면 수정해야 한다고 주장했다. 그는 훌륭한 교육과정을 마련하고 실천하며 대학교육의 모범으로 인정받았던, 심지어 앵글로 아메리칸이라 불리던 부유층에게 이상적인 교육기관으로 칭송받았던 옥스퍼드 대학교의 과거 사례를 예로 들기도 했다. 한때 앵글로 아메리칸들이 받았던 학부교육은 모든 대학이 지향해야 할 모범으로 인정받기도 했다. 즉 '학부에서의 교육'은 '교양교육' 형태이어야 하며, 전공과목에 대한 지나친 몰입은 지양해야 한다는 것이다. 학문을 탐구하는 데 있어서 근본을 익히고 기본 이론을 체득하는 것이야말로 연구의 출발점이 되기 때문이다. (교양교육은 커리큘럼의 한 과목으로서의 교육이라기보다 교육 방법론을 깨우치는 과정이라고 할 수 있다. 어떠한 과목이든 그 기본적인 정신이 전수될 수 있다면 그것은 곧 교양교육이 된다.) 팰리스는 앞에서 살펴본 캐나다 동료 학자인 폴 액슬로드와 유사한 이야기를 한다. 교양교육의 과정에서 가장 중요한 것은 뉴먼이 밝힌 것처럼 '세상의 합목적성'이 드러나듯 스스로의

가치를 위해 존재하는 지식이다. (팰리스는 브루스 킴벌Bruce Kimball의 1986년

저서 《연설가와 철학자: 교양교육 개념의 역사Orators and Philosophers: A History of the Idea of

Liberal Education》도 인용했다.)

프랜시스 오클레이[Francis Oakley, 1931~, 윌리엄 칼리지 역사학과 교수-옮긴이]는

미국의 고등교육이 인문학과 사회과학을 중심으로 파편화되어 쇠

락하고 있고, 과도한 이념 대립과 특수주의particularism가 횡행하고 있

으며, 객관적 보편주의의 엄격한 토대조차 무너지고 있다고 비판했

다. (《배움의 공동체: 미국 대학과 인문학 전통Community of Learning: The American College

and the Liberal Arts Tradition》, 1992.) 오클레이는 한편 미국 대학들이 보여주

는 학구열과 지적 확신, 혹은 교육학적 순수성은 긍정적으로 평가

했다. 하지만 교양교육의 전통이 '학문적 전문화로 강화되는 추세'

와 '오늘날 두드러지는 학부과정의 연계 불가능성'은 한계로 남아

있다고 주장했다. 오클레이는 "단기적 직업교육의 효율성에 경도되

어 오랜 세월 치열하게 이어져온 지적 전통과 축적된 앎의 깊이를

외면하는 교육 방식이 적절한지 의문을 제기해야 한다"고 역설했

다. 대상을 풍부하게 이해하지 못하면 그것을 모방하는 일조차 불

가능하다. 다시 말해 매사에 업무지향적으로 대하고, 수단이 목적

이 되고, 기능적 일상이 당연시되어 합리성이라는 근대적인 삶과

그 삶의 성과물들이 우리의 일상을 지배하는 현실에서, 인간이 스

스로의 관점으로 자신의 삶을 이해하지 못하고 삶의 현상들을 이

해할 최소한의 수단마저 잃게 된다면, 우리는 삶을 위한 실질적인

준비를 할 수 없게 된다.

마사 누스바움[Martha Nussbaum, 1947~, 미국의 법학자이자 정치철학자-옮긴이]는 교양교육은 "관습과 전통에 얽매인 이들이 세계시민이 되는 데 필요한 감수성을 체득하여 스스로의 정신을 습관과 관습의 틀로부터 자유롭게 하는 교육"이라고 말했다. 교양교육에 감화받은 이들은 타인의 입장에서 문제를 살피고 마음을 헤아려 그들의 감정과 욕망을 이해하는 능력을 갖게 된다. (《인간성의 함양: 개혁의 전통적 입장 Cultivating Humanity: A Classical Defence of Reform》, 1997.)

로날드 바넷[Ronald Barnett, 1947~, 런던 대학교 명예교수-옮긴이]은 고등교육이 가지는 자유주의 이념의 핵심은 고등교육의 해방에 있다고 생각했고, 이를 실천하기 위해 자유주의의 개념을 다시 정립하고자 했다. 그가 생각한 고등교육에서의 핵심은 '**무엇**'을 교육할지가 아닌 '왜' 교육이 필요한지를 묻는 일이었다. 이러한 관점에서의 교육이란 업무에 활용할 **직업기술**이 아닌 학문의 바탕이 되는 학술 **담론**을 고민하는 일이다. 또한 무비판적 **행위**가 아닌 **성찰**하는 일이고, 일방적으로 전수되는 주입식 학습이 아닌 자아를 발견하고 타인과 소통하며 비판적으로 성찰하는 행위이다. 이를 통해 학생들은 '의식의 중심'이자 '소통'하는 대화의 참여자가 되어 자신의 비판 능력을 계발할 수 있다. 따라서 고등교육은 학생들이 '지적인 독립성'을 획득하는 '의식적인 셀프 임파워먼트cognitive self-empowerment'의 과정이다. 하지만 오늘날 대학의 학제와 교육과정이 충분한 수준의 고등교육을 수행하지 못하고 있고, 성과와 업무 능력을 중시하는 산업사회의 현실과 타협하면서 교양교육에 대한 이런 원론적인 역할은 급격히 위축되고 있다. 만일 고등교육이 본래적인 역할을 수행하려면 단기적인 기능주의적 관점보다 장기적인 자유주의적 관점에서 접근해야 한다. 바넷이 언급했듯 어떤 교육의 과정이 그 학생의 경험에 바탕을 둔 비판적 사고를 가능케 하는 이성의 단계로 발전할 때 비로소 고등교육이라 일컬을 수 있다. 이러한 단계의 이성 활동과 반성이 '고등'하다는 것의 의미이다. 이 작용을 통해 학생들은 배운 지식을 자신의 것으로 받아들이게 된다. 간단히 말하면 '고등교육'이란 고도로 훈련된 지성 속에 깃든다. 그러므로 고등교육기관 역시 적절한 수준 이상의 교육과정을 전수할 능력을 갖추어야 한다. 그 교육과정은 해당 지식을 깊이 이해하고 있어야 하고, 각 분야의 학문을 급진적으로 비판할 수 있어야 하며, 타자 집단의 비판에 맞서는 학문적 역량을 갖추어야 하고, 비판의 내용과 방향을 통제하는 독립적인 연구자의 자질을 가져야 한다. 학생들이 자신의 교육과정을 날카롭게 평가하고, 열린 토론과 협력의 과정에서 자신들이 관여하는 범위를 결정할 수 있어야 한다. 요컨대 **고등교육**은 일반교육의 요소들을 적당히 모아놓은 집합체가 아니며, 기존의 교육에 새로운 것을 덧붙여 난이도를 높인 **심화**교육도 아니다. 일반교육의 바탕 위에 부가적인 교육과정을 결합한 것이 **고등교육**이며, 그 과정이란 무슨 일이 어떻게 벌어지는지를 이해하는 일이며, 이성적인 사회 속에서 수단과 가치와 성취에 대한 보편적이고 비판적인 담론을 공유함으로써 학생과 사회 모두 발전하는 가치를 발견해내는 '특별한' 것이어야 한다. 그래서 바넷의 주장은 우리가 앞에서 살펴본 바처럼 '고등교육'에서 무엇이 **고등**한가에 대한 질문으로 이어진다. 《고등교육의 개념The Idea of Higher Education》, 1990.)

미국 웹스터사전에 수록된 의미: '교양학liberal arts'이란 통상적으로 단과 및 종합대학에서 가르치는 언어학, 철학, 수학, 역사, 문학, 순수과학 등의 과목을 가리키며 보편적인 지식과 일반적인 지적 역량을 기르기 위한 목적으로 시행된다. (반대로 '직업교육'이란 직장에서 필요로 하는 기술을 집중적으로 훈련하는 교육을 말한다.)

옥스퍼드 영어사전에 수록된 의미: '리버럴liberal'은 원래 자유를 지향하는 이들이 추구하는 '예술'이나 '과학' 등의 학문을 일컫는 말이며, 굽실거리는servile, 혹은 기계적인mechanical 등의 단어와 상반된 뜻을 가진다. 일반적으로 지식에 대한 연구와 계몽을 추구하는 삶을 의미하며, 기술적이고 전문적인 지식을 습득하는 협소한 의미로 쓰이지는 않는다. (반면 '직업의vocational'라는 말은 직업이나 직업적인 소명을 마음에 품는다는 의미로 사용된다. 예일 대학교 동창회보 1979년 4월 12일판에는 직업교육을 중시하는 젊은이들이 증가하고 있는데, 이 때문에 장차 대학의 연구 분야 가운데서도 인문학이 가장 큰 타격을 입을 것으로 전망된다는 내용이 실렸다.)

이 두 개념은 17세기 초(워커Walker, 1673)나 혹은 그 이전(볼드윈Baldwin 과 팰프리먼Palfreyman, 1575) 인물들에 의해 나타났다는 주장도 제기되고 있다. 옥스퍼드 튜토리얼의 시발점을 연구한 사람은 페인골드[M. Feingold, 미국의 역사학자-옮긴이]였다. (타이악N. Tyacke이 쓴《옥스퍼드 대학교의 역사The History of the University of Oxford》4권, 17세기 편에 따르면 '인문학'이라는 용어가 이와 밀접한 관련이 있다.) 페인골드에 따르면 지나치게 엄밀하고 형식화된 중세 스콜라철학 교육이 폭넓은 분야에 대한 자유토론이 가능한 대학교육으로 대체되기 시작했는데, 이에 따라 옥스퍼드의 튜터들은 학생들을 가르치기보다는 안내하고 관리하며 학습과정 전반을 도왔다. 또한 고난도 전문분야에서는 일정 수준 이상의 자율성을 보장받았다. 그는 17세기 초 학자였던 리처드 홀스워드[Richard Holdsworth, 1590~1649, 영국의 신학자, 인문학자-옮긴이]가 언급했던 대학생을 위한 지침을 인용하기도 했다. "대학생은 더 많은 학문을 탐구해야 하고, 사회로 진출하기 전에 더 많은 지식을 쌓아야 한다. 이러한 마음자세를 가져야만 비로소 튜터에게서 가르침을 얻을 수 있다." 이러한 가르침들은 점차 제도화되었고 학생들은 학부과정을 통해 자신의 연구주제를 스스로 찾아내어 학습하다가, 이후 3년여의 석사학위과정을 거치며 깊이 있는 연구자가 된다. 페인골드도 동의했듯 자신의 생을 바쳐 연구에 매진하는 이 과정에서 가장 중요한 것은 연구자의 독립적인 능력을 배양하는 일이다. 그런데 옥스퍼드 대학교의 학부과정에서는 홀스워드는 물론 페인골드가 인용했던 17세기의 대학생을 위한 지침처럼, 학생들을 평가하는 것보다 학생들에게 탐구할 기회를 제공하는 일이 더 중요하다는 사실을 알고 있었다. 즉 학생들은 교수들의 평가에 얽매이지 않고 학습과 연구를 자유롭게 추구할 수 있었다. 한 가지 분명한 사실은 이 책의 중국어판 서문에서 언급했듯 유가사상의 철학자들은 평가보다는 이해와 학습이 선행되어야 한다는 사실을 매우 잘 알고 있었다는 점이다.

옥스퍼드 튜토리얼: 신화인가? 최고의 교수법인가?

옥스퍼드 튜터는 소규모 학생 그룹을 만들고 그들을 훈련시킨다. 4년 간 체계적으로 훈련받고 나면 학생들은 성숙한 학자로 변한다. 잘 훈련받은 학생들은 다른 어떤 방법으로도 얻을 수 없는 최고의 필력과 언변을 갖게 된다. (스티븐 리콕Stephen Leacock,《영국을 발견하다My Discovery of England》, 1921.)

최고의 튜토리얼은 〈뉴스나이트〉의 진행자 제러미 팩스먼Jeremy Paxman 의 역할과도 같다. (13장의 1990년대 옥스퍼드의 학부과정 참고.)

옥스퍼드 튜토리얼은 거의 신비롭고 성스러운 지위를 차지하고 있다. 그것은 학생들이 지불한 '프리미엄 가격'의 학비를 통해 옥스퍼드가 만들어낸 '프리미엄 상품'이기도 하다. 하지만 튜토리얼을 비판하는 목소리는 옥스퍼드 안팎에 상존한다. 수많은 고등교육 제도가 존재하는 21세기에 옥스퍼드 튜토리얼은 시대착오적인 제도일 뿐일까? 정부의 재정 지원이 축소되고 있는 현실을 감안하면 옥스퍼드의 학부생들을 위한 튜토리얼의 인력 활용은 낙제점을 받을 만큼 비효율적인 것은 아닐까? 튜터들도 매주 12시간을 할애해야 하는 튜토리얼의 부담에서 벗어나 자신의 전문분야에 매진하여 더 많은 연구 성과를 내고 싶지는 않을까? 옥스퍼드 튜토리얼이 평범한 '소규모 그룹 학습'으로 변질되어 가고 있는데도 성물聖物 바라보듯 대학이 침묵을 지키고 있는 것은 아닐까?

아니면 튜토리얼이 최고의 교수법이어서, 어떤 비용을 들여서라도 최고의 상태로 보존해야 할 옥스퍼드라는 왕관의 보석이어서, 옥스퍼드의 뛰어난 젊은이들을 튜토리얼 제도로 격려하고 교육하여 건전한 이성과 비판적 사고를 갖추고 삶을 아우르는 배움을 실천하도록 도와야 할까? 만일 옥스퍼드가 튜토리얼 교수법이 쇠퇴하도록 방치하여, 재능 있고 명석한 학부생들이 튜토리얼의 엄격한 학습과정을 통해 자신의 능력을 계발하고 사회 발전에 이바지할 기회마저 갖지 못하게 한다면 그것은 대학이 미래세대에 범하는 커다란 패착이 되지는 않을까? 옥스퍼드 튜토리얼은 어떻게 교양교육의 이상을 구현해야 하며, 결국 고등교육의 실체는 무엇일까?

각 학문 분야의 경험 많은 옥스퍼드 거물들이 이 작은 책에 옥스퍼드 재학생이라면 반드시 거쳐야만 하는 필수적인 요소인 튜토리얼에 대해 피력한 개인적인 신념과 주장을 풀어냈다. 새로 옥스퍼드의 일원이 된 학생들은 교육의 소비자로서, 생산자인 교수들이 쓴 유용한 에세이들을 읽고 자신의 학업을 계획하고, 나아가 교육의 전 과정은 구성원의 '공동 노력'을 통해 완성되며 최상의 학습 성과를 도출하기 위해 다양한 도전을 시도해볼 수 있음을 깨달으면 좋겠다. 물론 경우에 따라서는 학부생과 튜터 양측이 각자의 입장만을 고집하면 상호 편가르기의 양상을 보일 수도 있다. 하지만 옥스퍼드의 모들린 칼리지Magdalen College 학장을 역임한 어느 인물은 〈타임즈 하이어Times Higher〉(2002년 9월 13일자)와의 인터뷰에서 이 책의 2001년 초판본 내용을 언급하며 다음과 같이 말했다. "우리의 튜토리얼은 새롭고 유연하고 역동적이고 대중이 열광한다."(그는 이런 말도 덧붙였다. "국가의 교육 책임자들이 이것을 좋아할 리 없다고 해도 말이다!")

이 책의 부제[원서의 부제는 "감사합니다, 선생님은 제게 생각하는 방법을 가르쳐주셨어요"이다-옮긴이]는 학업을 훌륭히 마친 어느 학생이 스승에게 썼다는 편지의 일부이다. 미국에서 온 한 학생이 나에게 쓴 편지에도 비슷한 구절이 있다. "선생님이 가르쳐주신 것은 저의 이론만을 연구하고 발전시키기보다 그것을 드러내고 철저히 검증하는 일이었습니다. …… 첫 모임 때 선생님께서 제게 읽으라고 건네주셨던 책은 물론이고, '선생님은 제게 생각하는 방법을 가르쳐주셨어요'라는 매우 공감되는 말을 했던 남학생도 생각납니다. 옥스퍼드 튜토리얼 제도……. 그것은 두말할 나위 없이 학문적으로나 개인 삶의 영역에서나 제 삶을 풍요롭게 해준 최고의 학습이었습니다. 감사합니다."

또 다른 미국 학생(맬린슨Mallinson, 1941)은 자신의 오래전 대학 시절을 이렇게 회상했다. "우리는 옥스퍼드에 입학하면서 일찍이 보지 못한 훌륭한 사상과 위대한 지혜와 마주하게 되었다. 튜토리얼을 통해 우리는 거짓 정보와 무가치한 일에 휘둘리지 않는 법을 배웠고, 세상의 명성과 기성 제도에 위축받지 않게 되었다. 옥스퍼드를 떠날 때 유럽의 다른 지역이나 미국의 대학 졸업생에 비해 적은 지식을 머리에 담게 될지도 모르지만, 이 시대의 가장 위대한 지혜를 함양하게 되었다. 그것은 바로 비판정신이다. 이러한 덕목을 배양하는 교육 제도 가운데 옥스퍼드 튜토리얼보다 훌륭한 제도는 존재하지 않는다. 옥스퍼드 튜토리얼에 대해 많은 비판이 있다는 사실은 알고 있지만, 권위를 혁파하고 지식의 독선에서 우리를 구할 방법 가운데 이보다 더 훌륭한 것은 존재하지 않는다." 옥스퍼드 튜토리얼이 가진 특별한 가치는 최근 미국인들의 관심을 끌고 있다. 2007년에는 교양교육을 시행하는 미국의 각 대학 교양학부 협회가 로렌스 대학교(위스콘신)에서 연합 콘퍼런스를 개최하기도 했고, 2008년에는 비판적 사고를 주제로 토론회를 개최하기도 했다. (물론 옥스퍼드의 뉴 칼리지에서도 이와 유사한 행사가 개최되곤 한다. www.criticalthinking.org 참고.) 또한 중국에서 개최된 2007년 베이징 포럼에서 나는 교양교육에 관한 논문을 발표하기도 했다. (이후 베이징 대학교 출판부에서 이 책을 출간했고, 그때 수록된 서문은 2008년도 영문 재간행본에 첨부되었다. 같은 내용이 이 책 말미에도 수록되어 있다.)

이 책의 편집인과 공동 저자 모두는 블랙웰스Blackwell's에 감사드린다. 1879년 창립되어 세계적으로 명망 있는 도서 유통 및 판매회사로 성장한 이 회사는 이 책의 2001년 초판본과 2008년 재판본의 생산과 유통을 담당해주었다. 이러한 과정을 통해 튜토리얼을 옥스퍼드의 또 다른 상징으로 세상에 널리 알리는 데에 크게 기여했다. 이 옥스퍼드 책이 1832년 이래 지역 경제를 지켜온 알덴그룹 Alden Group에 의해 인쇄된 것도 역사적인 일이 아닐 수 없다.

튜토리얼은 왕관의 보석인가?

지난 몇 백 년 동안 튜토리얼은 옥스퍼드라는 왕관의 보석으로 칭송받아왔다. 1909년 옥스퍼드 대학교의 총장을 지낸 커즌 경Lord Curzon은 이렇게 단언했다. "옥스퍼드가 인간의 역사와 삶에 훌륭한 족적을 남긴 것으로 다른 나라 사람들이 드러내놓고 질투하는 매우 자랑스러운 유산이 있다면, 그것은 우리가 미처 알지 못하는 사이에 놀라울 만큼 급등한 등록금이다." (커즌, 1909, p.122.) 또한 1922년에 개최된 옥스퍼드와 케임브리지 왕립위원회Royal Commission on Oxford and Cambridge Universities에서도 튜토리얼이 대학에서 확고히 자리 잡은 교육 제도라고 인정했다. 이 회의의 주요 내용을 인용하자면 다음과 같다.

꾸준히 증가하는 운영상의 어려움과 단점과 부작용이 있음에도, 대학의 교육 제도는 옥스퍼드와 케임브리지 양 대학의 학문적 성취에 크게 기여했다. 학생이 튜터나 지도교수와 직접 만나…… 가르침을 받는 두 대학의 학습법이 제대로 운영되는 모습은 여타 대학에서는 찾아보기 힘들다. 이 학습법은 역사적으로 '오래된 타락'의 시대라 불리던 19세기 초의 암흑기에 시작된 것으로 보인다. 19세기 초에는 대학이 발전적인 개혁을 감행했고, 옥스퍼드의 베일리얼 칼리지Balliol College가 조잇[Benjamin Jowett, 1817~1993, 영국의 고전학자이자 교육자로 플라톤의 대화편을 번역했다-옮긴이]의 영향을 받은 모범적인 대학으로 부상하기도 했다. 이 교육 제도는 옥스퍼드가 먼저 정착시켰고 케임브리지도 뒤를 이었다. …… 하지만 새로운 사상과 지식을 발전시킬 시간을 활용하는 면에서 각각의 학생들에게 제공할 학습량, 튜토리얼을 원활하게 수행할 시간 배분 문제 등을 놓고 옥스퍼드와 케임브리지의 책임

교수들이 갈등을 벌이기도 했다(오늘날의 용어로 하면 이것은 '연구'이다!). 지금까지도 옥스퍼드와 케임브리지에 입장 차이는 남아 있지만 그것은 그리 심각한 문제는 아니다. 케임브리지는 과학의 경험에 기반을 둔 학문 탐구가 주종을 이루었던 데 비해 옥스퍼드는 고전 인문학이나 그리스 로마사 등의 '고전과목'을 탐독할 것을 권장한다. 이러한 격조 높은 논쟁에서 승자를 가려내는 대신, 우리는 양 대학의 튜터와 교수들이 학부생들의 학업을 위해 크나큰 희생을 하고 있으며, 이러한 수고를 마다하지 않는 연구자들에게 지원과 격려를 아끼지 말아야 한다는 분명한 사실을 잊어서는 안 된다. …… 흥미로운 점은 1850년과 1870년대에 개최됐던 왕립위원회에서 일부 튜터들의 성실하지 못한 태도가 거론되었던 데 비해, 지금의 튜터들은 자신의 연구는 물론 각종 잡무 처리를 위해 과로를 자청하고 있다는 사실이다. 물론 그들은 학생들에게 큰 정성을 쏟아야 하는 국가 고등교육의 공헌자로서 다른 곳에 비해 비교적 합리적인 보수를 받는다. 만일 옥스퍼드와 케임브리지의 교육비가 다른 곳보다 비싸다고 한다면 그 이유 중 하나는 학생 각자에게 투입되는 비용이 크기 때문일 것이다. 일종의 기회비용인 셈이다. (왕립위원회, 1922, pp.38~39. 19세기의 옥스퍼드 대학교와 튜토리얼의 발전과정에 관심이 있다면 엥겔Engel, 1983이나 브록Brock과 커소이스Curthoys, 2000, pp.133~137를 참고하라. 중세의 대학 교수법을 자세히 알아보고 싶거나 위컴의 윌리엄 William of Wykeham이 1379년 설립한 뉴 칼리지의 활약상이 궁금하다면 1986년과 1999년 에 발간된 코반Cobban의 책 5장을 참고하라. 20세기 대학들의 모습이 궁금하다면 1994년 발간된 해리슨Harrison의 책 4장과 8장을 참고하라. 튜토리얼 제도가 하버드와 예일, 프린스턴 대학교로 전해지는 과정을 알고 싶다면 1996년 듀크Duke의 책과 2001년 라이언Ryan의 책을 참고하라.)

로즈Jasper Rose와 지먼John Ziman은 1964년 발간한 저서에서 담담한 문체로 이렇게 밝혔다.

옥스퍼드와 케임브리지는 전 세계 영어권 국가들의 모든 대학 가운 데 가장 명성 높은 대학이다. 특히 이들은 가장 유명한 교육 중심 대 학으로, 특별하고도 고유한 교육법을 통해 지적인 재능을 촉발시키 고, 수준 높은 지식을 전수하며, 학생들을 뛰어난 지혜의 길로 인도 한다. (로즈와 지먼, 1964, p.59.)

1966년에 대학 운영 방법을 논의하기 위해 개최된 프랭크스 위 원회Franks Commission에서도 다음과 같이 언급하며 튜토리얼을 칭송 했다.

가장 중요한 것은 젊은 남녀 학생들이 스스로 생각할 수 있도록 돕 는 교수법이다. 학부 시기는 학문적 정체성을 형성하며 자신의 분야 에 뜻을 세우고 매진하는 시기이다. 튜토리얼 토론에서 학생들은 자 신이 세운 입지를 다지기 위해 치열하게 노력하고 이를 통해 많은 것 을 배우게 된다. (pp.101~102.)

1997년 발간된 〈노스 리포트North Report〉에도 이와 비슷한 내용이 보인다.

튜토리얼은 학생들이 독립적이고 자기주도적인 학업을 수행하도록 하며, 분석적이고 비판적인 학업 수행 능력을 배양하는 데 있어서 수동적이기보다는 능동적인 자세를 고취시킨다. 특히 학부생들은 해당 분야의 최고 전문가이거나 최신 연구 성과를 거둔 연구자들을 튜터로 두고 그들의 집중 지도를 받는다. (pp.163~164. 20세기 이후 옥스퍼드 대학교에 대해 살펴보려면 해리슨의 1994년 책을 참고하라.)

왕관의 보석 분석

튜토리얼 제도에 대한 세부적인 평가와 가치를 분석한 자료는 1960년대에 와서야 등장하는데, 옥스퍼드의 세인트존스 칼리지 연구원이자 튜터였던 윌 무어Will G. Moore가 1968년에 쓴 《튜토리얼의 현재와 미래The Tutorial System and its Future》가 대표적인 예이다. 무어는 튜토리얼을 다음과 같이 설명했다.

가장 쉽게 표현한다면 튜토리얼은 소수의 학생이 헌신적인 튜터를 만나 학습하는 주간 모임을 말한다. 이것은 강연이나 학교 수업을 통한 강의로 대체될 수 없다. 개인 교습과도 분명히 구분된다. 앞의 내용들을 모두 포함한다고 봐도 무방하며, 구두로 수행되고 학생이 튜터의 이야기를 듣고 즉석 토론을 할 수 있다는 점에서 주간 에세이 수행과정을 그대로 포함하기도 한다. 읽고 토론하고 다음 주 학업계획을 논의하는 등 학습의 전 과정은 한 시간 이상 소요된다.

학습의 외형적인 형식은 일정하지 않다. …… 학습이 시작되면 튜터는 몇 가지 질문을 던지고 답변 내용에 귀를 기울이며 진행 중인 학습주제들을 충분히 '숙지'하고 있는지 살핀다. 이를 통해 학생이 주제에 관심이 있는지, 혹은 이해하지 못하거나 더 설명해야 할 부분은 없는지 파악한다. 학생이 써온 에세이를 읽는 도중에 튜터는 시의적절하게 개입할 수 있고 학생도 질문을 던질 수 있다. 이후 의례적인 칭찬이나 감사함의 표시가 오갈 수 있다. 곧바로 텍스트에 대한 세세한 분석이 이어지는데, 학생은 자유롭게 필기할 수 있지만 반드시 해야 하는 것은 아니다. 이 과정에서 문제에 대한 논쟁이 발생할 수도 있고 일방적인 설명만 주어질 수도 있다. 마지막으로는 다음 주제에 대한 제안이나 의견 제시가 이어진다. 다음 학생이 연구실의 문을 두드리거나 학생이 강의나 다음 튜토리얼 일정을 위해 자리를 뜰 시간이 되면 그 날의 일정은 끝난다. 혹은 튜터와 학생 중에서 한쪽에서 더는 진행할 필요 없다고 느끼는 순간 바로 과정을 끝마칠 수도 있다. 모든 튜토리얼 과정이 반드시 이렇게만 진행되는 것은 아니다. 교육의 관습에 따라 다른 곳에서는 얼마든지 다른 방식으로 진행될 수 있으며 학습 여건에 따라서도 매우 다양한 방법론이 동원될 수 있다. 학생 두세 명이 같이 참여할 수 있는데, 그럴 경우 한 학생이 읽는 동안 다른 학생은 에세이를 작성할 수 있다. 바쁜 튜터는 학생들에게 서로 다른 두세 가지 에세이를 읽고 요점을 정리한 뒤 하나의 주제로 엮어내도록 한다. 이러한 경우는 전통적인 튜토리얼의 범위를 벗어났다. 튜터는 학생이 에세이를 작성해오지 않거나 그가 직접 작성하지 않았을 경우에도 전통적인 튜토리얼 범위를 벗어날 수 있다. 학생이 능력 부족을 자인하거나 부모의 개입(누군가는 이를 '부모의 위기'라고 표현했다) 이 있었거나 혹은 질병 등의 사유로도 그럴 수 있다. 이 경우 튜터는 학습주제에 대한 토론이나 문서화 작업을 생략할 수 있다. 영악한 학생이 더 나은 평가를 받기 위해 꾀를 부리는 일도 있다. 매우 복잡한 주제를 토론할 경우 한 시간을 넘기기도 한다. 어떤 튜터는 튜토리얼에 '몰두'한 나머지 밤을 지새우고 아침을 맞이하기도 하고, 다른 튜터는 좋은 수업을 위해 두세 시간을 할애하여 준비하기도 한다. 나는 50분이 지난 시점에서 지루하다고 말한 학생을 퇴실시킨 적도 있고, 정오에 시작한 철학 튜토리얼을 점심시간이 다 지나도록 이어간 적도 있다. (pp.15~16.)

무어는 오늘날 우리가 사용하는 '품질 관리quality control' 등의 용어를 사용해서는 튜토리얼을 정확히 표현할 수 없다고 보았다.

튜토리얼에서 관점이 다른 두세 명의 학생이 동시에 학습하는 것이 매우 도움이 된다. 다양한 주제와 질문이 제시될 수 있기 때문이다. 다른 학생의 튜토리얼이 끝나기를 기다리며 연구실 밖에 있던 어느 학생은 튜터와 학생들이 모두 잠든 것이 아닌가 의심한 적도 있다고 했다. 일부 학부생들은 격렬히 토론하기보다는 필요한 부분만 간략히 설명하는 튜터와 비교적 조용히 학습을 이어가지만, 이것이 일반적인 경우는 아니다. 여러 방식들은 모두 각자의 의미가 있다. 학생들의 모습도 제각기 달라서, 어떤 이는 어리숙한 모습을 연출하는가 하면, 어떤 이는 게으르면서도 능력을 보여주고, 어떤 이는 쉽게 좌절하고, 일부는 칭찬 없이도 과업을 완수한다. 대부분은 자신의 실제 태도를 드러내지 않지만, 소수의 학생은 학업에 흥미를 보이면서도 과업을 잘 수행하여 튜터를 흡족하게 만든다. 튜터들의 성향도 제각기 다르겠지만, 만일 좋은 스승의 자질을 가지고 있다면 다양한 학습 전략을 준비하여 실행할 것이다. 개인적인 소견으로는 우리 가운데 메시지가 명료하면서도 재미있는 강의를 하는 사람은 많지 않다. 강의 중에는 뜻대로 진행되지 않는 수수께끼 같은 시간도 있고, 지극히 평범한 시간도 있고, 매우 답답한 시간도 있다. 물론 충분히 통제할 수 있는 경우도 많다. 자세히 설명해야 할 때도 있고, 작은 힌트만 던져도 모두 이해하는 때도 있다. 경험에 비추어 볼 때, 어떤 전략을 세우든 기대한 효과를 거두지 못하는 경우가 많고, 실수라고 생각했던 일이 효과를 거두기도 한다. 튜터가 전하고자 하는 지식은 학생 스스로 받아들일 수 있는 지식과 큰 연관이 없기도 하며, 그들의 역할이 자기 스스로 받아들여야 하는 것들을 전수하는 일이라고 할 수도 없다.

…… 튜터는 일반적인 의미에서의 교사가 아니다. 단순히 정보를 전달하는 사람이 아니므로 학생들은 튜터를 매개로 필요한 정보를 스스로 찾아내야 한다. 튜터는 마치 건축 비평가처럼 개입하여 올바른 판단력으로 터를 잡도록 하고, 과감한 도전을 통해 지식의 기둥을 올리도록 하지만, 적당한 층고層高를 설정하여 연구가 무한정 확장되는 것을 차단하고, 성실한 연구를 통해 건물의 내부를 채우게 한다. 이러한 과정을 통해 학생들은 학문의 기본 개념을 습득하게 되고, 학문의 내용과 형식을 파악하게 되며, 하나의 이론이 다른 이론과 어떻게

연관되는지 이해하게 된다. 학생들은 스승이 견지해온 연구의 원칙과 논거들을 자기 것으로 취하며 연구자가 될 준비를 한다. 이러한 과정을 거친 학생들은 스승과 같이 독립적인 연구자로서의 능력을 배양하며 점차 자신의 이론을 형성해간다. 좋은 스승이라면 학생들이 자신의 이론에 반박하고 향상시키도록 도와야 한다. 이것은 성급하게 결론을 제시해주는 대신 연구하는 방법을 가르쳐야만 가능하다. 교사들이 범하는 가장 큰 우는 특정 이론이나 해석만을 시종일관 제시하는 것이다. 학생들이 우리가 가르쳐준 방식 그대로 우리의 이론을 반박하며 자신의 입지를 세우는 경우 이를 받아들이기란 쉽지 않다. 우리는 지금 배움의 도구로서 튜토리얼이 가지는 힘의 긴장관계에 대해 논하고 있다. 따라서 상대방이 주장하는 튜토리얼의 방법론이 부당하다고 생각되면 거기에 무작정 따를 필요가 없다. 불편하고 지루한 시간을 지속하는 것은 튜터와 학생 모두의 시간과 노력을 허비하는 일이기 때문이다. (p.18.)

무어는 이상의 내용을 아래와 같이 요약했다.

내 소견으로는 튜토리얼 학습법의 뿌리는 다음과 같다. 튜토리얼이란 의심하고 증명하고 검토하는 비판적 사고이다. 튜토리얼은 독단적이고 권위적인 선언보다는 비판과 가설과 분석과 비교를 통해 효과가 극대화된다. 튜토리얼은 절대적이기보다 상대적이고, 독단적이기보다 가변적이며, 조약이 아닌 논문에 가깝다. 뒤에서 다시 언급하겠지만 튜토리얼은 젊은 세대가 선호하는 세련됨이나 확실성의 측면에서 근대성과 거리가 멀다. 튜토리얼을 운영하는 대학은 함부로 미래에 대한 청사진을 제공하지 않고, 권위를 대변하거나 그에 순응하지 않고, 성급히 결정하고 단언하지 않으며, 쉽게 인정하거나 비난하지도 않는다. 대학은 우리 사회에서 결과에 상관없이 연구에 착수하고, 논리와 논리가 충돌하고 논리가 화려하게 변주되는 곳이지만, 독선이 아닌 변증법이 실현되는 유일한 곳이다. (pp.31~32.)

무어는 대학 동료이자 옥스퍼드의 세인트앤스 칼리지St Anne's College 부학장인 마저리 리브스Marjorie Reeves 박사의 프랭크스 위원회를 적극 지지하는 발언으로 책의 끝을 맺는다.

더욱 효과적인 학습이 되도록 최선의 노력을 기울인다면…… 학생이 혼자든 둘이든, 튜터와 얼굴을 맞대고 학습하는 튜토리얼을 대체할 교수법이 존재하지 않는 것이 사실이다. 튜토리얼은 지식의 전수에 목적을 두지 않는다. 학생에게 자신의 생각을 분명히 표현하도록 하고, 그 생각이 난관에 부딪혀도 이내 극복하여 더욱 견고한 세계관을 형성하도록 해야 한다. 숟가락으로 떠먹이는 교육을 수행한다면 그것은 튜토리얼 학습법을 완전히 잘못 이해한 것이다. 학생과 튜터는 적어도 그러한 수준을 넘어서 어른스러운 관계를 형성해야 한다. …… 교육의 모든 방법론이 튜토리얼 교육법의 지향점을 향하지 않는다면 교육의 최종적이고 핵심적인 층위는 결코 달성되지 못할 것이다. 그것은 학생 각자가 자신의 과업을 수행하는 과정이자, 스스로 분석하고 검토하고 유추하여 자신의 학문을 숙성시키는 모든 과정을 의미

한다. 교육의 황금률이 여기에 있다는 사실에 의문을 제기할 사람은 많지 않을 것이다. 누구나 수긍할 수밖에 없는 한 가지 사실을 언급하자면, 학생들은 자신이 쓴 에세이를 튜터에게 보여주고 면밀히 분석받으면 개인적인 비판에 직면해야 하는데, 그것을 견디지 못하는 학생은 결국 낙제할 수밖에 없다는 점이다. (pp.65~66.)

그런데 그 보석은 지금 왜 비난받는가?

테드 테이퍼Ted Tapper와 함께 쓴 책《옥스퍼드와 연합대학 전통의 쇠퇴Oxford and the Decline of the Collegiate Tradition》에서 나는 다음과 같은 문제를 제기했다. "옥스브리지[Oxbridge, 옥스퍼드 대학교와 케임브리지 대학교를 함께 일컫는 말-옮긴이]는 자신들이 고수하는 고유의 교육방법론을 지켜갈 수 있을까? …… 남아 있는 다른 유산들마저 모두 잃어버린 뒤에 옥스브리지의 신화 중 하나로 간직하게 되지는 않을까? 그 보석이 예전의 광휘를 발하지는 못하지만 적어도 아직까지는 제자리를 지키고 있는 듯하다." (p.124.) 하지만 정부는 옥스퍼드와 각 단과대학들을 재정 지원 문제로 압박하며 '소그룹 학습'을 지향하는 튜토리얼의 존립을 위태롭게 하고 있으며, 대학의 입장에서도 많은 시간을 투자해야 할 뿐 아니라 연구 성과로도 축적되지 않는 튜토리얼 제도를 번거롭다고 생각하고 있다. 교육과 연구의 적절한 균형을 추구해야 할 학술적 사명에 관심 있는 독자들은 케네디(Kennedy, 1997)의 저서를 참고하기 바란다. 연구가 중시되는 현실 속에 교육은 상대적으로 홀대받고 있는 경향도 간과할 수 없는 현실이다. 옥스퍼드에서 이처럼 바람직하지 못한 변화가 일어나기도 하지만 그것은 본질적인 문제가 아니다. 대학의 근본이자 핵심은 학부생들에 대한 교육이고, 대학은 교육과 연구 사이에서 대학 본연의 원칙과 균형을 유지하기 위해 노력해야 한다. 시덴탑(Siedentop, 2000)은 유럽연합EU의 발전을 근거로 강력한 연방제를 운영하는 미국의 역동적인 선례를 모범으로 삼아야 한다고 주장하며 이렇게 덧붙였다. "연방제는 공동체로서의 지위가 가져오는 단점은 최소화하고 작은 나라(옥스퍼드의 단과대학들)와 큰 나라(옥스퍼드 대학교)의 연합이 가져오는 장점을 극대화하는 정치 시스템이다."(p.26.)

그러므로 이러한 이야기도 가능하다. 이러한 점들을 종합해볼 때, 옥스브리지는 혼합적인 양상의 교수법을 가지고 있음을 알 수 있다. "튜토리얼과 강의, 발표, 세미나 및 수업 등이 결합된 이들 제도는 대학 당국이 아닌 튜터나 교수 들의 권위를 통해 작동한다. 이러한 혼합적인 양상이 보여주는 여러 요소 가운데 중요한 것이 무엇인지 밝히는 작업 또한 중요하다. 연구 중심 교육이 중시하는 성과가 아닌 일반 학생들이 튜토리얼에 참여할 경우 중요한 것은 무엇일까? …… 평균 이상의 학생이든 매우 뛰어난 학생이든 튜토리얼 교수법은 이들에게 어느 정도의 흥미를 일으킬 것이며, 다양한 수단을 통해 얻은 교수법의 핵심 과제들을 도구 삼아 교육과정을 어떻게 보완할 것인가? 만일 많은 이의 주장처럼 강의나 튜토리얼보다 더 나은 교수법이 존재한다면 그것이 튜토리얼을 흡수해버리지는 않을까? 만일 그렇다면 튜토리얼은 그 강의에서 제기된 문제를 분석하는 담론의 장을 제공할 것이다. 서로 다른 교육법에 어울릴 별도의 교육법이 있을지 회의하는 이도 있겠지만, 이와 같은 질문을 대하는 튜터들의 반응은 제각각일 것이다. 하지만 질문을 통해 튜토리얼 교수법의 상대적인 중요성을 부각시키는 데 도움이 될 테고, 교육과정에 대한 다양한 의견을 종합적으로 판단할 때 대학이 얼마나 중요한지 일깨우는 데도 도움이 될 것이다." (p.115.)

우리는 다음과 같이 긍정적인 방향으로 결론을 내렸다. "튜토리얼 제도가 가진 유연성은 오늘날까지 생명력을 유지하도록 한 비결이다. 튜토리얼은 변화하는 환경과 새로운 요구에 부응하며 다양한 형태로 변화해왔고 지금까지 살아남았다. 그것은 21세기에도 마찬가지일 것이다. 그런데 튜토리얼이 옥스브리지의 '왕관의 진주'로 영원히 남을지는 다른 문제이다. 앞에서 논의했듯 대학의 조직과 운영과 비전은 지속적으로 변해왔고, 앞으로도 그러할 것이다. 그러므로 20년 후에 운영되고 있을 튜토리얼을 지금의 학생들이 튜토리얼이라고 인식할 수 있을지도 생각해보아야 한다.

이를 위해 우리는 구학파의 탁월한 인물로 존경받는 존 루카스 [J. R. Lucas, 1929~, 영국의 철학자-옮긴이]를 상기해볼 필요가 있다. 그는 자신이 경험한 튜토리얼 제도를 적극 옹호하며, 좋은 튜토리얼을 만드는 일은 가르치는 일에만 국한되지 않고 교수들이 관심 분야를 연구하는 일만을 가리키지도 않는다고 주장했다.

우리가 가르치는 과목에 통달할 필요는 없다. 우리는 종종 잘 모르는 과목을 더 잘 가르치기도 한다. 그러한 경우 학생들에게 필요한 이상의 학업 부담을 지우지 않게 되고, 학생과 같은 눈높이에서 문제를 바라보며 낯선 문제들에 대한 해결책을 찾을 수 있기 때문이다. …… 튜터는 자신이 가르치는 분야를 평균적인 지적 수준에서 바라보고 거기에 맞추어 교육 내용을 다루어야 한다. (루카스, 1996, p.5; 루카스, 1999; 앨리슨Allison, 1998; 하워드 존스턴Howard Johnston, 2006 참고.)

옥스퍼드 튜토리얼에 대한 비판의 목소리도 있다. 〈스펙테이터 The Spectator〉 1929년 12월 1일자에 실린 펠리페 페르난데즈 아르메스토Felipe Fernández-Armesto의 글 '쇠퇴와 타락Decline and Fall'에는 이러한 구절이 있다.

튜토리얼은 옥스퍼드의 품질보증 마크와도 같다. 모든 학부생이 여기에 참여한다─규정상 모두 참여해야 한다. 젊은이들의 학업을 돕고, 비판력을 길러주고, 용기를 북돋아주고, 학문에 영감을 주고, 그들을 올바른 길로 안내하고자 하는 명망 있는 학자들이 학생들과 만나 매주 공부한다. 가장 좋은 것은 학부생들이 튜터를 만나 친구가 되고 그들의 지적인 역량을 최대한 활용하는 것이다. 최근 그러한 전통은 쉽지 않은 일이 되었다. 사회 변화와 그로 인한 세대 차이로 인해 튜터와 학생의 관계가 예전 같지 않아졌고, 학습은 소기의 효과를 거두지 못하는 지루한 의례적 과정이 되었다. 현실을 이야기하자면, 수당도 제대로 받지 못하는 튜터들은 일에 열정을 쏟을 의욕을 얻지 못하고 있고, 학생과 긴밀한 관계도 형성하지 못하고 있다. 처음 만나 유대관계를 쌓기 위해 건네는 말조차 성희롱 발언으로 오해받는 일이 벌어지기도 한다.

그의 이야기는 계속된다.

일부 튜터들은 지나치게 많은 학생을 가르친다. 과로는 튜토리얼의 질적 저하를 불러오고 튜터들은 할당된 최소한의 시간만을 채우려 한다. 연구 성과가 대학의 우선적인 가치가 되어 있는 상황에서 튜터나 교수가 학생 가르치는 일을 다소 소홀히 한다고 하여 함부로 비판할 수 있을까? 만일 모든 학부생이 자신의 학업과정 전체를 튜토리얼을 통해서 공부하고자 한다면 튜터들은 더욱 극단적인 효율성을 추구할 수밖에 없을 것이다. 어떤 경우든 학문 영역의 전문화로 인해 학생들이 한 사람의 튜터와 긴밀한 관계를 유지하기가 어려워졌다. 학생들은 자신들이 만나기를 고대했던 지혜롭고 저명한 교수가 아닌 풋내기 선배들을 만나며 학기를 보낸다. 만일 이것이 극히 일부의 경우라면 큰 문제가 되지는 않을 것이다. 연륜이 쌓여야만 얻을 수 있는 좋은 스승의 요건을 갖춘 젊은 튜터도 있기 때문이다. 하지만 이러한 상황이 빈번히 발생한다면 그것은 튜터와 학생 모두에게 이로울 것이 없다. 오히려 부작용만 낳을 테고 서로에게 시간 낭비가 될 것이다. 튜터의 입장에서는 자신이 가진 열정과 상관없이 당혹스러운 상황에 처할 수 있다. 학부의 학업과정을 신뢰하고 또한 자신도 최고의 튜터라고 자부하지만, 간혹 최선의 교수법을 찾지 못할 수도 있으니 말이다.

카트라이트(Cartwright, 2008)의 주장에 따르면 만일 시험 성적의 향상에 집중한다면 튜토리얼은 아무런 의미가 없다("현실적으로 사고의 폭을 넓히는 학습보다는 학과 시험에 대비하는 시간이 더 필요하다"). 하지만 장점도 있다. "튜토리얼 학습법은 본인이 의도하지 않더라도 학습한 내용에 대한 질의응답을 통해 구체적인 해답을 얻을 수 있다." 또한 이러한 장점도 있다. 한 명의 튜터에 두 명의 학생이 모여 학습할 경우 "어느 학생도 학습하는 내용을 완전히 숙지하지 못한 채 다음 과정으로 넘어갈 수 없다. …… 변명을 하거나 문제를 회피하는 학생이 있다면 이내 게으르고 무책임한 사람이라고 낙인찍힌다".

카트라이트는 맥니스[Louis MacNeice, 1907~1963, 영국의 시인이자 극작가-옮긴이]의 다음 시를 인용하기도 했다.

옥스퍼드 대학교에서 공부해본 사람이라면
결코 믿지 않을 것이라네.
누군가 자신들의 교육법이
옥스퍼드의 교육법처럼
인류의 소중한 자산이라고 하는 말을.

카트라이트는 옥스퍼드에서 오랫동안 봉직했던 어느 교수의 말을 빌려 다음과 같이 말했다. "튜토리얼은 신화 속에 존재하는 마법이 아니라 튜터와 학부생들 사이에서 이루어지는 소크라테스 대화법이다. …… 하지만 1970년대 이래 튜터가 학생들의 학업을 지도해주고 이끌어주던 전통은 제대로 계승되지 못했다. 튜토리얼에 대한 부담감은 물론 학습을 잘 소화하지 못하는 학부생들을 데리고 한 시간을 함께해야 하는 상황을 피하고 싶은 일부 튜터들은 두 시간을 한꺼번에 소화하는 대규모 강의를 선호하게 되었다. 그러자 이를 역이용한 학생들은 오히려 예습을 하지 않기 시작했고 튜터가 할 일은 더욱 많아졌다." 카트라이트는 이렇게 결론내렸다. "하지만 튜토리얼 제도는 여전히 옥스퍼드 신화의 살아 있는 증인이며, 또한 사람들을 매료하는 중요한 요소이다. …… 옥스퍼드 튜토리얼은 옥스퍼드의 역사와 함께해온 특별한 유산이자 문화자본의 하나로서 최고의 지위를 유지하고 있다."

그렇다면 누가 비용을 대는가?

영국의 다른 대학이나 심지어 미국의 대학들도 재정 문제로 시행하지 못하고 있는 튜토리얼을 옥스퍼드(그리고 케임브리지)에서는 어떻게 운영할 수 있을까? 옥스퍼드의 재정은 대체로 학생 대 교수 비율을 일정 수준 이상으로 유지하는 데 쓰이며 이러한 모습을 다른 대학에서는 찾아보기 힘들다. 옥스퍼드의 교수들은 다른 '명문' 대학의 교수들보다 고등교육에 더 많은 노력을 기울여야 하고, 이를 위해 더 많은 연구비를 필요로 한다. 하지만 옥스퍼드 교수들의 노동생산성은 영국 고등교육 산업에서 평균을 상회한다(영국 고등교육의 경쟁력도 OECD 평균을 훨씬 상회한다). 옥스퍼드의 학비를 영국의 다른 대학들과 비교해보면, 학생이 필요로 하는 다양한 학습법을 시행하지 않는 대학의 학비도 만만치 않게 비싸다는 사실을 알게 될 테고, 그제야 비로소 튜토리얼 학습법으로 매우 강도 높은 학업을 이어가는 옥스퍼드의 학비가 합리적이라는 사실을 알게 될 것이다. 물론 여기에 소요되는 비용이 충분한 가치가 있는지는 튜토리얼에 참여하는 학생 각자가 생각해볼 문제이지만 말이다!

옥스퍼드에서 학생 대 교수 비율을 최상의 수준으로 유지하기 위해 필요한 추가적인 재원은 대략 25억 파운드에 달하는데, 이는 각 단과대학 자산에서 조달되며 상당 부분 개인 기부 형태로 조달된다(이 금액은 대략 천만 파운드에서 1억 5천만 파운드에 달한다-테이퍼와 팰프레이먼, 2000, p.158 참고). 이 금액은 적어도 2007년과 2008년 수치의 두 배에 달한다. 또한 학생들이 옥스퍼드에 지불하는 비싼 학비도 한 부분을 차지한다. 물론 영국과 EU의 학부교육에는 학생들을 위한 정부 재원이 투입된다. 이 대학들의 학비는 직접 학비를 내는 학생의 경우(주로 영국이나 EU 이외 지역 출신 학생) 2007년과 2008년 기준 4,500파운드 정도이다. 하지만 영국과 EU 대학 학부생들이 청구받는 학비의 실제 납부금액은 2,000파운드에 불과하다. 영국과 EU 거주자의 경우 세금 납부자로 인정되어 고등교육기금위원회(HEFCE, Higher Education Funding Council for England)나 대학 당국을 통해 수혜자의 명단에 등록되어 복잡한 산술 계산을 통해 일정한 비율의 학비 감면 혜택을 받게 된다. 다시 말해 옥스퍼드의 학부생들은 기부금을 제외하고도 다른 대학 학생들에 비해 5,000파운드 이상을 자신의 학비로 지불한다고 보아도 무리는 아니다. 이 금액은 대체로 튜토리얼 학습을 위해 쓰이는데, 다른 대학들에 비해 도서관 자료 확보 및 운영에 더 많은 비용이 소요되기도 한다(OxCHEPS고등교육정책연구소의 2004년 책 참고). 사실상 대학이 정부의 재정 지원을 받고 기부금을 모집하는 일은 현대 용어로 민관 합작 투자산업(Public-Private Partnership, PPP)의 한 예이다. 아마도 '제3의 길the third way'을 주창했던 일부 정치인들도 여기에 동의할 것이다!

영국의 많은 대학은 7~10명의 학생으로 구성된 그룹 세미나를 시행하고 있고, 학생들에 대한 연간 지원 금액이 반으로 줄어든 데 비해 학생 수는 두 배로 증가하는 등 1985년 이래로 영국의 고등교육은 몰개성화가 진행되어왔다. 심지어 구성원을 최대 25명까지 확대한 '세미나' 모임도 등장하고 있다. 이러한 과밀화 현상으로 인해 학생들은 자신들에게 적합한 그룹을 만들어 연구 결과를 공유하고 논점들을 토론할 기회를 갖기가 어려워졌다. 학생 수를 엄밀히 제한하는 옥스퍼드 튜토리얼의 전통적 학습법은 많은 대학에서 흔치 않은 일이 되어버렸다. 교육이 대중화되고 희소가치가 사라지자 대학에서의 학업이라는 것이 과거의 일반적인 수준에도 미치지 못하는 수준으로 질적 저하 현상을 보이고 있다. 안타깝게도 오늘날 젊은이들 앞에 차려진 음식이 매우 빈약해진 형국이다.

교수 대 학생 비율이 1대 12의 비율을 유지하던 20년 전에 비하면 오늘날 옥스퍼드와 케임브리지를 제외하고 1대 20에 육박하는 대학이 많을 정도로 상황은 열악해졌다. 앞에서 언급했듯 영국은 고등교육을 대중화하면서 그에 따르는 후속조치에 관심을 두지 않았다(영국이 고등교육에 지출하는 예산은 OECD 국가 평균의 절반이며, 미국의 삼분의 일에 지나지 않는다). 또한 정치적 독단이 지나치고 변화를 반기지 않는 전통과 습성 때문에 미국과 같이 사회적 규준을 정비하지 못하여, 중산층 학생과 부모에게 높은 수준의 학비를 청구하여 교육의 적정 수준을 유지하고 있다. 동시에 모든 학생에게 혜택이 돌아가도록 하는 제도 역시 마련하지 못하고 있다. 중산층의 부모들은 1960년대나 1970년대에 비해 상당히 줄어든 한계세율[초과수익에 대해 지불하는 세율-옮긴이]에 주목할 필요가 있다. 사람들의 순진한 기대는 이러한 것이다. 만일 미국처럼 세율이 높아진다면 의료 제도나 교육 제도 등 다양한 정책이 확충되고, 더욱 안전하고 믿을 수 있는 철도와 지하철, 지하도 등이 건설되고, 저비용 고등교육과 같은 전형적인 유럽식 제도와 정책들이 더욱 강화될 수 있으리라는 기대 말이다. 하지만 현실을 돌아보면 반드시 그렇지만은 않다. 옥스퍼드 고등교육정책연구소는 옥스퍼드 대학교의 모금을 위한 전략으로 웹사이트에 열세 가지 관련 사항들을 게시해놓기도 했다. 2007년과 2008년 기준 학부생 1인당 소요되는 비용은 2만 파운드가 넘고 그 가운데 3,000파운드는 영국과 EU의 학부생들이 납부한 학비를 통해 충당된다. 대학의 전반적인 교육과정에서 튜토링 제도의 중요성을 분석한 내용은 스캘튼Skelton의 2007년 책에 실린 브루스 맥팔레인Bruce MacFarlane의 글 〈훌륭한 교육의 결과 너머Beyond performance in teaching excellence〉(스캘튼Skelton, 2007)를 참고하기 바란다. 이러닝e-learning과 인터넷 강좌가 지나치게 강조되어 생각하는 힘이 마우스 클릭으로 대체되고, 직무교육을 강조하며 기술과 경쟁력 향상을 최우선시하는 최근 학위과정에 대해 고민해보고자 하는 사람은 타라 브라바존(Tara Brabazon, 2007)을 참고하기 바란다. 고등교육의 일반적인 문제점에 관해 알아보고자 하는 사람은 메리 에반스(Mary Evans, 2004)와 네일러(Naylor, 2007)를 참고하기 바란다.

　대학의 학력이 쇠퇴하여 초래되는 결과는 병원이나 학교를 운영하는 경우보다 훨씬 느리게 드러나기 때문에 공공의 관심을 덜 받게 되고, 정치나 언론 영역에서도 사전 대책을 마련하기 쉽지 않다. 그렇지만 학생들은 조금씩 모든 것에 문제가 있음을 느끼기 시작한다. 학생 만족도 설문조사에서도 자신들이 제공받는 교육이 '매우 훌륭하다'는 응답이 극히 적어지며, 다수의 학생은 자신이 학교에서 적절한 학문적 도움을 받지 못하여 학력을 신장하는 데도 어려움을 겪고 있다고 응답하곤 한다. 이러한 상황에 놓인 학생들은 자신들의 의지와 열정을 충분히 실현하기가 어느 때보다 힘들다고 토로하고, 좋은 교육을 받은 계층만이 사회경제적인 성공에 이르는 상황이 되었다. 소비자로서 학생들이 제기하는 수업료 및 과밀화 문제에 관해 더 많은 정보를 얻고 싶다면, 이를테면 좋은 교육을 위해 필요한 대학의 계약사항들에 관해 알고 싶다면 패링턴Farrington과 팰프리먼Palfreyman(2006)을 참고하기 바란다.

　워너Warner와 팰프리먼Palfreyman(2001)의 책에는 피터 스콧Peter Scott이라는 인물이 쓴 에세이가 실려 있는데, 그 글에서 다음과 같은 자신의 생각을 전한다. "영국의 고등교육은 학생들의 '시행착오'를 줄이고, 지식교육을 강화하고, 온건한 '목가적 교육'을 유지하는 '엘리트'교육을 유지하고 있다. 그리고 그와 동시에 '대중'교육의 비중을 점차 늘려가고 있다(물론 학생 수는 두 배가 되었고 재정 지원은 반감되었다). 스콧이 보기에 영국의 고등교육 모델은 매우 독특한 '혼합 대중-엘리트 제도hybrid mass-elite system'이고, 안정된 제도와 혼돈의 상황이 공존하는 암중모색의 시기에 처해 있기도 하다." 그는 이렇게 결론을 내렸다. "어떤 일도 조화롭게 해결할 수 있다. …… 흥미롭게도 우리의 목표도 이와 같다. 영국의 교육 제도 하에 있는 '학생들의 경험'을 예의주시하는 일은 학생들이 소비자로서 누려야 할 '고객 서비스'를 실천하는 일이다. 하지만 그와 동시에 옥스브리지의 튜토리얼 제도 속에 구현되는 학문적 교감을 구현하는 일도 중요하다. 그것은 대중교육의 영역과 별도로 존재하기 때문이다."(p.194.) 요컨대 옥스퍼드 튜토리얼이 시대착오적인 과거의 유산으로 보일 수도 있지만, 엘리트와 대중을 동일선상에 놓고 '학술과 연구'의 주체들을 생산성이라는 획일적인 측면으로 재단하는 것은 바람직하지 않다. 분명한 것은 영국의 고등교육은 앞으로 유럽의 연구제일주의 정책이나 미국의 민관 '혼합 경제mixed economy' 모델로 나아가게 될 것이다(만일 정치인들이 자율권을 부여하여 영국의 대학들이 독립된 기관처럼 자유로운 정책을 펼칠 수 있고, 고액의 학비를 받는 대신 정말로 입학이 필요한 학생들에게 다양한 학자금을 지급하도록 한다면 말이다).

고등교육의 재정 문제, 특히 영국과 미국의 사립과 공립대학 학비를 비교해보고 싶다면 팰프리먼(2004)과 바(Barr, 2001)를 참고하면 된다. 특히 바가 말한 것처럼 1997년에 대학 학비 책정을 규정한 입법이 시행된 이후(영국 고등교육은 1977년 이래로 학비 책정 자율화 제도가 시행되고 있다) 영국은 고등교육을 시장원리에 맡겨(고등교육에 학비를 책정한 일이 비도덕적 처사로 비판받기도 했다) 중산층의 교육에 소요되는 막대한 국가 재정을 절감하고, 영국 고등교육 시장의 소비자인 학생들에게 학비를 전액 지불하도록 했다. 그러나 납세자들에게 혜택이 돌아가야 하는 보조금(저리의 학생 대출과 값싼 학비)을 정작 납세자들은 받을 수 없고, 결과적으로 트럭 운전사가 납부한 세금이 명망 높은 이튼스쿨 학생들의 학위 취득을 위한 지원금으로 투입되는 상황을 우리는 목도하고 있다. 개인적으로 나는 국가의 정책 개입이 부당하다고 생각한다(p.216 참고). 특히 바에 의하면 지난 20여 년 동안 대학의 학부과정을 규제했지만 고등교육 영역의 발전은 없었고, 그러는 가운데 사회경제적으로 소외된 계층은 더욱 더 혜택에서 멀어졌다. 결국 대학은 부유층에게만 소비되는 공공재가 된 것이다. 당연히 영국과 EU의 학비는 3,000파운드까지 치솟았으며 이러한 상황은 정부 규제를 통해 2009~2010년에는 새로운 전기를 맞을 것으로 보인다.

따라서 옥스퍼드와 이하 단과대학들이 앞으로도 튜토리얼 제도를 지금처럼 운영할 수 있을지는 두고 보아야 한다. 왜냐하면 세금 납부자들은 지난 10년 동안 영국과 EU의 학부생을 위해 묵과해온 세금 부담에 불만을 갖고 있기는 하지만, 앞에서도 언급했듯 현재 비정상적으로 낮게 책정된 영국과 EU 학부생의 학비에 대한 정부 규제는 유지될 것이기 때문이다. 옥스퍼드 뉴 칼리지의 경우 정부 지원금 부족분 25만 파운드를 충당하기 위해 기부금 모금을 확대하고 있다. 사정이 열악한 옥스퍼드의 단과대학들은 기부금을 충분히 확보하지 못하고 있는데 반해, 뉴 칼리지나 세인트존스St. John's, 지저스Jesus, 퀸즈Queen's, 머튼Merton, 모들린Magdalen 등의 대학들은 기부금이 배로 늘어 자금이 부족한 대학을 지원하기 위해 대학 발전기금을 운영하고 있기도 하다. 이런 이유로 이 대학들은 정부의 지원 여부와 상관없이 재정적인 위기를 피할 수 있게 되었다. 그런데 만일 대학이 학부생의 삼분의 일에 해당하는 인원에게 기부금을 지급할 정도로(학부생 1만 1000명에 대학원생 6000명) 재정을 확대한다면 수준 높은 교육 제도를 유지하고 문화재로 지정된 건물을 훌륭히 보수할 정도의 장기적인 재정계획을 세울 수 있겠지만, 학비를 필요한 수준으로 유지하거나 혹은 충분한 기부금을 확보하지 못하는 한 많은 대학이 서서히 총체적인 쇠락의 길로 접어들게 될 것이다.

학비 수준을 스스로 결정할 권리도 없고, 기부금 규모도 각각 25억 파운드에 불과한 옥스퍼드와 케임브리지가 '프리미어리그' 상대처럼 막강한 미국의 대학들과 경쟁했을 때 경쟁력이 있을까? 하버드(150억 파운드)와 예일(80억 파운드), 프린스턴(70억 파운드), 스탠포드(70억 파운드) 등의 미국 대학들과 경쟁해서 옥스퍼드와 케임브리지가 최상의 학부교육 시스템을 유지할 수 있을까? 지난 25년 동안 영국의 건강보험과 런던 지하철, 철도 기반시설이 쇠락했듯 우리는 영국이 자랑하는 고등교육의 운명이 앞으로 수십 년 동안 서서히 쇠퇴해가는 모습을 목도하게 될 것인가? 앞에서 논의했듯 사람은 살면서 무엇이 중요한지를 인식하지 못하는 경우가 많다. 만일 삶에서 중요한 것을 알고 그것을 실천할 줄 아는 사람이 충분한 돈을 가지고 있다면 그 사람은 기존의 전통을 현상 유지하기에 바쁜 옥스퍼드보다는 미국의 아이비리그 대학에 자녀를 보낼 것이다! 최근 옥스퍼드의 펨브로크 칼리지Pembroke College 학장 자리에서 은퇴한 로

버트 스티브스Robert Stevens는 〈스펙테이터〉지에 기고한 글 '쇠락하는 옥스퍼드Eviscerating Oxford'에서 이렇게 말했다. "옥스퍼드에서는 각 대학이 학부생 교육에 매우 헌신적이었고, 그것야말로 옥스퍼드를 다른 대학과 차별화시키고 국제적인 경쟁력을 갖춘 대학으로 성장하게 만든 힘이었다. …… 그런데 옥스퍼드 또한 다른 명문대학들이 그랬던 것처럼 아이비리그와 옥스퍼드의 정체성 사이에서 일정한 침체기를 맞이하고 있다. 고등교육을 시행하는 훌륭한 영어권 대학들은 많고, 심지어 옥스퍼드 못지않은 곳도 적지 않다. 자세히 들여다 보면 대학은 현실에 안주하고 있고 신노동당New Labour은 정치적인 기회주의에서 벗어나지 못하고 있어, 현실 타개책이 나올 기미는 전혀 보이지 않는다."

그러니 친애하는 신입생 독자들이여, 이 책을 읽는다면 옥스퍼드 튜토리얼이 아직 존재하는 지금 마음껏 즐기기를 바란다. 그대들이 옥스퍼드의 소중한 혜택을 누릴 수 있는 마지막 세대가 될지도 모르기 때문이다! 튜토리얼이 살아남는다고 해도 옥스퍼드 튜토리얼이라는 이름으로 지도받지만 그에 대한 추가비용을 지출하지 않는 마지막 세대가 될 가능성이 높다…….

무엇을 준비해야 하는가

이 얇은 책을 읽는 독자들은 옥스퍼드 튜토리얼의 교육법을 기술한 여러 에세이를 읽으며, 다양한 교육 방법 가운데 어떤 요소는 왜 무엇 때문에 효과가 있고, 다른 요소는 왜 효과가 없는지 생각하게 될 것이다. 1장을 포함하여 이 책에 수록된 에세이들은 각자의 개인적인 의견에 기반을 두었기 때문에 특정 단과대학이나 조직의 입장을 대변하는 공식 입장은 아니다. 독자들에게는 다행스러운 일이지만 모든 글은 내용은 대학의 위원회나 공식 조직과 무관하다. **그러므로 독자들은 앞에서 언급된 학비 관련 내용에 대해 이 책의 저자들도 같은 입장을 가지고 있다고 생각해서는 안 된다!** 우리의 공통된 의견이 있다면 별도로 논점을 만들고, 공통된 입장을 제시할 것이며, 특히 옥스퍼드 튜토리얼의 존재 이유를 적극 주장할 것이다. 우리는 무엇이든 새로운 의견을 찾아내어 분석하고 또한 해명하기를 그치지 않으려 한다.

〈옥스퍼드 매거진Oxford Magazine〉(191호, 넷째 주, 트리니티 학기, 2001)에는 '트레이드마크trademark'라는 제목이 붙은 다음과 같은 글이 게재된 적이 있다. "옥스퍼드를 매우 특별하게 만드는 교육법은 튜토리얼이다. 매우 탁월한 제도임이 분명하지만, 제도 이면을 들여다보면 문제가 그렇게 단순하지만은 않다." 튜토리얼 제도가 운영되고 있기는 하지만, 토론하고 분석하고 날카롭게 비판하는 전통적인 튜토리얼의 교수 기법이 완벽히 구현되고 있지는 못하기 때문이다…….
편집인은 자신이 생각하는 튜토리얼의 가치를 다음과 같이 평했다. "튜토리얼은 학습에 뒤쳐진 학생에게 소속 집단의 의미를 일깨우고 자존감을 회복하도록 하지만 동시에 각자의 위치를 자각하도록 한다. 이를 통해 자아실현의 열정을 부여하며…… 하나의 삶이 제대로 준비된다면 그것이 삶의 기쁨이라는 사실을 일깨운다……." 따라서 편집인은 옥스퍼드 튜토리얼에 대한 과대평가를 우려하기도 하는데, 옥스퍼드와 각 대학이 학부과정에 대해 효율과 개혁의 관점에서 접근하지만, "이토록 오랜 전통을 가진 제도를 개선하려 할 때는 매우 사려 깊게 접근해야 한다는 것이다. 그렇지 않다면 탁상공론의 결과로 많은 것을 잃게 될 것이며, 그 패착마저도 합리화하려 할 것이다. **어려운 시기에 진심과 충심만을 가지기란 누구라도 쉽지 않다.** 그래서 옥스퍼드라는 '빛나는 이름'을 생각할 때 결과가 우려된다."

키블 칼리지Keble College의 영문학 연구원과 엑스터 대학교Exeter University 영문과 교수를 역임했던 다이앤 퍼키스Diane Purkiss도 〈타임스 하이어Times Higher〉에 기고한 글(1919년 1월 1일), '스튜던트 포커스 Student Focus'에서 학생들의 자존감에 관하여 이와 비슷한 이야기를 했다. "학문의 확신은 어디에서 나오는가? 우리 학생들은 대체로 똑똑하지만 그럼에도 막연한 두려움을 가지고 있다. 자신의 생각과 의지로 꾸려나가야 하는 학부과정에서 학생들은 어찌할 바를 모르고 몹시 허둥댄다. …… 어려운 책을 공부하기도 전에 불안의 나날을 보내는 것이다. 많은 것이 차별화된 옥스퍼드에서조차 불확실성은 매독처럼 창궐해 있다. 왜 안 그렇겠는가? 첫째, 키블 칼리지에서 2학년이 되면 페어리 퀸[Faerie Queene, 에드먼드 스펜서의 서사시-옮긴이]을 공부해야 한다. 그리고 그와 관련된 에세이를 써내야 한다. **일정 수준에 이르지 못하면 에세이를 다시 작성해야 한다.** …… 많은 과목을 임의로 선택하여 수강하는 학생들도 이러한 강의 원칙을 피할 수는 없다. 둘째, 이것이 특히 중요한데, 옥스퍼드 학생들은 내가 다른 곳에서 가르친 학생들에 비할 수 없을 만큼 학문적으로 좋은 여건 속에 있다. …… **그들은 일주일에 한 번 나를 만나 튜토리얼 학습을 하며 나에게 많은 질문을 던졌다. 다른 곳에서는 세미나의 참석 인원이 25명이었고, 질문하는 학생은 없었다. 튜토리얼 학생들은 내가 기다란 테이블 끝자리에 앉아 자리를 지키지 않아도 해야 할 바를 금세 파악했다.** …… 셋째, 자신이 사회의 첫 발을 내딛은 곳이 옥스퍼드라는 사실에 그들은 이미 엄청난 자부심을 갖고 있었다." (옥스퍼드에서 영문학을 공부하는 일에 대해 자세히 알고 싶다면 엠마 스미스Emma Smith의 책 8장 참고하라.)

나의 논문인 〈고대의 연합대학들: 옥스퍼드와 케임브리지The Ancient Collegiate Universities: Oxford and Cambridge〉(워너와 펠프라이먼, 2001, 2장 참고)에서 나는 이렇게 말했다. "옥스퍼드는 즉시 투입 가능한 졸업생을 양성하는 일이 최우선이다. 어떤 과목을 공부하든 자신의 학업에 자부심을 가지도록 하고, 나아가 사회와 경제에 공헌하는 사람이 되도록 하기 위해서다. 옥스퍼드에 몸담고 있는 학생들은 지성과 도전정신으로 무장하고, 졸업 후에는 옥스퍼드가 부여하는 '사회적 자본'을 바탕으로 하여 원하는 분야에서 즉시 능력을 발휘해야 한다. 또한 앞에서 언급한 내용 외에 옥스퍼드의 교육과정이 제공하는 중요한 요소가 있다면 **튜토리얼이라는 집중 학습 환경 속에서 꾸준히, 최선을 다하는 사람이 된다는 점에 주목할만하다.**" 따라서 만일 고등교육이 프리미어리그나 올림픽 수준의 스포츠 경기에서처럼 엘리트주의의 전형이라고 가정한다면 옥스퍼드(혹은 영국의 기타 명문대학들)는 최고의 학생들을 받아들여(세심하고 엄격하게 선발하여) 교수와 연구자들이 최선을 다해 돕고, 힘들지만 알찬 교육과정을 거치도록 해야 한다. …… 만일 이류의 학자들을 교수로 채용하여 삼류의 급여를 지급하는 등 옥스퍼드에서 학위를 취득하기 위해 모여든 열정과 재능으로 무장한 학생들의 필요를 충족시켜주지 못한다면 옥스퍼드로 모여든 학생들은 물론 국가 전체에 해악을 끼치는 일이 될 것이다." 그리고 당연한 이야기이지만 "튜토리얼은 어렵고 고된 학습 경험이 최상으로 구현되는 과정으로, 그 학습 경험에서 각자의 재능이 유감없이 발휘되어야 한다". (p.20.)

더욱이 교수들의 학과 교수요목을 거의 모두, 혹은 모두 검토하는 튜토리얼 학습에서는 준비되지 않은 학생은 일대일, 혹은 일대이 튜토리얼을 버텨낼 수 없기 때문에, 절대다수의 옥스퍼드 학부생들은 자발적으로 교수요목에 올라 있는 방대한 분량의 참고도서를 모두 독파하게 된다. 다시 말해 옥스퍼드의 평균적인 졸업생들은 다른 대학 졸업생에 비해 훨씬 방대한 독서를 하게 된다. 다른 대학의 경우 교육 제도가 잘 갖추어져 있지도 못하고, 이로 인해 학생들은 교수들이 정해주는 교수요목의 일부분에 집중하여 그것만 공부하고 평가받게 되며, 그 제한된 범위 내에서 예상 문제와 답안을 준비하여 작성한 뒤 그것으로 학습을 끝냈다고 생각한다! 따라서 이것이 사실이라면 옥스퍼드 졸업생들은 취업시장에서 매우 매력적인 인재들로 인정받지 않을 수 없다. 그들은 일상적으로 요구되는 업무를 잘 처리할 뿐 아니라 학문 연구를 통해 훈련받은 능력을 적절히 발휘할 수 있다. (대학을 졸업하고 취업하려는 구직자에게 좋은 대학에 적을 두고 교양교육을 받는 것보다 어떤 특정 분야에 대한 집중적인 공부가 더 도움이 된다고 생각한다면 이 장의 앞부분이나 2장 내용을 참고하라.)

물론 옥스퍼드 튜토리얼의 미래는 연합대학인 옥스퍼드 대학교와 불가피하게 연결되어 있고, 옥스퍼드의 단과대학들이 법률적이고 재정적인 자치권을 가진 기관으로 생존할 수 있는가에 대한 문제는 옥스퍼드 대학교의 연방 시스템이라는 범위 하에서만 논의가 가능하다. 분명한 것은 대학의 미래가 위태로운 이유는 대학의 안팎에서 가해질 압력 때문일 수 있다는 점이다. 만일 대학이 점진적으로 비대해지고 중앙집권화되고 생기를 잃어 결과적으로 문화재 관리사무소와 같은 기능을 하는 데 머물고, 심지어 대학을 경제성과 효율의 입장에서 바라보는 사람이 많아지고, 그 때문에 오히려 효율성을 상실하는 역설적인 상황이 벌어지게 된다면 대학도 변화를 모색할 수밖에 없을 것이다. 결국 그러한 환경에 놓인 옥스퍼드는 인간의 삶과 사회의 영역들을 두루 아우르는 본래의 역할마저 잃어버리게 될 것이다. 《옥스퍼드와 연합대학 전통의 쇠퇴》(테이퍼와 팰프리먼, 2000)라는 책을 통해 학문 연구에 매진하는 학자적 삶의 역동성과 하나의 조직으로서의 대학 내에 존재하는 학과의 구조와 위계, 대학 공동체에서의 단과대학의 의미 등과 관련하여 '협력관계collegiality'라는 말의 의미를 더 생각해볼 수 있다. 또한 거대 고등교육기관으로서의 역할과 공공성을 추구하는 관리통제주의의 통제 사이에 놓인 대학의 정체성과 앞으로 나아가야 할 길을 고민해볼 수 있다. 긍정적인 결론을 내려보자면, 옥스퍼드 대학교의 가장 큰 장점은 이 조직이 600~700년의 세월 동안 이어져 오면서 스스로 나아갈 길을 모색하고 갱신해왔으며, 나아가 21세기의 비전과 지향점을 도출해내는 능력 또한 가지고 있을 '대학의 연합체'라는 사실이다. (팰프리먼, 2007 참고.)

하지만 장기적인 관점에서 어떠한 변화가 있든 옥스퍼드 튜토리얼과 옥스퍼드 대학교는 최소한 그대들이 적을 둘 향후 3~4년 동안은 굳건할 테니 옥스퍼드가 그대들에게 허락하는 모든 것을 찾아서 누리기 바란다. 스포츠, 연극, 드라마, 음악 동호회 같은 온갖 종류의 학생모임(심지어 새로 만들 수도 있다!), 학생 정치조직 등을 말이다. 심지어는 매일 밤을 지새우며 인류의 미래를 논할 수도 있다. …… 하지만 무엇보다도 중요한 것은 학과 수업에 소홀하지 말아야 한다는 점이다. 영국의 고등교육은 새로 출현하는 서비스 산업에 충실히 부응하는 역할을 떠안게 될 것이기 때문이다. 이곳 옥스퍼드에서 그대들은 고등교육의 수동적인 소비자에 머물러서는 안 된다. 만일 그대가 받는 교육이 고등교육으로서의 가치가 있다고 생각한다면 튜토리얼이라는 인적 네트워크에 적극 참여해야 한다. 만일 그대가 자신의 몫을 찾아가지 않는다면 그것은 그대의 실패일 뿐 아니라 그대를 지원해준 모든 이의 실패이다(부모들은 자식을 대학에 보내며 많은 희생을 감수해야 하며, 영국의 납세자들 또한 당신이 이곳에서 공부할 수 있도록 일인당 5,000파운드에서 15,000파운드에 이르는 금액을 납부하고 있다). 심지어 다른 학생이 그 자리에 있었으면 더욱 많은 것을 누릴 수 있었을 하나의 기회를 뺏는 일이기도 하다. 다른 대학들도 마찬가지이지만 특히 옥스퍼드에 적을 두기란 매우 힘든 일이며, 누군가에게는 정신적 트라우마가 되기도 한다. 그대가 만일 이러한 위기를 느낀다면 사람들에게 알리고 걱정을 나누어 더 늦기 전에 해결책을 찾아야 한다(옥스퍼드의 대학들은 학생들과의 격이 없는 상담pastoral care을 나눌 준비가 되어 있다. 심지어 회계 책임자도 경제적인 어려움을 겪고 있는 학생들에게 매우 호의적이다!).

　옥스퍼드에서의 생활을 최선으로 만들기 위해 필요한 것은 튜토리얼이 무엇이고, 그것을 활용하기 위해 튜터와 학생이 무엇을 준비해야 하고, 어떻게 하면 효과가 극대화되는지, 튜토리얼이 교수법의 과정으로서 왜 때때로 실패하는지 등에 대해 서로 다른 학문 영역의 여러 경험 많은 교수들에게서 가르침을 받으며 에세이를 작성하는 일이다. 그 이야기들은 그대가 튜토리얼 학습을 하는 데 필요한 사항들을 규범적으로 정해주지도 않고, 자세한 준칙을 제시해주지도 않는다. 하지만 당신의 학습에 영감을 선사한다. 소단위 그룹의 개별적인 가르침을 통해(만일 비용이 많이 든다면!) 이루어지는 학습의 가장 큰 장점은 두세 명의 학습 구성원들이 학습의 효과를 극대화하기 위해 다양한 학습 방식을 채택할 수 있다는 점이다. 어떻게 보면 대학의 학습은 튜터와 학생이 한 팀이 되고, 채점을 하는 교수가 상대팀이 되는 경기와도 같다! 특히 옥스퍼드의 대학학습진흥원Institute for the Advancement of University Learning의 전 원장은 옥스퍼드 튜토리얼의 활용법과 고등교육 학습이론 등에 대해 학생들에게 조언을 아끼지 않고 있다. (애슈윈Ashwin, 2005 & 2006과 트리그웰Trigwell과 애슈윈TrigwellAshwin, 2003 참고.) 이 책은 튜토리얼이 단순히 지식을 쌓거나 학위를 취득하기 위한 수단이라기보다 옥스퍼드 학생들이 지식을 탐구하고 학술 연구를 수행하는 기본적인 능력을 배양하도록 돕는 제도라는 점을 설명하고 있다. 더 많이 알려진 책은 팬턴의 책(Panton, 2004)이다. 하지만 뉴 칼리지의 현 학장 앨런 라이언Alan Ryan은 옥스퍼드 튜토리얼을 넓은 의미의 교양교육이라고 규정했다. (라이언

Ryan, 1998.) 뉴 칼리지의 학생이자 옥스퍼드 대학교의 일원으로서 신입생이 가지는 의미에 대해 논하자면 우리는 아마도 알릭 해퍼드 스미스Alic Halford Smith 전 뉴 칼리지 학장에서부터 1953년 10월 뉴 칼리지 재학생 모두의 명단을 거론해야 할지도 모른다. (스미스Smith, 1963.)

스미스는 이렇게 말한다. 대학의 학부과정이란 당면한 문제에 대한 본질과 필요한 해법을 꿰뚫어보는 인내와 끈기를 배우고, 진실을 향한 확고하고 흔들림 없는 마음자세를 갖추고, 진중하고 차분하고 안정된 성격을 배양하고, 일상의 목표를 향해 나아가는 사회의 일원이라는 마음가짐을 가지며, 아울러 대학의 곳곳에 서 있는 건축물들 속에 구현된 오랜 전통을 배우는 일이다. 스미스가 1953년에 남긴 이 글은 반세기가 지난 지금 상황에서 보아도 스미스보다 백 년 전에 살았던 카디널 뉴먼의 글처럼 전혀 모순이 없다. 뉴먼이 쓴 《대학의 개념》은 대학교육을 연구하는 주요 학자들에 의해 '고등교육의 본질과 의미를 논한 영어권 자료 가운데 의문의 여지없이 가장 중요한 작품'이라는 평가를 받고 있다. (로스블라트Rothblatt, 1997, p.287.) 뉴먼은 교양교육의 가치와 목표를 이렇게 설명했다. "구체적이고 일시적인 목표를 위해, 혹은 특정 환경이나 직업, 학업, 과학 성과 등을 위해 봉사하는 것이 아니라 학문 그 자체의 목표를 위해, 일정 정도의 학문 수준에 도달하기 위해, 혹은 문화의 고양된 수준에 이르기 위해 매진하는 지적인 훈련과정이며, 이 모든 과정이 교양교육이다. …… 학습하는 데 있어서 올바른 기준을 마련하고, 그에 따라 교육받고, 학생 각자가 능력에 맞는 노력을 기울이도록 돕는 일이야말로 대학이 해야 하는 일이라고 나는 믿는다. …… 교양교육은 기독교인이나 천주교 신자를 만들기보다 신사gentleman를 탄생시킨다. 교양교육은 좋은 신사를 만들고, 좋은 교육을 만들고, 좋은 학문적 취향을 만들고, 정직하고 공평하고 정제된 마음을 만들고, 삶 속에서 고상하고 예의 바른 성품을 실현하도록 한다. 이것이 일반 지식의 본래 특성이자 대학교육이 지향해야 할 목표이다."(뉴먼의 입장을 더 알고자 한다면 이 장의 앞부분과 이 책의 중국어판 서문을 참고하기 바란다. 중국어판 서문은 책의 말미에 수록되어 있다.)

이 책은 튜터들의 개별적인 참여 및 운영 경험에 근거하여 튜토리얼의 현재와 미래에 대해 기술한 내용을 담고 있다. 하지만 모든 내용을 읽을 필요는 없고 당신의 전공에 근접한 내용의 에세이를 읽으면 된다. 학생들의 학습이론에 대해 언급한 부분(11장)을 읽는 것도 좋을 것이다. 혹은 옥스퍼드 튜토리얼에 대한 최근 경향을 기술한 부분도 괜찮을 것이다(12장). 혹은 13장에서 옥스퍼드 튜토리얼을 경험한 학생들의 에세이를 먼저 살펴보아도 된다. 최고의 튜토리얼은 팩스먼 같은 튜터가 함께하는 〈뉴스나이트〉와 같다는 발언을 한 클라크 박사의 말을 확인하고 싶다면 말이다(팩스먼은 일종의 소크라테스인가? 튜토리얼 학습과 소크라테스식 대화법의 연관성에 대해 알아보고자 한다면 6장을 참고하면 된다). 이 책을 읽는 당신은 이미 고등교육의 배에 승선해 있다(이 장의 앞부분과 2장 및 11장에서 이러한 개념을 규정하고 논의했다). 당신은 본인의 학습을 상당 부분 통제하기 시작했으니 이제 어디에서 무엇을 공부할지 결정하면 된다. 만일 당신이 훗날 옥스퍼드에서 받은 교육이 성공적이었다고 평가한다면 옥스퍼드와 해당 단과대학은 소기의 공동 목표를 달성한 셈이다. 이를테면 하버드 대학교의 전 총장은 세계의 위대한 대학들에는 공통점이 있다고 했다. "우리의 목표는 자유롭고 독립적인 정신을 가진 학생들이 문제를 정확히 분석하고, 올바로 판단하고, 선전과 선동에서 사실을 찾아내고, 사이비와 거짓을 가려내고, 가장 창의적인 방식으로 진실에 한 발짝 더 나아가는 마음의 열정을 촉진하는 데 있다." (네이선 퓨지Nathan M. Pusey, 《학자들의 시대The Age of the Scholar》, 1963.) 반세기 전에 어느 대학의 교수가 정확히 설명했듯, 그렇게 되면 당신은 자신의 배움을 통해 지적 해방구가 열리는 경험을 하게 될 것이다. "만일 어느 학생이 교과서라는 족쇄를 던져버리고, 자신이 수행한 연구의 결론을 스스로 갱신하며, 지식과 신념이 확장되는 순간의 환희를 경험한다면 무척 놀라운 일이 될 것이다." 이것이 평범한 대학 강의와 대비되는 대학의 고등교육이다. 그것은 고등교육기관을 단순히 우월한 교육기관으로 바라보거나, 학문을 스푼으로 떠먹이며 지식을 채워주는 곳으로 인식하거나, 혹은 종이에 인쇄된 허상뿐인 신념들을 배우는 곳으로 바라보는 학생의 인식을 바꾸는 계기가 될 것이다. (브루스 트러스콧Bruce Truscot, 《붉은 벽돌 대학교Red Brick University》, 1943.) 이 작은 책이 학생들의 지적과 학문의 탐구에 도움이 되길 바란다. 당신들의 대학생활이 도전과 자극과 즐거움으로 가득하길 바란다!

결론: 학생들에게 '고등교육'에 필요한 '교양교육'을 수행하여 지속적으로 '학술 담론'을 경험하도록 하고 이를 통해 '비판적

사고'를 극대화하기를……

학생들이 원하는 것은 무엇인가? 적절한 피드백! 귀 기울여 듣기! 반응을 보이기! 토론하기!

- 영국 학생 만족도 조사(NSS, www.thestudentsurvey.com): 학생들은 교수들의 적절히 반응해주고 소통해주기를 원한다(강의 중에 이루어지는 소통 말고도 방법은 많다).
- 대학교육정책위원회 보고서(《HEPI Report No. 33》)의 '영국 대학생의 학문 경험'(www.hepi.ac.uk): 교수들의 적절한 피드백과 원활한 의사소통이 이루어지면 학생들의 매주 학습량이 증가했다(보고서에 적힌 기브스 Gibbs 교수의 언급에 주목할 필요가 있다. 평가 방법과 학생들이 보인 열정 및 참여도에는 일정한 상관관계가 있다).

학생들은 왜 소통을 원하는가? 교수들의 피드백은 아마도 가장 영향력 있는 학습 증진 방법임에도, 고등교육 학습을 실행하는 데 있어서 가장 간과되고 있는 부분이기도 하다. 아마도 그것이 매우 노동집약적인 작업이기 때문이고, 그로 인해 소요되는 비용 때문이기도 하다 (특히 학습 과제를 제출하고 지면을 통해 피드백을 받는 것보다 직접 얼굴을 마주하는 일은 노동집약적이다). 세미나 규모는 최근 10년 동안 두배로 늘었지만, 학생과 교수가 만나는 시간은 우려될 정도로 줄어들었다. 하지만 중요한 것은 교수들의 피드백이 단지 정해진 시간에 양자가 '접촉'하는 시간을 늘리는 데 급급해서는 안 된다는 점이다. 대학교육

정책위원회의 다른 보고서 〈No. 36〉(2008)에 따르면, 영국의 고등교육 학위과정은 이름만 거창한 교육으로 전락할 위기에 처해 있다. 영국의 어느 명문대학교 부총장의 말이다. "학습 시간의 지속적인 감소는 지난 20여 년 동안 거의 대부분의 영국 대학에서 나타난 현상이다. 이것은 영국의 학부교육에 투자되는 자본이 감소한 결과로(학부교육에 소요되는 자원의 양-원단위Unit of Resource-은 1980년 이래 절반으로 감소했다), 나날이 발전해야 할 학생들의 학력 저하는 서서히, 그러나 분명한 사실로 드러나고 있다. (길버트Gilbert 교수, 맨체스터 대학교University of Manchester, 〈타임스 하이어Times Higher〉, 1924년 4월 8일.) 그래서 맨체스터 대학교에서는 현재의 교육을 위해 대면교육의 기회를 늘리기로 결정하고, 최근 급격히 줄었던 일대일 학습지도 등을 모든 학생에게 의무화했다. 마찬가지로 랭커스터 대학교University of Lancaster도 최근 학부생들의 수업 가운데 주당 열 시간을 교수와 대면하는 시간으로 할당했다. 영국의 기타 고등교육기관들도 비슷한 움직임을 보이고 있다(서섹스 대학교University of Sussex는 학생단체의 공론화된 의견을 수렴하는 절차를 진행했고, 최고의 교육과 연구 여건을 갖춘 런던정치경제대학교LSE도 비슷한 조치를 취하고 있다). 우리의 논의는 다시 2009~2010년도로 되돌아가서, 가정의 여건을 고려하여 학기별 학비 상한선을 3,000파운드로 묶은 정치적 쟁점에 대해 언급해보고자 한다. 당시 가능하다면 학비가 적절히 인상되어야 한다고 주장했던 일부 학생과 학부모는 대학 측에 자신들이 지불하는 학비에 합당한 대학의 가치를 보여달라고 요구하기도 했다!

학생들이 최소한 보장받아야 하는 것은 무엇인가? (옥스퍼드 튜토리얼의 이상을 실현하는 일은 대부분의 대학에게 매우 값비싼 교육 제도라는 사실을 인정해야 한다.) 다음의 내용은 교육과 학습에 있어서 학생들에게 주어져야 하는 최소한의 교육 여건을 담은 21세기판 '학생헌장'이다(과학이나 실험 실습 위주로 진행되는 과목, 현장조사, 특별학습 등은 예외가 될 수 있다).

- 1학년과 2학년에는 세 학기 동안 학업이 진행되어야 하며, 일부 고등교육연구소처럼 한두 학기만으로 끝나서는 안 된다.
- 세미나에 참여하는 교수 대 학생 비율은 최대 1대 12를 넘을 수 없다.
- 각각의 학생은 매 학기/모듈/유닛마다 과제를 준비해서 제출해야 한다.
- 세미나 지도교수의 75퍼센트는 정규직으로 구성되어야 한다('조교수', '시간강사', '임시 교수' 등의 투입은 제한적으로 운용되어야 한다).
- 공식적으로 행해지는 제반 학습 평가를 위해, 학습 내용을 포함하는 두 차례의 비공식 작문 평가가 시행되어야 한다.
- 각각의 작문 평가(정기적, 비정기적 평가, 혹은 실습)는 세미나 지도교수나 과정 평가위원과 일대일로 만나 15분 동안 대면한 채로 시행되어야 한다.
- 모든 학생은 매 학기마다 학사 관리를 돕는 튜터를 일대일로 만나 30분 이상 학습 과정과 공부 방법, 선택과목 등에 대해 논의해야 한다.

그렇다면 무엇이 고등교육인가? 교육과 평가 및 학습과정 전반에서 고등교육의 요소를 꼽자면 다음과 같다.

고등교육이 진정한 고등교육이 되기 위해서는
- 가르침과 배움의 과정이 교양교육이어야 한다.
- 반성적 학습과 깊이 있는 학습을 통해 치열하고 혁신적인 사고를 하도록 훈련하며 이를 통해 비판적 사고가 삶 속에 스며들도록 한다.
- 학생들이 수준에 맞는 학술 연구에 매진하도록 도와야 한다.
- 교수들에 대한 권고사항: 학생들에 대한 상담과 피드백, 과정평가 등을 시행하는 데 있어서⋯⋯.

이것이 교육과정이자 교양교육으로서의 옥스퍼드 튜토리얼이다. 비판적 사고와 반성적 학습, 혹은 심화학습에 중점을 두는 일련의 과정인 교양교육은 '고등교육'의 이름으로 시행되는 대학교육의 모든 학위과정과 학술 연구과정과도 궤를 같이 한다. 교양교육은 인문학이나 사회학과는 다르다! 한 번 더 강조해야 할 것은, 대학교육이 마치 운전면허 취득교육처럼 일종의 자격증 수여과정이라는 인식이 우려될 정도로 팽배해 있어, 튜토리얼과 같은 지식 전수 제도가 없다면 고등교육을 받는 학생이라고 할지라도 어떤 '고등'한 가치도 제대로 전수받을 수 없다는 점이다. (OIA[Office of the Independent Adjudicator for Higher Education, 영국의 대학교육 컨설팅 전문업체-옮긴이]의 2007년 연례 보고서 중 '학생 고충 해소Resolving Student Complaints' 항목 참고. www.oiahe.org.uk) 세인트 앤스 칼리지St Anne's College의 학장을 역임한 전직 판사 루스 디시Ruth Deech에 따르면, 고등교육은 학비를 지불한 대가로 학생들이 수동적으로 받는 서비스가 아니다. 오히려 운동을 하기 위해 체육관에 등록하는 일과도 같아서 각종 시설을 이용할 수 있고 강사에게 가르침을 받을 수 있지만, 소기의 목표를 달성하려면 불편함을 감수한 개인의 노력이 필요하다! (《학생은 소비자인가?The Student as Consumer?》, 14장 참고. 더 많은 논점을 검토하려면 패링턴Farrington과 팰프리먼Palfreyman, 2006을 참고하라.)

실제로 옥스퍼드 튜토리얼이란 무엇인가를 배우는 가장 효과적인 방법 중 하나는 그것에 대해 글을 쓰는 것이라는, 단순하지만 매우 중요한 생각을 기본적인 토대로 하여 상호간에 가르침과 배움을 나누는 과정이다. 자료를 모으고(필요한 자료를 정리하는 일은 쉽지 않다), 질문에 대한 해결책을 정리하고, 종합하고, 적용하여 생각을 발전시킨다. 그리고 에세이를 통해 말하고자 하는 논거를 풀어낸다. 그리고 준비된 자료를 언제 어디에서 모여 발표할 것이며 그것을 어떻게 활용할지 논의한다. 이 과정에서 학습자료는 학생들에게 더욱 의미 있게 받아들여지며, 학습과정 전체는 학생 각자의 지식 수준과 능력을 높여준다.

어떤 '고등'교육이 잘못된 것인가! 이 책이 만들어진 진정한 이유는 '맥 대학McUniversity'에 대해 할 말이 많기 때문이다. (헤이즈Hayes와 원야드Wynyard, 2006 참고. 사회의 맥도날디제이션McDonaldization과 그 사회 속에서 이루어지는 고등교육에 대해 더 자세한 내용을 알고 싶다면 리처Ritzer, 2008 & 2005 참고. 푸레디Furedi 참고. 그런데 맥도날디네디션이라는 단어가 항상 부정적인 의미로 사용되는 것은 아니다. '맥레일McRail', '맥버스McBus'와 같은 단어는 매우 효율적이고 규칙적으로 운행되는 공공교통 서비스를 말한다!) 중요한 것은 경제적인 효율성과 예측 가능한 결과만을 중요시하고 이에 대한 관리와 통제를 최우선시한다면, 학업에 대한 학생들의 진취적인 욕구를 억누를 수 있고, 심지어 고등교육의 핵심이라고 할 수 있는 도전정신이나 창의력, 혁신 및 기타 다양한 생각을 억압할 수도 있다. 또한 대학에서 수행되어야 하는 교양교육의 교수법과 학습법에 대한 다양한 시도를 제한할 수도 있다. 사태는 악화되고 있어, 볼로냐 프로세스[Bologna Process, 유럽 고등교육 시스템 통합 프로그램. 47개 가맹국의 대학들은 동일한 학위로 인정받는다-옮긴이]와 같은 우스꽝스러운 제도가 도입되어 유럽의 고등교육에 크나큰 영향을 미치고 있다. 더욱 놀라운 것은 만일 누군가가 학부과정에서 연성법[soft law, 규범적이고 윤리적인 차원의 법-옮긴이]을 공부했어도 권한이 막강해진 브뤼셀관료주의[EU 본부가 있는 도시를 빗댄 표현-옮긴이]는 EU의 통합 원칙에 의거하여 그 사람을 경성법[hard law, 법적 구속력을 가지는 법-옮긴이] 전공자로 통합할 수 있다. (고등교육의 '맥볼로냐주의McBolognarisation'라고 하지 않을 수 없다!) 이 장의 앞부분에서 강조했던 내용을 반복하자면, 진정한 고등교육은 별도의 특수교육이 아니고, 성인을 위한 교육도 아니고, 온갖 절차로 가로막힌 국립학교의 공공서비스도 아니고, 기술이나 경쟁력을 키우기 위한 수단도 아니고, 사회공학도 아니다. 정치가나 학자가 만들어낸 최신 이론에 허덕이며 '일시적인 유행'에 휩쓸리거나, 반대로 특정 정치나 연구소의 계파 논리에 휩쓸리며 '공약'을 남발하는 무책임한 공약도 아니고, 유별난 엘리트주의도 아니고, 회사 실무에 곧바로 투입될 인적자원을 원하는 고용인의 일시적인 만족 수단도 아니고, 직무 훈련과 직접적인 관련이 있는 매뉴얼도 아니고, 고객만족을 위해 학생들을 교육시키는 위탁교육도 아니고, 지적인 양식이 부족한 학생들의 졸업을 돕기 위해 자기표현 연습을 기르도록 하는 요법치료과정도 아니다.

　　그런데 '비판적 사고'나 '반성적 학습', '심화학습' 등의 의미는 무엇일까? 이러한 개념들을 명확히 정의하는 것은 마치 전 생애에 걸쳐 이루어지는 교육을 한마디로 정의하거나, 결말이 정해지지 않은 여행을 미리 결론짓는 것처럼 불가능한 일이다(몇 페이지 앞에서 트러스콧을 인용하며 언급한 내용과 유사한 이야기이다). 그런데 비판적사고연구재단 Foundation for Critical Thinking(www.criticalthinking.org) 등의 기관이나 블랙웰스 Blackwells 도서관에는 이러한 용어들의 개념 형성에 대한 많은 자료가 있고, 특히 학부생들에게는 '교육 지도서'의 역할을 좋은 서점이 해주기도 한다. 여기에서는 '지적인 성향의 학생'들이 가지는 특징에 대해 간략히 나열해보고자 한다(재단의 관련 문헌을 참고했다). 그러한 학생들은⋯⋯

- 그것과 관련된 대상을 능동적으로 사고하여 대상을 자기 것으로 소화한다.
- 대답보다 질문을 가치 있게 여긴다.
- 암기를 통해 이해하기도 한다.
- 명료하고, 정확하고, 정밀하게 사고하고, 깊이 있고 폭넓게 유추하고, 논리적으로 의미를 파악한다.
- 사유를 통해 대상의 구조와 성분을 먼저 파악한다.
- 비판적으로 읽고, 쓰고, 듣고, 말한다.
- 타인의 입장에서 질문하고, 타인의 입장에서 그의 질문을 예측한다.

- 타인의 입장에서 충분히 공감하고 존중하며 그/그녀의 생각을 유추한다.
- 증거와 추론을 통해 궁극적인 지적 권위를 찾는다.

이것은 또 다른 학생 헌장인가? 위에 기술된 사항들은 '성적표 기재 사항'이 아닌 구두 의견일 뿐이지만 교육과 학습의 영역에서 지적 자유를 추구하는 학생들의 자세를 보여준다(따라서 계획된 학습 성과나 기존의 점수 체계에 적용되는 엄격한 정규 평가과정에서 벗어나 있다). 이를 통해 학생들은 새로운 생각을 드러내 발전시키고, 혁신적이고 극한적인 사고를 제기할 수 있으며, 다양한 아이디어를 계발하고 그것을 '즐기게' 된다. 그리고 무엇보다도 교양교육이 고등교육의 '즐거움'을 깨닫게 하는 매개가 되어 학생들이 자신의 학술 연구에 활발히 참여하고 즐기도록 한다. 이것은 더 나은 고등교육을 제공하기 위한 선언과도 같은데, 학비가 꾸준히 상승하는 현실에서 투자에 합당한 가치를 추구하려는 학생들의 최근 성향도 여기에 일조하는 듯하다. 이것은 "지식을 주입하여 학위를 인증하는 거대한 공장에서, 생산 라인을 따라 이동하는 학생들 머리 위로 지식을 뿌려대는 물신화된 맥대학"의 거침없는 추세를 바로잡을 수 있는 일종의 21세기 학생헌장이기도 하다(리처Ritzer, 2008).

그러므로 고등교육은 아마도, 찰스 디킨슨Charles Dickens의 소설 《하드 타임즈Hard Times》에 등장하는 교장 그래드 그라인드가 자신의 시범학교 어린이들은 '작은 항아리[M'Choakumchild, 어린이 질식이라는 뜻이다-옮긴이]'이기 때문에 새로 부임한 선생님을 통해 '오로지 사실만 머릿속에 채워 넣어야' 한다고 주장했던, 소위 빅토리아식 교육은 피할 수 있을 것이다. "지금 내가 원하는 것은 사실뿐입니다. 소년 소녀에게 다른 것은 필요 없고, 오로지 사실만을 가르치십시오. …… 사실만을 바라보십시오, 여러분! …… 삶 속에서 우리는 오로지 사실만을 원할 뿐입니다, 여러분. 오직 사실뿐입니다!"

2

교양교육:
과학도 예외는 아니다!

앨런 라이언 Alan Ryan, 뉴 칼리지 학장

교양교육에 관한 논의는 대체로 존 헨리 뉴먼의 짧은 명저《대학의 개념The Idea of a University》(1852)에서 시작된다. 하지만 엄밀한 의미에서의 교양교육은 학부과정에 입학하기 전, 심지어 어느 대학을 지원할지 고민하기 전부터 시작된다. 개인적으로 나는 두 가지 양상의 교양교육을 경험했는데, 하나는 매우 일찍 시작되었고, 다른 하나는 이후 몇 년 후에 이루어졌다. 교양교육은 뉴먼이 말한 것처럼 은밀한 비전秘傳도 아니었고 젊은 남자를 '신사'로 만들어주는 비책도 아니었다는 것이 제2차 세계대전 직후를 살았던 북런던 노동자 가정의 어린이가 가졌던 생각이다.

부모님은 모두 13세 때 학교를 떠났다. 이후 어머니는 리버풀에서 하녀로 일했고 아버지는 런던의 점원이 되었다. 두 분 모두 영리한 분이셨고 제대로 교육받지 못한 것을 아쉬워하셨다. 특히 아버지는 교육의 기회를 얻지 못했다는 사실을 무척이나 안타까워하셨는데, 지적인 우월감을 동경했기 때문도 아니고, 비싼 비용을 치르고 선망의 대상이 되는 교육을 받은 친구들에 대한 열등감 때문도 아니었다. 세상에는 상상할 수도 없이 많은 부자가 살고 있는데, 당신의 것일 수도 있었지만 미처 잡지 못한 기회들을 동시대의 축복받은 이들은 너무도 쉽게 낚아챘으리라는 안타까운 마음 때문이었다.

부모님의 소통 창구는 공공도서관 시스템이었는데, 그 외에도 훗날 폴리테크닉[과거 영국의 과학기술 전문학교로 지금은 일반 대학이 되었다-옮긴이]으로 바뀌었다가 나중에는 노스런던 대학교University of North London가 된 오페라극장에도 관심이 많았다. 두 분은 새들러스웰스Sadler's Wells라는 원형극장의 좌석에 애착을 갖고 계시기도 했다. 이즐링턴 Islington 공립도서관의 홀러웨이 로드Holloway Road 지점은 나의 교육에서 매우 중요한 곳이었다. 1945년부터 1951년까지 6년의 시간을 보낸 드레이턴파크Drayton Park 초등학교도 마찬가지였다. 마음씨 좋은 어린이도서관 사서는 매주 두 차례 한 아름 책을 빌려 모조리 읽고 반납하는 나에게 한 번도 싫은 내색을 하지 않았다. 대신 그녀는 논픽션 분야 책들이 비치된 성인 열람실 출입을 허락해주었는데, 그곳 사람들은 일곱 살이었던 내가 읽어도 좋을 책을 추천해주거나 읽은 책의 내용을 물어보곤 했다.

이러한 경험은 어떤 의미에서 나에게 교양교육이 되었을까? 혹은 교양교육의 시작이거나 적어도 교양교육의 근본이 되었던 걸까? 이 질문에 답하려면 우회로가 필요하다. 오랫동안 숙고한 끝에 내린 나의 결론은, 교육의 가장 큰 병폐는 일방향성이라는 점이었다. 안타깝게도 교육과정의 많은 부분에서 학생들은 '양자택일'이라는 억압적인 선택지 앞에 놓이게 된다. 교육은 직업교육이거나 교양교육이어야 하는가? 우리가 받는 교육은 도구적인 수단인가, 아니면 교육 자체를 위한 것인가? 교육은 본질적으로 삶 전체를 통해 배우는 일인가, 아니면 18세에 끝마치는 소기의 과정인가? 이런 질문들이 그것이다. 그리고 어떤 문제에 대해 논의할 때 우리는 모든 문제에서 한 가지 해결책만 찾으려는 경향이 있다.

교양교육이란 세상에서 가장 좋은 것이라고 평가되고 또한 그렇다고 전해지는 가치를 함양하여 겸양을 실천하도록 하는 도덕교육인가? 아니면 도전정신이 충만한 등반가에게 지성이라는 이름의 아이젠과 얼음도끼를 쥐어주며 누구도 도전해보지 못한 봉우리에 올라 아무도 올라본 적이 없는 봉우리에서 세상을 바라보도록 하는 추동력인가? 그렇다면 교양교육이라는 것은 본래 보수적인가, 아니면 급진적인가? 교양교육의 내용 또한 우리는 언제나 양자택일의 관점에서 바라보곤 한다. 교양교육은 문학과 역사와 관련된 과목일 뿐이어서 자연과학은 전혀 상관이 없는가? 교양교육은 교육에 새로움을 불어넣어 물리학자가 스탕달Stendhal에 매료되도록 하고, 마르셀 프루스트Marcel Proust를 배우는 학생이 태양 뉴트리노solar neutrino 연구에 빠져들도록 해야 하는가?

앞에서 언급한 나의 사례는 그것이 일반적으로 사용되는 의미보다 다소 협소한 범위에 있다고 할지라도 분명히 교양교육이다. 그리고 그것은 실제로 내 나이 일곱에 시작되었다. 그것은 나를 통해 발현되었을 교양교육의 여러 모습 가운데 하나였고, 뒤에서 기술하고자 하는 이야기도 교양교육의 본질에 관한 내용이다. 이러한 이야기들을 통해 독자들이 자신의 경험에 비추어 그 속에서 작은 진실을 찾아내기를 바라고, 다른 무엇보다도 자신을 고양하는 계기를 마련하기 바란다. 그러면 우리에게 익숙한 논란들을 하나씩 짚어보도록 하자.

교양교육은 본래 직업교육을 배척하지 않는다. 역사적으로 살펴보면 교양교육은 성직자나 법률가, 의사 등의 전문직 종사자를 길러내는 데 적합한 교육이었다. 그런데 역사적 사례를 논외로 하더라도 교양교육은 인간의 삶에서 매우 유익한 것으로, 이른바 지식경제가 지배하는 오늘날의 근대적 삶에서도 그 중요성을 더해가고 있다. 최근 정부의 정책은 변용과 활용이 가능한 지식을 권장하고 있는 추세인데, 교양교육이야말로 항상 새로운 임무를 부여받으며 다양한 지식의 내적 토대가 되어왔다. 이러한 현상은 고금을 막론하고 언제나 이어져왔다. 텍스트를 정확하게 읽고 빠르게 흡수하여 활용 가능한 형태로 변용하는 능력, 명료한 소통이 가능하여 전임자의 학술 연구를 정확히 이해하고 수정 및 보완하여 후임자에게 그대로 전해주는 능력, 주어진 정보의 함의를 파악하고 다양한 현상 가운데서 그것을 추출해내는 능력 등이 교양교육을 받은 사람이 가질 법한 특성이다. 그리고 화이트칼라 직종 종사자라면 이러한 능력을 자신의 업무에 십분 활용할 수 있다.

물론 교양교육의 보편적인 소양을 확충하여 특정 직업의 업무에 활용하는 것과 특정 직업에 요구되는 기술을 연마하여 업무 능력을 키우는 것은 다르다. 호텔 업계에서 성공적인 매니저가 되려면 당신은 세계 여러 나라의 호텔에서 다양한 부서를 경험하며 호텔 업계에서 요구하는 구체적인 업무 능력을 축적해야 한다. 그렇게 함으로써 남들이 쉽게 알 수 없는 수없이 많은 경험과 지식을 얻게 될 것이다. 그런데 공무원이 되어 군수품을 조달하거나 혹은 의사가 되어 요로질환을 치료하는 경우를 가정해보자. 혹은 기자가 되어 〈가디언The Guardian〉의 기사를 쓰는 것과 〈더 선The Sun〉의 기사를 쓰는 것이 매우 다르다는 사실을 알게 되었다고 생각해보자. 당신이 느끼는 괴리감은 보편적인 교양교육과 취업을 위한 교양교육의 차이 때문이라기보다 취업을 위해 쌓은 해당 분야의 지식과 특정 업무를 위해 직무 현장에서 제공하는 훈련의 차이에서 온다고 볼 수 있다.

이제 우연히 대학교수가 되어 살고 있는 나의 개인적인 소회를 이야기하고자 한다. 대학에 자리 잡기 전 앞으로의 직업을 생각했을 때 나는 내가 변호사나 언론인이 되리라 생각했다. 두 가지 직업 모두 정보의 조각들을 취합하여 일정한 논점을 구축해내는 일이었기 때문이었다. 한때 외무부나 재무부에 근무하고 싶기도 했지만, 정장을 입고 깔끔한 책상에 앉아서 장시간 일에 파묻혀 있어야만 하는 근무환경이 마음에 들지 않았다. 당시는 1960년대 초였고, 지극히 한가롭게 지내며 무슨 일로 생계를 유지할지는 전혀 관심을 갖지 않던 때였다. 물론 공무원 되기를 포기한 이유가 그 때문만은 아니었다. 내가 받은 교육의 핵심은 사람들이 고개를 들고 주위를 둘러보며 세상의 많은 일 가운데 가치 있는 일은 무엇인지

찾도록 하는 일이었다.

따라서 만일 직업교육과 교양교육의 차이가 무의미하고, 훈련과 교육이 본질적으로 차이가 없다면 우리는 **교양교육이 무엇이고, 그것은 왜 가치가 있는가에 대한 질문**으로 되돌아가야 한다. 다시 개인사를 이야기해야 할 것 같다. 내가 14세가 되던 해 우리에게 역사를 가르치셨던 선생님은 방학동안 무엇을 했는지 질문하신 적이 있다. 우리는 이런저런 이야기를 했고, 우리 중 한 명이 선생님께서는 방학동안 무엇을 하셨는지 정중히 물었다. 선생님은 아버지의 75세 생신을 축하했다고 말씀하시며 그 날 행사를 촬영한 사진 몇 장을 보여주셨다. 그런데 선생님의 아버지는 유태계 러시아인이었고 세계적으로 유명한 첼리스트였다(물론 우리 대부분은 이 사실을 몰랐다). 선생님의 부모님은 프랑스 남부 방스에 살고 계셨다. 그리고 그 점심식사 테이블에는 카잘스[Pablo Casals, 1876~1973, 스페인의 첼로 연주자-옮긴이]와 마르크 샤갈[Marc Chagall, 1887~1985, 러시아 출신의 프랑스 화가-옮긴이]이 동석해 있었다. 우리는 놀란 입을 다물 수 없었다. 짐작컨대 우리는 마티스와 피카소가 실재하는 사람이며, 누군가의 친구이자 연인이자 동료이고 작품을 전시하고 판매하는 예술계의 일원일 것이라는 사실은 어렴풋이 짐작하고 있었을 테지만, 그들이 우리가 생각하는 실체적인 존재로서의 인간이라는 생각은 하지 못했던 듯했다.

교양교육이 지향하는 한 가지는 교육에 참여하는 학생들에게 이 세상이 진실로 행복을 즐기기 위해 존재한다는 강력한 믿음을 보여주는 일이다. 그것은 인간이 가진 놀라운 것들을 단지 바라만 보기보다 놀라움을 창조하는 과정에 직접 참여하고 그 결과를 온전히 소유하라는 뜻이다. 다소 유치하고 불완전한 모습이었다고 해도 이것은 14세 소년이 체득한 세상의 분명한 진실이었다. '오너십ownership'은 거대 기업과 연관되어 언론에 등장하는 단어이지만, 한편으로는 고등교육의 핵심이자 지향점을 보여주는 단어가 되기도 한다. 요컨대 교양교육은 지적 자유를 가르치는 교육이다.

일반적으로 오너십이라는 것은 우리가 내면으로 무한한 풍족을 즐기지만 그것을 실질적으로 소유하고 있지는 않은 상태를 말한다. 대체로 '내 것'이라는 것은 공동 소유를 명시한 물권 계약서가 첨부되지 않는 한, 혹은 나의 권리가 남의 권리를 제한한다는 조항이 기재되어 있는 한 '남의 것'이 될 수 없다. 만일 우리가 자전거를 누군가와 공동으로 소유하고 있다면 누구도 공동 소유권자의 동의 없이 그것을 처분할 수 없고, 만일 처분한다면 수익금의 절반을 공동 소유권자에게 지급해야 한다. 하지만 생각을 공유하는 일은 이와 다르다. 음악을 듣거나 그림을 감상하고 건축물이나 풍경의 아름다움을 누리는 일도 마찬가지다. 물론 그림은 소유가 가능하고 거액을 받고 판매할 수 있다. 음악도 소유권이 있고 저작권이 있다. 우리가 바라보는 풍경도 사실은 누군가의 소유로 등록된 대지이다. 하지만 말 그대로의 배타적인 소유권을 주장하는 일은 우리의 논점에서 벗어나 있다. 중요한 것은 사물의 의미이고 목적이다. 즉 우리는 지금 사물을 경험하고 향유하는 일을 논하고 있다.

만일 프랑스 정부가 화가 드 라 투르de la Tour의 매우 희귀한 그림을 모두 소유하고 있다고 해도, 정부가 그림에 대한 감상과 그림이 주는 즐거움, 관객들이 각자 느끼는 충격과 감동마저 독점하고 있는 것은 아니다. 베토벤의 후기 콰르텟은 연주자들이 계속해서 연주할 때 그 가치가 드러나는 것이지 악보 자체로 가치 있는 것은 아니다. 단순하게 생각해서 악보란 단지 종이 위에 스며든 잉크자국일 뿐이다. 음악가들은 그 잉크자국이 무엇을 의미하는지 일정한 의미 단위로 이해할 수 있고, 연주를 통해 그 의미를 음악으로 구현할 수 있다.

사회의 수많은 비평가가 논했듯, 우리는 소유할 수 있는 것과 소유할 수 없는 것을 예리하게 구별해내는 안목을 가져야 하며, 아울러 보이지 않는 곳에 존재하는 가치를 들여다볼 줄 아는 마음의 품성을 길러야 한다. 만일 어느 기업이 반 고흐Van Gogh의 그림을 구입해 중역실에 걸어 놓았다고 한다면 그것은 단순히 대가를 지불하고 물건을 구매한 매매 행위인 것만은 아니다. 하지만 벽에 걸린 물건은 그것이 교환된 수표와 마찬가지로 다음과 같은 말로 회자되곤 한다. "이 그림의 전 주인은 수백만 달러를 벌었겠네." 우리가 더 높은 수준의 사고를 하려면 세상을 다른 시각에서 바라볼 필요가 있지만, 우리의 인식은 대체로 일상의 현상에 머물러 있다. 우리는 대체로 이웃의 고급 페라리 자동차에 눈길이 가고 그러한 물건을 소비할 돈을 가지려고 한다. 심지어 이웃이 가진 반 고흐의 그림을 보면 반 고흐를 좋아하지 않아도 그러한 그림을 걸어놓을 수 있는 이웃의 경제력을 부러워한다.

그렇다면 일반적으로 다른 사람이 소유할 수 없는 것을 가진다는 것은 어떤 의미의 '오너십'일까? 핵심은 이것이다. 물건의 소유자는 일종의 자유를 가지고 있다. 소극적인 자유는 타인이 간섭할 수 없는 형태로 자신이 가진 것을 물리적으로 이용하는 것이다. 집이나 승용차에 내가 행사하는 권리는 타인이 간섭할 수 없다. 나는 그것을 타인에게 양도하거나 판매할 수 있고, 구매한 집이나 승용차를 수리하고 개선하는 등 형태를 변형할 수 있다.

생각도 마찬가지다. 우리는 대체로 자신의 생각을 확장하는 데 많은 시간을 보내지만 그 생각 대부분은 자기 것이 아니다. 한 번도 해본 적이 없는 생각과 진정성 있게 검증해보지 않은 일, 스스로의 정신적이고 감정적인 진심을 투영해보지 않은 일이 대부분이다. 이처럼 우리의 인식이라는 것이 누군가 자신의 사소한 생각을 기록하면 다른 누군가가 그것을 똑같이 받아 읽는, 난무하는 메모지 다발과도 같다. 하나의 생각을 우리가 받아들이고, 그것이 또다시 타인에게 전수되지만 변하는 것은 아무것도 없는 끝없는 순환 속에서 우리 자신만의 생각은 거의 없다. 어떤 철학자들은-미국의 일부 실용주의 철학자들도 그러하다-이렇게 가정하고 '무엇이든 생각하는 것은 우리 자신이다'라는 주장은 잘못됐다고 했다. 정확히 말하면, '생각이 발생한다'. 그런데 그것은 '우리가 생각한다'고 고백하는 행위를 책임질 때 비로소 구체화된다.

이러한 내용은 다소 주제를 벗어난 이야기일 수 있지만, 말하고자 하는 핵심은 매우 중요하다. **교양교육은 우리가 생각을 시작하는 그 지점으로 우리를 안내한다. 혹은 조금 다른 지점이지만 우리의 생각이 정말로 우리 자신의 것인 그 지점으로 우리를 안내한다.** 교양교육이 목표로 하는 것은 일종의 **정신의 자유**와 같다. 무엇을 두려워하거나 염려하지 않고, 무엇을 생각해야 옳은지 고민하지 않고, 교사가 우리가 무엇을 생각하기를 바라는지, 혹은 시험 채점관이 우리에게 요구하는 답안이 무엇인지에 얽매이지 않고, 오로지 우리의 생각에 스스로 관여할 때 비로소 자유가 실현될 수 있다. 이것은 우리가 우리 자신보다 현명한 사람도 되어보고, 상상력이 풍부하고 영감이 넘치는 사람도 되어보고, 혹은 능력이 뛰어나고 용기가 충천한 사람도 되어볼 때, 즉 모든 이의 입장을 진심으로 이해할 때 우리는 비로소 타인과 소통하고 공감할 수 있다.

이러한 마음자세를 가지고 있다면 우리는 적극적으로 실천할 수도 있다. 하지만 그렇게 하지 않는다. 우리는 흔히 하나의 학문에 완전히 통달한 뒤 '전문' 영역으로 나아가야 하며 특히 가능한 한 가장 유망한 분야로 진출해야 한다고 생각하기 쉽다. 하지만 반드시 그래야 하는 것은 아니다. 교양교육이 지향하는 바는 연구를 신성시하고, **학문을 경외하는** 것이 아니다. 그것은 교육과 연구의 관계를 설명하는 데 전혀 도움이 되지 않는다. 특히 학부생들에게 최첨단 지식을 가르쳐야 한다는 주장은 가장 불합리하고 무책임한 이야기이다. 어떤 첨단 지식은 학부생들에게 너무 새로워서 과도한 흥분을 불러일으키기도 한다. 그래서 많은 학생이 새로운 발견에 참여할 수 있는 연구실이나 연구 현장에 있고 싶어 한다. 첨단 연구에 참여하지 않는 교수는 좋은 스승이 될 수 없다는 말은 첨단 연구 현장에 있는 연구원들이 모두 가르치는 일을 좋아할 것이라는 주장만큼이나 설득력이 떨어지는 이야기이다.

좋은 교육을 위해서는 좋은 학자가 필요하다는 이야기는 누구나 수긍할만하다. 결국 이 이야기는, 우리가 누군가에게 우리보다 더 훌륭한 지식을 전해주고자 한다면 우리가 먼저 그 분야의 지식에 통달해야 한다는 점을 강조하고 있다. 테니스 선수와 테니스 코치의 경우를 생각해보자. 선수는 코치보다 실력이 우월하다. 하지만 코치는 경기에서 무엇이 중요하고 어떤 방법이 왜 좋은지 등을 잘 알고 있다. 세상에서 가장 좋은 것을 꿈꾸고 그것을 즐기라고 말하는 것이 훌륭한 가르침이다. 매튜 아놀드[Matthew Arnold, 1822~1888, 영국의 시인이자 교육자. 고전古典을 통한 교양교육의 중요성을 강조했다-옮긴이]를 떠올려 보라. 그것은 첨단 지식과 기술을 가르치는 일과 거리가 멀다.

하지만 이 이야기는 교양교육이 달성하고자 하는 것이 무엇인지에 관해 우리에게 시사점을 던져준다. 교양교육을 받은 이들은 그것이 없는 경우를 상상할 수 없을 지적인 자유를 추구하게 된다. 그리고 교양교육은 이전의 연구 성과를 존중하는데, 실제로 전임자들의 사유가 담고 있는 영감과 상상력과 인내와 순수함과 치열한 사고 등이 배재된 연구가 가능하다고 생각하기는 매우 힘들다. 하나의 학문에 통달한 뒤에도 연구를 이어가려면 그 사람이 위대하다고 느끼는 해당 분야의 석학-단어의 뜻 그대로-이 남긴 업적을 반추할 수밖에 없다.

과학은 교양교육이 될 수 없다고 말한 매튜 아놀드의 말이 틀린 것은 이 때문이다. 수많은 위대한 과학자가 세상의 시詩들이 발현하는 것과 유사한 열정을 가지고 연구에 매진하고 있다는 사실-그들은 아놀드가 말한 인문학과 예술의 괴리를 좁혀가고 있다-은 논외로 하더라도, 우리가 진지하게 생각해보아야 할 문제는 많이 회자되지 않지만 문학도 과학과 마찬가지로 매우 복잡한 양식을 통해 세상을 설명하려 한다는 점이다. 세심한 관찰력과 넘치는 상상력을 배양하는 일은 한 가지 훈련만으로는 길러지지 않는다. 그것은 세상과 우리가 관계 맺는 방식을 진지하게 탐구할 때 생겨난다. 물론 교양교육의 한 요소로 과학을 강조하기도 하지만 과학 연구에 전적으로 매달리도록 강요해서도 안 된다. 교양교육의 하나인 영문학만을 지나치게 강조해서도 안 된다. 그 이유는 학생들이 책 표지의 워터마크[water mark, 저작권 정보 등을 식별하도록 표시한 문양이나 표시-옮긴이]만 들여다보고 있을 것을 우려하기 때문은 아니다.

그런데 결국 이것은 자유와 관련된 익숙한 진실들을 인정하는 말이기도 하다. 자유를 누리려면 엄청난 훈련이 선행되어야 한다. 지성을 함양하기 위해 우리는 많은 시간을 할애하고 인내하고 도전하며 끝없이 세상을 섬세한 시선으로 바라보며 사유해야만 한다. 자유롭게 사고하고 자신의 생각과 앎의 주인이 되는 일은 쉽게 이룰 수 없다. 존 스튜어트 밀John Stuart Mill이 말했듯, 인간은 습관의 동물이고 습관은 인간이 가진 제2의 본성일 뿐 아니라 종종 제1의 본성을 배신하기도 한다. 실현 가능한 목표를 이루고자 하는 우리의 태도나 관심을 주의 깊게 살피고, 그 목표가 제시하는 최상의 가치를 이해하려면 교양교육이 그것을 습득하고자 하는 이들에게 무엇을 제공할 것인지 따져보는 '온건한' 자기중심적 관점이 필요하다. 그리고 그것은 우리가 이곳에서 필요로 하는 교양교육의 핵심이다.

3

법률 교육, 법률 학습: 지적으로 성장하는 일

피터 머필드 Peter Mirfield, 지저스 칼리지, 법학 펠로

1장에서 필자는 '소비자'와 '생산자'라는 단어를 사용했다. 나를 포함하여 책의 공동 저자들도 대체로 비슷한 생각을 하고 있을 것이다. 우리가 소비자로서 매우 중요한 존재이며, 또한 생산자로서 더욱 중요한 역할을 해야 한다는 사실을 깨달은 것은 나뿐만은 아닐 것이다.

대학 시절 1년차 법률 지망생들이 모두 참석한 첫 번째 튜토리얼에서 직접 쓴 에세이를 읽도록 지명받은 것은 나의 '행운'이었다. 우선 언급해야 할 점은, 그 장소가 다른 대학의 건물이었다는 점이다-이것은 일종의 전통이었다. 내 기억이 옳다면 주제는 로마법에 규정된 노예제도에 관한 것이었다. 나는 우선 자료들을 독파하기 시작했다. 텍스트를 이해했다기보다 눈이 글자를 따라간 정도였을 테지만 '필기는 잘' 해두었다. 또한 에세이 작성을 위해 다양한 자료를 모았고, 필요한 내용은 순서에 맞게 풀을 붙여 내용을 보충했

다. 작업은 매우 깔끔하게 완료되었고 나는 만족스럽게 잠자리에 들었다.

하지만 에세이를 읽으라는 요청을 받았을 때 나의 만족감은 간곳없이 사라졌다. 기억에 따르면 네 단어 정도를 입 밖에 내자 바로 튜터가 개입하기 시작했다. 열 번, 혹은 열두 번 같은 상황이 반복됐다. 그가 한 말은 이것이었다. '그게 무슨 뜻이니?' 사실을 말하자면 나는 그 질문에 아무런 대답을 하지 못했다. 대답은 다른 친구에게서 나왔는데 그는 내가 예상했던 것보다 훨씬 능숙하게 답변했다. 그런데 문득 든 생각은 그 대답은 옳지 않다는 것이었다. 그럼에도 나는 우물쭈물 혼자 중얼거렸을 뿐이었다. 하지만 발언의 기회는 다시 오지 않았고, 45분 혹은 50분이 지나서야 나는 두 번째 단락의 끝부분을 끝마친 뒤 한숨 돌릴 수 있었다.

당시의 순간이 사도바울의 회심 같은 상황은 아니었다. 나는 분명히 낙심해 있었고, 나를 위로하던 친구에게 나를 힘들게 한 이들은 남을 괴롭히기 좋아하는 돼지라고 비난했다. 실제로 나는 로마법에 대해 많이 배우지 못했고, 이후 두 학기가 지난 뒤에도 다른 법률과목Law Moderations에서 3등급을 받았을 뿐이었다. 하지만 어느 순간부터 수업이 이해되기 시작했고, 이후 여러 튜터를 만나며 많은 가르침을 받을 수 있었다. 그 튜터는 사디스트도 아니었고 돼지도 아니었다. 그는 단지 내가 책임감을 가지고 수업을 준비해야 한다는 사실, 그리고 우리가 읽던 텍스트가 우리보다 훨씬 전문적인 지식을 가진 사람이 집필한 것은 아니라는 사실을 주지시키고 싶었을 것이다. 그는 나의 지적인 역량의 성장을 기대했던 것이다.

내가 함께했던 튜터들은 나를 자신과 동등한 사람으로 대했다. 내가 그보다 훨씬 적은 지식을 가졌다는 것은 명백한 사실이었지만 그것은 우리가 함께해야 할 이유였다. 내가 이해하지 못하는 부분이 있거나 충분히 예습하지 않은 경우, 혹은 깊이 생각하려 하지 않는 경우 그는 화를 내기보다 실망감을 표했다. 내가 어떤 주제를 궁금해하면 그는 내가 이미 알고 있는 것이라고 말하곤 했다. 3년이 지난 시점이 되자 나는 주어진 모든 것을 스스로 해낼 수 있었다. 다른 말로 하면 우리가 공부하던 학문의 주제는 그다지 중요한 것이 아니었다. 정말 중요한 것은 물건처럼 쉽게 전달할 수 없는 법. 나에게 튜토리얼은 튜터와 학생을 연결해주는 끈과도 같은 존재였다.

이제 교육 생산자의 한 사람이 된 나는 지금까지 내가 받은 모든 것을 되갚아야 한다고 생각한다. 모든 좋은 것이 그러하듯 튜토리얼도 내가 경험했던 가장 좋은 상품이라는 사실을 부인할 수 없다. 나 자신도 준비되지 않은 튜터였던 적이 있었고, 가르쳤던 학생 중에도 성의를 보이지 않은 학생도 있었다. 때로 나는 왜 다른 튜터들처럼 텍스트를 이해하지 못하는 학생들에게 어려운 논점을 여섯 번씩 반복하여 설명해주지 못했을까 되돌아보기도 한다. 그러한 학생들에게는 별도의 시간이라도 내줘야 했던 것은 아니었을까? 모두에게 튜토리얼은 처음이었을 테고 그토록 혹독한 질문을 받아본 적도 없었을 것이다. 그리고 만일 내가 적어도 더 따뜻한 마음을 담아 학생들을 살폈다면 그들은 질문에 대한 답을 찾기 위해 스스로 더욱 노력했을지도 모를 일이다(심지어 이해하지 못한 문제들에 대해서도 말이다).

　줄곧 침묵을 지키는 학생도 있었다. 지금도 생각이 나는데, 펠로가 된 직후에 만난 어느 젊은 여학생이 무슨 이유에서인지 이전의 튜터를 떠나 나에게 왔다. 셋이 만났을 때, 내가 그녀에게 질문을 던지자 튜터가 대신 대답을 했다. 물론 나는 그녀를 내 학생으로 받아들였다. 처음에는 그녀의 침묵을 깨드리고야 말겠다는 결의에 차 있었다. 하지만 질문을 하면 곧바로 침묵이 시작되었다. 침묵은 영원할 것 같았다. 처음에는 평정심을 유지했지만 그녀의 고집도 보통이 아니었고 결국에는 내가 체념할 수밖에 없었다. 이후 나는 나의 나약함을 자책을 했다. 아무리 생각해보아도 그녀의 학업은 실패할 것 같았다. 있는 그대로 이야기해서 어떤 학생은 튜토리얼의 방식에 맞지 않고, 심지어 튜토리얼을 통해 아무런 성과를 얻지 못할 수도 있다. 이것을 다른 측면에서 생각해보자. 학부생은 튜터와 교류해야만 한다. 수줍음이 많은 학생은 관계맺음에 있어서 큰 진전을 보기 힘들 수도 있지만, 경우에 따라서 일정한 수준의 어색한 관계는 예상 외로 학문적인 진전으로 이어지기도 한다.

　튜터의 입장은 어떨까? 개인적인 입장에서 볼 때 튜토리얼이 효과를 거두지 못하는 주된 이유는 지루함 때문이 아니다(물론 때로 학습에 악영향을 미치기도 한다). 그보다는 오히려 전문성과 자존감 부족을 걱정해야 한다. 어떤 튜터는 학습 내용을 충분히 이해하지 못하기도 하고, 이 때문에 학생들 앞에서 자신의 능력을 보여주지 못한다(이는 이 책의 다른 공동 저자들에게는 해당되지 않을 것이다). 그러한 경우에도 튜토리얼은 무리 없이 진행되기 마련이며, 명석한 학생들은 어떤 상황에서도 자신의 몫을 찾아 배운다. 하지만 우리는 학생들에게 가르침을 주기 위해서라기보다 우리 자신을 위해 이 일을 한다. 가르치는 과목에서 적어도 네 번째 등위에 속할 만큼 전문성을 가졌다고 해도, 어떤 부분에서 핵심을 놓칠 수 있다는 일반적인, 그리고 적당한 두려움은 있다(내가 전문분야의 지식에 대해 하나의 실수도 하지 않겠다고 말하려는 것이 아니다). 학생들과 마찬가지로 나도 전날 밤에 최근 사례들을 찾아보고 다음 날 학생들과 함께 해결책을 모색하기도 한다. 어떤 이들은 내가 학생들을 가르치려면 해당 지식을 모두 알아야 하지 않느냐고 말할 수 있다. 더 명석한 학생은 지식이란 스러지는 아침 안개처럼 허망할 뿐이라고 말할지도 모른다. 하지만 중요한 것은 학습 방법이며, 학습의 주제 전체를 그 방법으로 관철시켜 탐구하는 경험이다. 물론 내가 더 계획적이고 열성적일 수 있겠지만, 학생들의 일 못지않게 중요한 나의 일이 많이 있다.

사람들이 염두에 두어야 하는 튜토리얼 에세이의 단점이 있다. 개인적으로 나는 튜토리얼 시간마다 에세이를 검토하는 일을 매우 좋아하지만, 에세이만으로는 어느 학생이 주제 전반을 충분히 이해하고 있는지 파악하기 힘들다. 에세이의 목적은 그것을 구상하고 집필하는 과정에 있다. 그런데 만일 학생이, 예를 들어 계약법의 가장 중요한 주제로 여덟 개의 긴 에세이를 작성했다면 그 에세이들은 계약법에 있어서의 훌륭한 모범답안이 될 가능성이 크다. 그런데 심사관들은 학생들이 어떤 주제에 거의 정답이 될만한 질문들을 자기 글로 끌어와 에세이를 완성하는 경우를 수없이 본다. 주제에 대한 논쟁을 끌어오기 위해 계획된 학습이 아이러니하게도 그 논쟁을 잠재우는 셈이다. 반면 마지막 학기가 되면 보충수업이나 특별 튜토리얼 시간에 발견되는 사항들은 논외로 하더라도 어느 학생이 가장 좋은 학점을 받을지 대략 예측할 수 있다. 그들은 끊임없이 고민하는 학생이다. 법학은 같은 학위과정의 다른 학문에 비해 속속 만들어지는 새로운 판례에 민감하고, 최고법원이나 상원의 정책에도 지속적으로 주의를 기울여야 하기 때문이다. 잘 이해되지 않는 새로운 법학 이론이 기존의 명료한 이론들을 밀어내고 정설로 자리 잡는 경우가 많은 것도 학생들의 혼란을 더하는 요소가 된다. 더 명민한 학생은, 아마도 영리한 학생들이 그렇겠지만, 철학 등의 학문 못지않게 법적인 논쟁들의 명확한 결론이 요원하고 심지어 영원히 휴정 상태가 이어지리라는 사실을 눈치 챈다. 새로운 판례는 새로운 생각과 영감을 불러오고 기존의 사례를 새로운 시각에서 바라볼 수 있도록 하기 때문이다. 헤들리 번 대 헬러[Hedley Byrne v Heller, 부주의한 신용평가에 대한 은행의 책임을 물은 중요한 계약법 판례-옮긴이] 사건이라는 매우 중요한 판례를 이야기해준 나의 튜터가 기억난다. 기말시험 내용에서 이 사례를 언급한 바로 그 날 〈더타임즈The Times〉에서 이 사건을 보도했다. 그는 이 판례가 얼마나 큰 파장을 초래할지에 대해 언급했지만 그때 나는 그 말을 정확히 이해할 수 없었다.

대학에 요구되는 연구 실적에 대한 압박이 전례 없이 거세지는 현실에서 '튜토리얼 제도'가 어떤 역할을 할지에 대해서는 분명히 논쟁의 여지가 있을 것이다. 내가 외면하고 싶은 이야기는 어느 튜터가 튜토리얼 수업을 연구에 방해물로 여긴다는 소문이다. 하지만 그도 그 방해물 때문에 재정 지원을 받는다는 사실을 회계 담당자에게서 들어야 할지 모른다. 내가 귀 기울이고 싶은 이야기는 매우 성실하여 빠듯한 튜토리얼 일정을 힘겨워한다는 튜터들의 사례들이다. 많은 튜터가 각자의 방법과 스타일을 통해 시간을 절약하고 수업의 효율을 기하고 있다. 여덟 시간의 튜토리얼을 위해 각각 세 명의 튜터가 있어야 하고, 그것이 최선이라고 해도 최소한 두 개의 튜토리얼에 열두 시간을 할애할 수밖에 없는데, 현실적으로 여덟 시간을 할애하고 있다면 그것은 대학의 재정 문제 때문이다. 하지만 그렇다고 해도 우리는 위대한 가치를 위해 정진하고 있고, 튜터는 학생의 학술 연구를 성심껏 도울 책임이 있다. 튜터는 학생의 수업을 관리하고 학습 전반을 총괄한다. 그래서 학생이 낙심하거나 학업을 포기하지 않도록 이끌어야 한다. 학생들의 학업 부진이나 약점을 보이는 부분은 조기에 발견하여 개선해야 한다. 우리는 학생들이 성공적으로 학업을 이어가도록 지속적인 관심을 기울여야 한다. 다른 대학의 튜터들이 옥스퍼드에 있는 우리보다 학생들에게 덜 관심을 기울이고 있지는 않을 것이다. 하지만 옥스퍼드는 하나의 학문을 깊이 있게 연구할 수 있는 미니대학 형식으로 각 단과대학을 운영하고 있으며, 또한 옥스퍼드 구성원들의 능력이 탁월하기 때문에 튜토리얼에 대한 옥스퍼드 튜터들의 헌신도 남다를 수밖에 없다고 생각한다.

편집자는 튜토리얼 제도에 대한 법률가의 입장을 기대했을 텐데 제대로 부응했는지는 매우 의심스럽고, 의도와 다른 이야기만 한 것은 아닌지 심히 걱정된다!

4

현대 언어학자들은
멀티태스커들이다

로저 피어슨 Roger Pearson, 퀸스 칼리지, 프랑스문학 펠로

옥스퍼드에서 현대 언어를 공부하는 이들은 멀티태스커들Multi-taskers이고, 튜토리얼 제도의 유연성은 이들에게 다양한 이점을 제공한다. 영어를 비롯한 모든 언어에서 말하기와 쓰기, 듣기, 읽기 등의 구성 요소들은 우리 같은 언어학자들의 연구 대상이다. 연구 방법은 언어에 따라 다르고 대학에 따라서도 달라진다. 하지만 현대 언어를 배우는 모든 학생은 공통적으로 소규모 그룹에서 긴밀히 소통하며 학습할 때 가장 큰 효과를 얻는다. 심지어 그렇게 하고 싶지 않아도 말이다!

첫 해에 치른 예비시험의 주제는 다른 분야도 있었지만 주로 기록언어written word와 관련한 주제였고, 학생들은 한 언어를 다른 언어로 번역하거나 일련의 문법 문제를 정확히 풀어야 했고, 때로는 현대 산문을 타겟 언어로 옮겨 써야 했다. 프랑스어나 독일어와 같은 주요 언어들에 대한 학습은 대체로 6~7명의 학생이 모인 교실에서

이루어지곤 한다. 튜터는 학습을 주관하고 관리했으며, 학생들은 수업 계획에 따라 주제 토론을 하고 질문을 던졌다. 추가적인 문법 학습을 위해서 대학 차원의 대규모 강좌가 개설되기도 한다. 다른 언어의 경우에도 대학 차원의 강좌가 개설되지만 강의 규모는 작았고 학생들의 관심도 덜했다. 첫 해의 시험에는 구술 평가가 포함되지 않고 매우 작은 강좌였음에도, 옥스퍼드의 모든 대학이 그러하듯 원어민 교수가 강의를 맡아 끊임없이 듣기와 말하기를 훈련하도록 했다.

언어를 배우기 위해서는 그 언어를 배우는 일 자체에만 집중하기보다 해당 언어를 능숙히 사용하는 사람들이 그 언어를 어떻게 활용하는지에도 관심을 가져야 한다. 그렇기 때문에 옥스퍼드의 현대 언어학자들은 문학 텍스트를 분석하는 방법을 배우는 것은 물론, 작품이 쓰인 역사적 문화적 맥락 속에서 해당 텍스트를 이해하고자 한다. 이때 튜토리얼 학습은 매우 중요한 역할을 한다. 대학에는 작가나 작품과 관련된 다양한 강좌가 개설되어 있고, 언어의 배경지식이 되거나 주제와 관련된 다양한 문체의 학습자료가 제공되기도 하지만, 학생들이 정성을 쏟아야 할 가장 중요한 시간은 매주 시간을 할애하여 해당 과목을 연구하는 튜토리얼 학습이다. 학생들은 자신이 쓴 에세이 등의 과제에 대해 조언받고 관련 주제로 토론하며 학습에 도움이 될 책이나 논문을 추천받는다. 학생들의 모든 과제는 튜터에게 평가받을 뿐 아니라 소그룹 모임(2~3명 규모)에서 논의가 된다. 부족한 부분은 5~6명이 구성되는 세미나와 그룹 토론을 통해 보완될 것이다. 이때 참석자들이 별도로 준비할 것은 없고, 오직 열정적으로 참여하는 것이 중요하다.

당신이 튜토리얼의 구성원이 된다면 튜터와 일대일로 대면하게 될 테고 다른 한두 명의 학생과 같이할 수 있다. 구성원이 정해지면 튜토리얼 학습은 시작된다. 학생들은 '숨을 곳이 없다'는 표현을 사용하곤 하지만 그것은 학생들과 마찬가지로 튜터들에게도 해당되는 이야기이다. 학습 준비를 하지 않았다면 학생들은 그 사실을 숨길 방법이 없지만, 온갖 질문을 받아야 하는 튜터들도 마찬가지다! 정말로 중요한 것은 여러 해 동안 이루어지는 튜토리얼 학습과정을 통해 학생들은 지적 성장을 경험할 수 있다는 점이다. 이것은 학생 자신의 자존감이나 평판을 시험하는 심문과정이 아니다. 튜터 입장에서 튜토리얼 학습의 가장 큰 장점은 학생들이 특정 주제에 대해 얼마나 알고 있는지 파악할 수 있고, 그 지점에서 다시 질문을 던지고 문제를 제기하는 심화학습을 할 수 있다는 점이다(우리는 진심으로 이것을 바란다). 학생의 입장에서는 믿을 수 있는 튜터와 함께 학습하며 모르는 것을 배우고 오류를 수정할 수 있으며, 그 과정에서 부담을 느낄 필요가 없다. 튜토리얼을 통해 학생들은 자신이 아는 것과 모르는 것을 털어놓고 이야기할 수 있으며, 이해되지 않는 부분에 대해 설명해달라고 요구할 수 있다. 이러한 과정을 통해 해당 분야에 대한 깊이 있는 지식을 얻을 수 있다. 튜토리얼을 통해 학생들은 폭넓은 사고를 하고 어떤 주제에 대한 다차원적인 지식을 얻을 수 있으며, 나아가 그것이 얼마나 흥미롭고 생생한 현실의 문제인지에 대해서도 알 수 있다. 학생들이 튜터와 조화로운 관계를 유지하면 학습 분량에 상관없이 주어진 학업을 무리 없이 끝마치게 된다.

재학 기간 중 두 번째 학기와 마지막 학기에는 선택 재량권이 많고, 튜토리얼에서 매우 다양한 도움을 얻을 수도 있다. 언어 수업을 꾸준히 이어간다면 해당 언어의 기본을 무리 없이 습득하여 그 언어를 모국어로, 혹은 모국어를 해당 언어로 번역하거나 에세이를 작성할 수 있게 된다. 또한 최종 평가시험에 필수적인 구술시험을 준비하면서 원어민의 도움을 받을 수 있다. 방학 동안에는 해외 교환학생이 될 기회가 많이 주어지는데, 해외 체류기간 동안에는 학비 지원도 받으며 살아 있는 언어를 배울 수 있다. 물론 소규모 어학 수업에만 집중한다면 친구들과 어울리게 되고 어학 학습을 소홀히 할 가능성도 배제할 수는 없지만 말이다!

문학이나 인문학 분야를 공부하면 안목이 넓어지고 또한 깊어지는데, 매주 튜터를 만나다 보면 때로는 파트너 학생이 한 명이거나 심지어 파트너가 없어서 튜터와 독대하는 경우도 발생한다. 당신은 마침내 혼자인 것이다! 그렇게 되면 당신은 다른 친구들의 시선을 신경 쓸 필요가 없고, 당신은 튜터에게 당신의 무지를 마음껏 뽐낼 수 있다. 혹은 자신을 드러내는 것 같아서 친구들 앞에서 물어보기 어려웠던 질문을 편하게 던질 수도 있다. 이 기회를 활용하여 당신은 중세 서사시부터 바로 전 해에 출간된 여성의 글쓰기 서적까지 원하는 텍스트를 선택하여 공부할 수도 있다. 심지어 당신은 당신이 배우고 있는 언어의 배경이 되는 역사를 공부할 수도 있다. 이를테면 고대 프랑스어가 중세를 거쳐 어떻게 근대에 이르게 되었는가와 같은 역사 말이다. 혹은 언어의 본질이나 언어의 원리

(예를 들면 언어학), 혹은 유럽의 영화, 혹은 문학이론(후기 구조주의란 무엇인가?)을 배울 수도 있다. 이 모든 경우 당신은 튜토리얼이 아니더라도 구성원 수가 적고 교수와 긴밀한 관계를 맺을 수 있는 강의와 세미나 등을 활용할 수 있다.

재학 중에 당신은 해당 언어를 사용하는 국가의 역사와 사회와 문화에 친숙해지고 관련 지식을 쌓을 수 있으며, 분야의 세부 과목을 전공하게 될 수도 있다. 튜터들은 각 분야의 전문가들이고, 방대한 시대와 분야에 대한 지식을 가진 자들이다. 해당 분야에 대한 관심이 점차 증대된다면 당신도 더욱 깊이 있는 연구에 착수하고 싶어질 것이다. 이러한 경우에도 대학의 튜토리얼 제도가 도움이 되는데, 튜터가 다른 대학의 튜터에게 필요한 도움을 요청하여 그가 지도하는 전문분야의 튜토리얼에서 함께 공부하도록 할 수 있다. 이러한 상황을 맞이하는 학생들은 대체로 망설이기보다 흥미롭게 여기며 적극 참여하곤 한다. 다시 말해 당신은 학문의 첨단을 '경험'할 수 있고, 그 첨단 위에서 동료들과 지혜를 겨루어볼 수도 있다. 당신을 지도하는 사람은 당신이 다음 단계로 도약하기 위해서 무엇을 해야 하는지 알고 있는 믿을만한 사람이다. 이러한 학생과 함께하는 튜토리얼은 튜터에게도 매우 바람직하다. 해당 분야의 전문 서적과 논문들을 집필했을 튜터들은 자신의 지위가 주는 역할을 수행하면서도 학생들에게서 질문과 반론과 아이디어를 받으며 자신의 이론을 점검할 수도 있다.

튜터들이 튜터의 역할을 좋아하는 이유가 이것이다. 아무리 세계적인 명성을 가진 연구자이고 해당 분야에 대해 잘 알고 있다고 하더라도 학생들은 언제나 새로운 견해를 제시하고 새로운 문제점을 제기하기 마련이다. 이것은 튜터들에게 지적인 활력을 제공한다. 심지어 마르셀 프루스트Marcel Proust의 해석으로 가장 정통적인 견해라고 인정받은 논문이라고 할지라도 새로운 해석이 제시될 여지는 얼마든지 있다. 튜터도 언제나 같은 생각에 익숙해져 다음과 같은 매너리즘에 빠져 있을 수 있다. "글쎄, 그런 이야기는 수없이 들어봤습니다. 하지만 프루스트적 충족fulfilment의 핵심이 단지 비스킷과 차 한 잔일 뿐일까요?" 물론 옥스퍼드 학생들은 대부분 이보다 도전적인 질문을 던질 것이다. 질문은 반드시 높은 수준일 필요도 없고 자신의 식견을 보여주는 촌철살인일 필요도 없다. 매사에 호기심이 많고 틀에 박힌 대답보다는 건강한 회의주의를 지닌 사람이 드러내는 의욕과 탐구정신이면 충분하다. 이것이 옥스퍼드가 유구한 학문적 전통을 유지하는 비결이다. 이것이 우리가 애초에 당신을 받아들인 이유 중 하나이다.

5

생물학 튜터링의 진화?

리처드 도킨스 Clinton Richard Dawkins,

옥스퍼드 대학교 석좌교수(과학의 대중적 이해를 위한 찰스 시모니 교수직), 뉴 칼리지 펠로

이 장에 실린 나의 글은 1994년에 옥스퍼드 강사진과 연구원들을 위해 반공식적semiofficial으로 학기 중에만 발행되는 교내 격주 소식지 〈옥스퍼드 매거진The Oxford Magazine〉[1]에 게재된 '튜토리얼 중심Tutorial-Driven'이라는 논문의 일부분이다. 2년 후 이 글은 〈옥스퍼드 투데이Oxford Today〉[2]라는 졸업생 잡지에 '우리가 가르치는 방법The Way we Teach'이라는 제목으로 다시 게재되었다. 글의 어조는 부끄러움을 모르듯 과거지향적이었고, 학문 연구에 도움이 안 된다는 생각에 진보적인 시대의 분위기에 한사코 저항하는 논조였다. 그리고 그 저항적인 입장은 한동안 계속됐다. 하지만 오늘날 생물학 분야에서 튜토리얼은 이전보다 훨씬 긴밀히 강의와 연동되어 있고, 학

---

1   No.112, 8주차, 가을학기 1994, pp.13~14.
2   8권, No.3, 최종 학기 1996, pp.4~5.

부생들은 학과 시험을 준비하면서 튜토리얼에 더 많은 요구사항을 제시하기도 했다. 그들의 요구는 많은 부분 충족되고 있는데, 대학 측이 학생들의 의견을 적극 수용해주고 있기 때문이다. 동료 생물학자 필립 스튜어트Philip Stewart가 나의 글에 대해 언급한 내용3)을 인용해본다.

만일 옥스퍼드의 모든 학생이 리처드 도킨스가 언급한 것과 같이 튜토리얼의 혜택을 받을 수 있다면 얼마나 좋을까(《옥스퍼드 매거진》[3], No. 112)! 오래전 이야기는 아니지만 이러한 모습이 펼쳐지던 때가 있었을 것이다. …… 현재 학부생들의 이야기를 들어보면 나는 그들이 이곳과 매우 다른 세상을 살고 있다는 생각마저 든다. 학생들은 자신의 튜터들이 여섯 가지 중요한 학습주제를 미리 알려주고, 주제별 참고도서목록도 제시해주리라 기대하며, 튜토리얼 에세이를 위해 준비한 자료를 몇 번만 살펴보면 기말시험 답안도 쉽게 작성할 수 있으리라 생각할 것이다.

만일 이것이 진심이라면 매우 안타까운 일이다. 그 이유는 나의 1994년 글에서 찾을 수 있다. 그럼에도 나는 옥스퍼드 튜토리얼이 그 어떤 학습법보다 우월하다고 생각한다. 개인적인 이야기 하나를 거론하고자 한다. 나의 젊은 친척이 최근 또 다른 명문대학교에서 생명과학을 공부하고 졸업했다. 그녀는 자신의 대학 시절을 즐

---

3   <옥스퍼드 매거진>, No.113, 2학기 마지막 주, 1995.

겁게 보냈고 저명한 과학자들의 강의를 즐겁게 수강했다고 했다. 그런데 마지막에 (옥스퍼드나 케임브리지에서였다면 겪지 않았을) 한 가지 문제가 불거졌다. 그녀는 구직하기를 원하는 직장에 교수 추천서를 제출해야 했는데, 그녀에 대해 잘 알고 추천서를 써줄 스승을 찾을 수 없었다. 만일 옥스퍼드였다면 그녀는 최소한 여섯 명의 튜터와 함께 여러 학기 동안 공부했을 테고, 그들 모두는 그녀의 학업 능력과 장점을 잘 파악하고 있었을 것이다. 지금의 옥스퍼드 튜토리얼이 내가 회상하고 있는 장밋빛 이상과는 다소 차이가 있을 수 있다. 하지만 옥스퍼드와 케임브리지의 튜토리얼은 분명히 다른 대학의 일반적인 수업이나 세미나와 차별화되어 있다.

그리고 누구라도 이 부분을 거론해야만 하겠지만, 일대일 튜토리얼에 소요되는 비용에는 더 많은 재정 지원이 필요하다. 나의 글이 〈옥스퍼드 투데이〉에 다시 게재된 뒤, 그레이엄 토핑Graham Topping[4]은 오늘날의 튜토리얼 시스템 양상을 철저히 분석했다. 내 글에 대한 독자들의 편지까지 참고한 토핑의 글은 내 글보다 더 향수를 불러 일으키는 주장을 담고 있다. 그런데 토핑 역시 시스템 유지에 소요되는 재정적인 문제를 거론했다. 그 비용은 적지 않은 규모여서 대학의 수익만으로 유지할 수 있는 수준이 아니다. 그래서 대학은 기부금을 확충하여 튜토리얼에 투자한다. 지금의 학부생들에게 이것은 의심할 나위 없이 훌륭한 제도이지만, 한편으로는 미래의 학생들에게 부담이 되는 제도이기도 하다. 장기적인 관점에서

4　9권, No.3, 최종학기 1997, '품질 유지비The Cost of Quality'.

변화가 모색되지 않는다면 일대일 튜토리얼 제도는 지속하기 힘들어질 수도 있기 때문이다(1장에서 학부교육에 대해 언급한 부분 참고).

분명한 점은 경제적인 문제가 학사에 영향을 미치기 시작하면 두세 명 정도의 소그룹 단위로 운영되는 튜토리얼은 대규모 그룹으로 확장되고 이름에 걸맞지 않는 평범한 학습 모임이 되어버린다는 사실이다. 나는 그렇게 되는 것을 바라지 않는다. 오직 일대일로 이루어지는 전통적인 방식을 유지해야 하고, 그것을 가능하게 할 경제적인 해결책도 찾아야 한다. 따라서 튜터의 나이나 자격요건을 완화하고 소요되는 비용도 절감하는 방안도 검토 중이다. 미국에서 흔히 찾아볼 수 있는 '조교teaching assistant' 제도를 도입할 의향도 있다. 하지만 실험실 실습요원 개념이 아닌 튜터로서의 역할을 수행해야 한다. 내가 생각하는 '튜터 보조Tutor Assistant' 혹은 '주니어 튜터Junior Tutor'는 대학원생이어야 하고 자신들보다 몇 살 아래 학부생들을 지도할 수 있어야 한다. 그들에게 고액의 수당이 지급되지는 않는다. 왜냐하면 그들이 가르치는 행위도 그들 학업의 한 부분이라고 보기 때문이다. 이렇게 하면 튜터와 일대일로 매주 만나 분야의 권위 있는 연구 논문을 읽으며 공부하는 옥스퍼드의 전통은 지속될 것이다. 미국의 TA(teaching assistant)처럼 주니어 튜터가 마스터를 도우며 튜토리얼을 관리할 수도 있다. 또한 특정 학기에 학부생은 마스터 한 명과 여섯 명의 주니어 튜터로 구성된 튜토리얼 두 개를 요청할 수도 있을 것이다. 주니어 튜터들은 마스터보다 지식과 경험이 덜하겠지만 젊은이 특유의 참신함과 예리함과 열정을 보일 수 있을 테고, 최근에 공부하여 내용에 더 익숙한 이들이 학생들의 입장을 더욱 잘 이해할 것이다(12장 참고).

　1994년 논문에서 나는 세계적인 석학이었던 내 튜터들의 이름을 언급하지 않았는데, 이제 와서 생각해보면 반드시 그럴 필요는 없었다고 생각한다. 나는 지금도 옥스퍼드 튜토리얼의 일대일 학습이 내가 이룬 학문적 성과에 지대한 공헌을 했다고 생각한다. 솔직하게 말해서, 나의 튜터가 나보다 해당 분야의 지식이 덜했다고 해도 상관없다. 중요한 것은 내가 학과과정을 모두 마쳤을 때 썼던 논문의 내용과 거기에 부합하는 지식을 내가 가졌는가의 여부이고, 이를 위해 나와 눈높이를 맞춰준 능력 있는 튜터들과 함께 심각하게 토론했던 일련의 시간들이 있었다는 사실이다. 교육의 진정한 가치는 튜터가 나에게 전수해준 내용에 있지 않고, 자료를 준비하고 에세이를 쓰고 바쁜 시간을 할애하여 토론하고 논쟁한 모든 시간에 있다.

　누군가의 에세이가 여러 사람이 모인 자리에서 논의되고 평가받는 일은 매우 의미 있다. 에세이를 쓴 학생은 훗날 자신의 분야에서 세계적인 권위자가 되었을 때 느낄 법한 기분을 미리 짐작해볼 수 있다. 또한 주니어 튜터와 함께한 학습 경험이 세계적으로 이름 있는 교수의 강의보다 더 나은 결과를 가져올 수도 있고, 젊은 튜터의 실력과 평판이 교수들보다 뛰어날 가능성도 얼마든지 있다. 옥스퍼드의 고유한 전통을 보존하는 중요한 요소 중 하나는 누구의 간섭도 받지 않고 튜터와 대면하고 학습하는 학생들의 주체적인 시간이다. 옥스퍼드와 케임브리지는 경제적인 토대를 신속히 마련하여 이러한 제도를 계승 발전해야 할 뿐 아니라, 다른 대학들에게 전파하는 역할도 소홀히 하지 말아야 한다.

1994년의 내 글은 다음과 같다.

튜토리얼 중심

우리 생물학 전공 교수들은 때때로 훌륭한 스승들을 괴롭히는 공동체적인 고통의 상태에 빠져들곤 한다. 우리가 무엇을 잘못했을까? 학생들을 가르치고 평가하는 방법을 어떻게 발전시켜야 했을까? 어떤 대학이 X라는 제도를 시행했는데, 매우 효과적이라는 소문이 들려온다. 지금 시행되는 평가시험은 학생들의 단기 기억력을 측정할 수 있을 뿐이라는 이야기도 들려온다. 치핑 옹가[Chipping Ongar, 영국 에식스에 있는 상업도시-옮긴이] 사람들처럼 우리는 흥정하는 일에 더욱 익숙해져야 하는 것일까? 헌 베이[Herne Bay, 영국 켄트에 있는 휴양도시-옮긴이]에 사람들이 몰려드는 것처럼 학생들을 강의실로 끌어들일 방법은 없을까? 학부생들은 무슨 생각을 하고 있을까(학생회 대표들은 무슨 생각을 가지고 있을까)? 강의실에 출석체크 기계라도 설치해야 할까? 크리첼 다운[Crichel Down, 1949년 크리첼 다운 주민들은 각고의 노력 끝에 국가에 귀속된 토지를 반환받았다-옮긴이]에는 스무 개의 강력한 튜토리얼이 있었던 셈인데, 그에 반해 우리는 교육의 효과가 의심스러운 튜토리얼에 학생 한 명이 있을 뿐이다. 기말시험 답안지들은 왜 수업의 처음과 끝을 모두 보여주지 못하고 두 번째 수업 내용의 어디쯤에서 헤매고 있을까? 학부생들은 무슨 생각을 하고 있을까? 어느 외부 감사는 우리 대학의 미래를 위해 Y라는 조치를 처방했는데(그들은 자신이 소속된 대학에서 그것을 시행하고 있으며, 그 효과가 크다고 했다), 규정상 우리가 Y를 시행하기 위해서는 법을 개정해야 한다. 버들리 샐터튼[Budleigh Salterton, 영국 데번에 위치한 볼거리 많은 도시-옮긴이]처럼 다양한 강좌를 개설하면 어떨까? 모두 좋은 생각이 아닐 수 없다. 좋은 것을 잔뜩 도입해 일제히 시행할 일만 남았으니, 과거의 대학이 했다는 깊이 있는 연구 촉진 방안도 추가하면 좋을 것이다. 학부생들은 어떻게 생각하는가?

　이러한 이야기는 매우 익숙하고, 또한 우습다. 왜냐하면 앞에서 언급된 나의 비판에도 대학은 발전해야 하고 그 방법을 모색해야 하는 것이 우리의 의무이기 때문이다. 최근 부각되기 시작한 한 가지 제안은 나에게 큰 고민거리가 되었다. 옥스퍼드의 교육이 지나치게 '튜토리얼'에 집중되어 있다는 주장이 그것이다. 이러한 이야기는 우리의 시험 방식에 대한 논평은 물론 대학 운영 방식에 대한 제언에 이르기까지, 임무를 수행하던 두 명의 외부 감사에게서 시작되었다. 합동자문위원회의 수석, 혹은 부수석 위원들이 채택한 사항들을 의무로 받아들이는 전례는 오래전부터 있었고, 그들의 권위는 지금도 캠퍼스를 떠돌고 있다. 그들은 '강의 중심'이어야 할 대학이 옥스퍼드에서는 '튜토리얼 중심'이라고 했다. 튜토리얼 중심이라는 말의 의미는 그들의 권고사항에 잘 드러나 있다. 그들은 튜토리얼 에세이의 내용을 공식적인 강의와 연관된 주제로 엄격히 제한해야 하며, 튜터들의 학습도 강의 내용의 범위를 벗어나지 않아야 한다고 주장했다. 강사들 역시 참고도서목록을 작성해야 하는데 그 목록을 모든 튜터가 채택하여 학생들에게 배부해야 한다고 했다.

맹목적인 실리주의로 인해 매우 안타까웠던 사례를 이야기하고자 한다. 나도 학부 시절을 거쳤고 (당시에는 의미를 깨닫지 못했지만) 튜토리얼을 중심으로 학습했으며 그 방식을 통해 내 삶 전반을 가꾸어왔다. 그것은 어느 한 사람의 튜터 때문이 아니라 옥스퍼드의 튜토리얼 시스템 전체에 기인한다. 이것이 튜토리얼 중심의 학습이다. 마지막에서 두 번째 학기 때 나와 함께하던 현명하고 인간미 넘치던 튜터 피터 브루넷Peter Brunet은 당시 위대한 학자로 평가받고 있었으며, 훗날 해당 분야의 과학적 성과로 인해 노벨상을 수상한 니코 틴베르헌Niko Tinbergen 교수를 모시고 동물행동학 공부를 하기 위해 온갖 노력을 기울이고 있었다. 틴베르헌 교수는 동물행동학 과목의 모든 강의를 홀로 담당하고 있었고, 그래서 자신의 과목을 '강의 위주'로 운영하기에 좋은 조건이기도 했다. 물론 당시에 내가 그러한 상황에 관심을 가질 필요는 없었지만 말이다. 튜토리얼에서 매주 내가 받은 과제는 철학과 관련된 에세이를 쓰는 것이었다. 나는 에세이에 철학교수의 논문들과 향후 연구에 대한 제안, 그 주제가 도출된 역사적인 배경, 그 사상이 확산된 이론적이고 철학적인 배경 등을 모두 담아내야 했다. 이러한 과제를 수행하는 일이 내가 장차 치러야 할 학기말 시험에 직접적인 관련이 있는지 나는 끊임없이 회의했다. 하지만 우리는 이것이 미래의 일과 학업에 어떤 식으로든 도움이 되리라고 느꼈다.

다른 학기에 나의 튜터는 동물학이라는 내 전공이 자기가 담당하는 과목들보다 철학적이라는 사실을 알고 아서 케인Arthur Cain이라는 젊은 동료를 나의 튜터로 연결해주었다. 그는 매우 영리하여 당시부터 유명인사였고 훗날 리버풀 대학교의 교수가 되었다. 그 역시도 특정 강의나 동물학의 우등코스의 자료들을 제공해주는 대신 나에게 역사와 철학 분야의 책을 읽으라고 했다. 동물학과 당시 내가 읽던 책들 사이의 연관성을 찾아내는 일은 순전히 내 몫이었다. 나는 열심히 책을 읽고 자료를 분석했는데, 그 작업을 상당히 좋아했다. 이 때문에 내가 쓴 생물철학 에세이가 훌륭했다고 말하려는 것이 아니다(훗날 찾아보니 정말로 그렇게 훌륭하지는 않았다). 하지만 에세이를 쓰던 당시 내가 느끼던 들뜬 기분을 나는 결코 잊을 수 없다.

그것은 표준동물학 주제를 다룬 전공 에세이 경우에도 마찬가지였다. 나는 내가 불가사리의 수관계水管系에 대한 강의를 들었는지는 전혀 기억하지 못한다. 아마도 그랬을 테지만, 나의 튜터가 그 주제와 관련된 과제를 내주었는지 기억나지 않는다는 사실이 매우 감사하다. 불가사리의 수관계에 관한 연구는 동물학에서 매우 전문적으로 다루는 주제이기 때문에 나 또한 이를 주제로 에세이를 작성했던 사실이 새삼 떠오른다. 불가사리는 붉은 혈액 대신 바닷물을 체액으로 품는다. 바닷물이 기관을 통해 체내로 유입이 되면 순환장치에 의해 신체로 확산이 되는데, 그것이 체내의 순환계통을 이루고, 그것은 다시 말초 순환계통으로 이어져 다섯 개의 다리에 분포하게 된다. 체내에 유입된 바닷물이 독특한 유압작용에 의해 몸 전체로 퍼져나가며, 수백 개의 미세 체관을 통해서 신체 구석구석 순환하는 것이다. 불가사리는 흡입력이 있는 작은 빨판이 붙은 관족 다발로 물체를 더듬으며 앞뒤 운동을 하여 일정한 방향으로 나아간다. 관족은 일률적으로 운동하는 것이 아니고 반자동 형태로 움직이는데, 만일 입 주위 신경 다발이 특정 행동을 명령하기 위해 일률적인 신호를 보내면, 서로 다른 발에 붙어 있는 관족들은 신체를 각기 반대 방향으로 이끌어 불가사리의 신체는 조각나게 될 것이다. 나는 불가사리의 유압작용이 이러한 일을 초래할 수 있다는 사실을 기억하고 있지만 그것은 중요하지 않다. 중요한 것은 우리가 그러한 사실을 왜 알아야 하는가에 의문을 품는 일이다. 당시 나는 교과서를 독파하고 벼락치기로 공부하기보다는 대체로 도서관에 가서 오래된 책과 새로 나온 책 등을 다양하게 찾아 연구하곤 했다. 연구자료를 끊임없이 찾아 읽고 또 읽었던 우리는 마침내 한 분야에서 세계적으로 권위 있는 학자가 되었다. 이것은 결코 일주일 만에 이룬 성과가 아니다. 매주 했던 튜토리얼 학습은 단지 불가사리의 유압작용에 관한 내용을 전해 듣거나 혹은 특정 주제에 대한 정보를 얻는 것을 의미하지 않았다. 그 일주일 동안 나는 불가사리의 유압작용으로 자고 먹고 상상했다. 관족은 나의 눈꺼풀 뒤에서 꿈틀댔고, 유압작용을 하는 차극[叉棘, 극피동물의 신체 일부-옮긴이]은 호기심으로 들썩댔으며, 바닷물은 졸고 있는 나의 두뇌 속을 고동쳐 흘렀다. 에세이를 쓰는 일은 카타르시스였으며, 튜토리얼을 위해 나는 일주일을 기다렸다. 그 한 주가 지나면 또 다른 주제가 기다리고 있었고, 그 주제와 관련된 온갖 자료와 사진들을 도서관에서 퍼 날랐다. 우리는 교육의 수혜자였고 그 교육은 튜토리얼 중심이었다.

강의를 폄하하려는 것이 아니다. 강의도 학생들에게 얼마든지 영감을 줄 수 있다. 특히 강의가 교수요목에 집착하고 정보 전달에 우선순위를 두던 과거의 모습에서 탈피한다면 말이다. 나의 세대 동물학자인 알리스터 하디Alister Hardy 경을 나는 결코 잊을 수 없다. 칠판에 그리는 예술작품 같은 그의 그림이며, 애벌레 형태에 관해 낭송하는 우스운 시, 벌레들의 행동을 묘사하던 몸짓, 드넓은 바다에 피어나는 플랑크톤 밭에 대해 열성을 다해 설명하던 모습 등을 말이다. 더 명석했거나 덜 화려한 언변을 구사했던 교수들도 나름대로 좋은 이들이었다. 하지만 그들의 강의가 얼마나 훌륭했는지와 상관없이, 우리는 우리의 튜토리얼이 그 교수의 강의처럼 운영되기를 바라거나 튜토리얼이 강의 형태로 변해야 한다고 생각하지 않는다. 시험을 치르는 입장에서 보자면 동물학 분야는 대체로 공평해서, 학생들은 시험지의 문제가 선배들이 근래에 치렀던 시험과 크게 다르지 않다는 사실을 알고 있었다. 학생들이 시험지를 받아들거나 튜터들이 에세이 주제를 나누어줄 때 강의실에서 어떤 논의가 다루어졌었는지 기억하려 애쓸 필요가 전혀 없었다.

　그렇다. 나는 남들과 조금 다른 취미를 가지고 있는데, 그것은 나의 대학 시절과 그 당시 체험했던 매우 독특한 교육법을 회상하는 일이다. 지금 와서 내가 받은 교육 방식이 최고였다고 주장할 수는 없지만, 앞으로 대학을 짊어지고 나아갈 젊은이들에게는 자신의 대학을 최고로 만들 공동의 책임이 있다. 우리는 사회 각계각층의 광범위한 논의를 통해 앞으로 어떠한 교육 제도를 추진해야 할지 정해야 한다. 옥스퍼드에서 예전부터 해왔던 일이기 때문에 그것이 훌륭한 것이라고 성급하게 단정 지어서는 안 된다(물론 옥스퍼드의 오랜 전통이 오늘날까지 이어지고 있는 모습을 지켜보는 것은 매우 뿌듯한 일이다). 반면 경우에 따라서는 옥스퍼드에서 오랫동안 행해졌기 때문에 그것이 불합리하다는 사실을 자각하지 못하는 일도 있을 것이다. 그럼에도 옥스퍼드의 교육이 '튜토리얼을 중심'으로서의 전통을 계승해야 한다고 주장하는 입장은 전통적인 교육이 가진 장점을 살려야 한다는 주장과 일맥상통한다고 생각한다. 만일 이것이 사실이 아니어서 우리가 튜토리얼을 폐기하고자 한다면, 그 전에 우리는 우리가 폐기하려는 것이 무엇인지를 알아야 한다. 만일 옥스퍼드 튜토리얼을 대체할만한 새로운 제도가 만들어졌다면 튜토리얼은 과거에 누렸던 영광을 뒤로 하고 역사 속으로 사라져야만 할 것이다. 하지만 그것은 우리가 애초에 튜토리얼이 무엇인지 몰라서가 아니라 튜토리얼보다 더 나은 제도를 찾아냈을 경우에나 유효한 이야기이다.

6

위인과 역사 속의 튜토리얼:
소크라테스 대화법

로빈 레인 폭스 Robin Lane Fox, 뉴 칼리지, 고대사 펠로

옥스퍼드 튜토리얼에서는 한 명, 혹은 두 명의 학생이 튜터 한 사람과 만나 전공과목을 공부한다. 물론 쉬는 날도 있고 튜터나 학생이 개인 사정으로 참석하지 못하기도 하며, 모임이 불가능한 경우가 발생하기도 한다. 이는 매우 드문 일이지만, 그렇다고 해서 튜토리얼이 중단되는 것은 아니다. 튜토리얼은 지식을 전수하는 정보의 장이 아니다. 지식은 직접 대면을 하든 그렇지 않든 매우 다양한 방식으로 전수된다. 튜토리얼은 학생들에게 매우 특별한 것을 가르치고자 한다. 그것은 생각하는 능력이다.

배우는 과목은 다양하며, 과목은 세부 전공으로 나뉜다. 학생들은 학위를 취득하는 과정 전체를 통해 비판적으로 사고하는 방법을 배운다. 내 전공인 고대사 분야도 마찬가지다. 전공 분야에서 4년의 '우등과정'은 옥스퍼드 튜토리얼과 특별한 연관이 있다. 여기에서 튜토리얼이라는 제도가 처음 시작되었기 때문이다. 우등과정

은 고전학을 공부하는 평범한 과정이 아니었다. 1970년까지 고대와 근대철학 과목이 3~4학년 필수 이수과목의 절반에 달했으며, 오늘날에도 많은 지원자가 이 과정을 선택한다. 특히 플라톤의 대화편은 수백 년 동안 수많은 튜터와 학생들에게 필수 연구과목이었다. 소크라테스와 젊은 등장인물들의 논쟁이 주된 내용인 이 대화편들은 튜토리얼이 지향하는 바를 정확히 보여준다. 옥스퍼드의 튜터들이 학습자료를 선정하고 매주 시간을 정하여 일정을 진행하는 과정은 모두 원만한 협의를 통해 진행된다. 왜냐하면 널리 알려져 있듯 옥스퍼드 튜토리얼은 '소크라테스 대화법'을 지향하기 때문이다.

소크라테스 대화법을 신뢰하는 이들도 있지만, 때로는 지나친 이상일 뿐이라고 비판하는 이도 있다. 그리스 철학자들도 소크라테스의 철학에 이상이라는 것이 별도로 존재하는 것이 아니라 우리가 인식하는 범위 내의 최상일 뿐이라고 말하곤 했다. 예를 들어 소 한 마리가 있다고 가정하면, 소가 상상하는 신은 소의 모습일 것이다. 트라키아[Thracia, 발칸 반도의 동부 지방-옮긴이]의 야만인도 자신의 신이 트라키아인처럼 생겼다고 생각할 것이기 때문이다. 하지만 이러한 주장은 옥스퍼드의 어느 저명한 고전학자에게 비판받았다. 그의 주장에 따르면, 자신이 키우는 고양이는 먹이를 주고 보살펴주는 주인을 신처럼 생각할 뿐 다른 고양이를 신으로 바라보지는 않는다는 것이다. 그럼에도 앞의 주장이 의미하는 바를 생각해볼 필요가 있다. 튜터들이 소크라테스의 방식에 충실하고 있다고 가정한다면, 그들은 그 이상적인 튜토리얼이 소크라테스식 대화법으로 진행되리라 생각하지 않을까?

내가 여기서 주장하려는 것은 '소크라테스적 이상'에는 우리가 무심코 이상적이라고 생각하는 것보다 훨씬 많은 의미가 담겨 있다는 점이다. 그런데 이것을 이해하기란 쉬운 일이 아니다. '소크라테스 대화법'의 어느 부분이 이상적이란 말인가? 제자 플라톤이 소크라테스 사후에 집필한 매우 유명한 저서인 《변명Apology》에서 소크라테스는 제자들과 튜토리얼 토론을 하면서 행복한 영원의 사후세계를 살아간다. 오늘날 '소크라테스 대화법'을 추종하는 이들도 이 장면에서는 몸서리칠지도 모른다. 하지만 사후세계에서의 영원한 시간이란 소크라테스의 체력이나 인내와 열정 등은 논외로 한 이데아적인 이야기이다. 중요한 것은 그러한 가르침이 의미하는 바가 무엇인가이다. 초기 대화편을 살펴보자. 아테네의 잘생기고 돈 많은 귀공자들이 소크라테스를 찾아와 인간 삶의 중요한 문제들에 대해 묻는다. 소크라테스는 '정의Justice'라는 단어를 '각자에게 자신의 의무를 부과하는 일'이라고 정의한다. 그러면서 문제의 '핵심'이 되는 지점으로 되돌아가 질문과 답변이 서로 상충하는 지점까지 계속해서 질문을 던지고, 결국 제기된 문제의 전제 자체가 잘못되었다는 사실을 깨닫도록 한다. 그리고 동석자 모두에게 같은 방식으로 질문을 던지고 문제의 본질을 추론하도록 한다. 젊은 이들은 모두 남자이고 대체로 잘생긴 부잣집 명문가 아들이다. 이 부분에서도 소크라테스 대화법은 옥스퍼드의 이상과 일치하지는 않는다. 하지만 이때 사용된 방법론은 튜터들이 계승할 가치가 있다. 주요 논점에 질문을 제기하면 학생들은 문제의 출발점에 오류가 있다는 사실을 깨닫고 혼란에 빠져든다. 이 방법은 학생과 스승이 일대일로, 혹은 극소수의 학생들이 차례를 기다리며 스승과 직접 만나고 대화를 나누는 방식이 전제되어야 한다. 그래서 소크라테스는 한 번에 한 학생과 대화를 나눈다. 그는 콘퍼런스나 모임을 만들어 두세 명의 학생들과 동시에 대화를 나누지는 않았다.

플라톤의 저작들을 읽어본 독자들은 대부분 알아챘을 테지만, 여기에는 튜토리얼과 유사하다고 느낄 요소가 한 가지 더 있다. 플라톤 저서의 주인공인 소크라테스는 언제나 문제적인 논쟁의 한복판에서 위기를 모면한다. 이러한 설정 방식은 언제나 논란이 되어 왔다. 플라톤은 그러한 논쟁으로 독자를 시험하고 싶었던 것일까? 아니면《국가Republic》와 같은 두꺼운 책을 쓴 이유가 대중을 상대로 자신의 논리력을 연습하려던 것이었을까? 이 질문의 답이 무엇이든(나는 그 해답을 알지 못한다) 그것은 옥스퍼드 튜토리얼을 연상시킨다. 최고의 답변도 결코 완전할 수 없으니, 그들은 사실상 가장 '소크라테스다운' 논법에 휘말리고 있는 셈이다. 전적으로 공감하기도 힘들지만, 우리 모두 경험하듯 자신도 모르게 살얼음 위를 지나는 것 같은 대화를 하며, 결코 동의하지 않으려 해도 동의하게 되는 상황 말이다. 이것은 튜토리얼이 전수하는 소크라테스적 대화의 중요한 비법이다.

플라톤은 말년에 전혀 다른 '소크라테스식 대화법'을 보여주었다. 그에게 소크라테스식 대화는 여전히 누군가와 대화하는 방법이지만, 연역적 방법이 아닌 점진적이고 단계적인 방식으로 진행되며, 이것은 우리가 알고 있는 통상적인 그의 대화법과 거리가 있다. 그는 주기적으로 말을 멈추고 학생에게 해당 논조에 동의하는지 물었다고 한다. 하지만 학생들이 할 수 있었던 말은 "왜 모르겠어요, 소크라테스?"였다고 한다. 이 방법 또한 소크라테스식 대화법이므로 튜토리얼 학습의 지지자들은 어떤 '소크라테스식 대화법'을 지지하는지 명확히 밝힐 필요가 있다. 전기 대화법인지 아니면 후기 대화법인지?

이제 나는 자전적인 이야기를 써보고자 한다. 내가 고대사를, 특히 지금 내가 강의하는 그리스사 분야를 처음 공부하기 시작했을 때, "왜 모르겠어요, 소크라테스?"라는 말은 거의 2년 동안 내가 가장 중요하게 생각했던 '학습법'이다. 그 초창기 시절, 열정 넘치고 생각이 깊었던 나의 튜터는 서너 명으로 구성된 학생 그룹을 모아 놓고 다음 주에 공부할 예정이거나 혹은 보완할 에세이의 주제에 대해 미리, 오랫동안 설명하곤 했다. 나는 "왜 모르겠어요?"라는 감사한 마음을 가지며 일찍 끝마치길 바랐다. 우리가 일정에 따라 미리 에세이를 제출하면 매주 개최된 튜토리얼에서는 논평이 첨삭된 에세이를 함께 검토했다. 매우 성실했던 튜터는 자신의 가르침에서 벗어난 의견 중에서 서로 엇갈린 논점 한두 가지를 뽑아냈다. 그는 그 논점들을 칠판 오른쪽에 적고는 후기 소크라테스의 모습을 흉내 내며 자신의 생각과 입장을 충분히 반복하여 설명하곤 했다.

2학년 때 만났던 두 번째 튜터는 조금 다른 방식을 보여주었는데, 독자들이 생각하듯 학습 결과가 달랐던 것은 아니었다. 그분도 우리를 미리 소집하여 수업 전반에 대해 설명했다. 하지만 학습 내용을 주제별로 나누고 항목별로 관련 문헌을 제시하거나 수업의 개요와 학습법을 설명해주는 순서는 없었다. 우리는 궁금한 사항들에 스스로 해답을 찾아야 했다. 나에게는 매우 생소한 방법이었지만 그 튜터의 전임 튜터에게는 그것이 당연한 일이었을지도 모를 일이다. 그 전임 튜터는 철학과 고고학 모두에 탁월한 마지막 교수라 불리던 콜링우드R. G. Collingwood 교수였다. 콜링우드는 역사철학에 해박했고 학문의 필연적 주관성essential subjectivity을 강조했다. 아마도 그 자신이 스스로 질문하고 스스로 답하는 방식으로 학문을 연구하는 역사학자였기 때문이었을 것이다. 튜터가 "역사가의 능력은 그가 제기하는 질문의 수준에 비례한다"고 했을 때 나는 그토록 놀라운 통찰에 감사해하며 그것을 마음속에 간직하려 했다.

제출했던 에세이를 돌려받으면 우리는 튜터 앞에서 소리 내어 읽어야 했고, 뒤이어 질의응답을 몇 차례 이어가야 했다. "참으로 멋진 소크라테스식 수업이구나. 그리고 이것은 소크라테스의 전기 대화법이겠구나." 하고 당신은 생각할 것이다. 하지만 그것은 소크라테스의 후기 대화법에 가깝다. 우리의 에세이는 나이 많고 경험 많은 튜터가 오랫동안 축적한 창의력과 통찰과 전문성을 가질 수 없었다. 소크라테스와 달리 튜터는 우리의 에세이에 드러난 오류나 모호한 부분을 지적하지 않았고 우리도 하나의 결론에 집착하지 않았다. 이를 통해 우리는 튜터가 조목조목 짚어주는 거침없는 가르침 대신, 스스로 포기했던 곳에서 새로운 길을 찾기 시작했다. 그것은 비-소크라테스적인 방식이었다. 우리의 코앞에는 학습 주제를 곧바로 파악하도록 돕는 고대 '지혜'의 다듬어진 자료들이 놓여 있었다. 튜터는 자신의 명민함을 드러내며 우리를 도왔다. 하지만 그 주장들은 튜터 자신의 입장일 뿐이었다. 후기 소크라테스도 독단의 함정을 피하기 위해 다소 모호한 개념을 남겨두었다고 했다. 튜터는 이렇게 주장하곤 했다. "중요한 것은 튜터가 똑똑한지의 여부가 아니고 튜터가 왜 똑똑한가 하는 점이야." 이 마지막 말은 실제로 학습법과 주관성을 이해하는 데 매우 중요한 실마리였지만, 이를 자세히 논의하지는 않았다. "왜 모르겠어요, 소크라테스?"라는 말이 문득 떠올랐고 나는 다시 안도했다. 이 과정에서 나는 훌륭한 지식을 많이 배웠지만, 소크라테스의 어떤 방식은 옳지 못할 수 있다는 생각을 하기도 했다.

내가 옥스퍼드에서 배운 '소크라테스식 문답법'은 후기 소크라테스 방식이었다. 첫 번째 튜터가 사용한 학습법은 이 방식과 놀라울 정도로 일치했다. 내가 그의 학생이 되었을 때 그는 나에게 "옥스퍼드의 많은 사람이 튜토리얼이 소크라테스 문답법을 사용한다고 말할 거야. 하지만 내가 조언하자면 너는 소크라테스의 후기 대화편을 흉내 내면 돼." 하고 말했다. 하지만 나는 혼란스러웠다.

어떤 측면에서 생각해보면, 나는 후기 소크라테스 튜토리얼에서 학문의 내용과 형식, 양 측면에서 매우 많은 것을 배웠다. 그것은 교화의 과정이었지만, 비합리적이지 않고 다른 학자의 이론에 거침없이 논평을 가했다. '반증'이 계속되었고 그것은 설득력 있었다. 나는 매우 넓고 심도 깊은 수준으로 각각의 주제에서 근거와 '정답'을 찾아냈다. 그때 얻은 잊을 수 없는 귀중한 깨달음은, 역사가들은 다른 학자들의 근거가 부족한 견해를 타파함으로써만 학문적 성과를 얻을 수 있고, 이를 통해 조금씩 오류를 수정해갈 수 있다는 사실이었다. 이러한 인식은 훗날 상대주의와 해체주의가 등장하고 그럴듯한 수사로 역사의 축소가 시도되는 등 역사의 퇴보 현상으로 역류처럼 되돌아오기도 했지만, 이후 나는 그와 같은 모든 거짓된 논거를 날카롭게 비판해왔다. 후기 소크라테스식 튜토리얼은 큰 도움이 되었다. 새롭고 낯선 과목이 시작되고 교수요목이 제공되면 우리는 정보의 장에서 즐겼고 그 정보들은 대체로 지식이 되었다. 만일 어떤 지식이 소그룹 내에서 권위 있는 이를 통해 구두로 전수되면 그 지식은 몇 장의 종이에 기재된 내용으로 일방적으로 배분되거나 시청각자료에 도움을 받는 일반 강의보다 훨씬 생생하고 오래 기억되는 지식으로 남는다.

다른 측면에서 생각해보면, 후기 소크라테스 튜토리얼 시기는 영리하게 지름길을 찾는 기술을 터득했던 때이기도 했다. 다른 학생들은 전기 소크라테스 방식으로 지도를 받아왔는데, 그들과의 만남은 나에게 심각한 문제가 되었다. 후기 소크라테스식 '최종 해법'이 제시되어야 한다고 생각한 부분에서 그들이 전기 소크라테스 방식을 적용했을 때 나는 어찌할 줄 몰랐다. 지금에 와서 문득 깨달은 것은, 내가 후기 소크라테스식 튜토리얼에서 얻은 것들을 다른 튜토리얼을 통해서는 오랫동안 얻지 못했다는 사실이었다. 돌이켜보건대 모든 주제에는 답이 있지만 때로는 답할 수 없는 난제도 많기 때문에 그것을 내 것으로 소화하려면 불확실한 노력을 오래 기울여야 한다는 사실을 후기 소크라테스식 튜토리얼을 진행했던 튜터 가운데 누구도 말해준 적이 없었다.

어느 순간 부지불식간에 튜터가 된 모든 이처럼 나도 한때 나를 성장시켜준 학습법을 발전시키고, 좋은 기법을 채택하며, 다른 이에게 도움을 주는 사람이 되기로 마음먹었다. 나는 기본적으로 후기 소크라테스 방식을 따르려 했지만 덜 소모적인 방식으로 학습을 진행하고 싶었다. 2년 동안 조심스럽게 실행해본 뒤 나는 교육이론 분야의 권위자인 학장에게 균형 잡힌 튜토리얼을 운영할 방법에 관해 조언을 구했다. 그분은 나에게 물었다. "학생들에게 질문을 하나요?" 내가 그렇다고 하자, 그는 학생들이 해답을 찾아낼 때까지 튜터가 충분히 기다려주어야 한다고 했다. 그의 연구에 따르면 튜터들은 학생들에게 너무 빨리 개입하는 경향이 있었다. 물론 능력이 뛰어난 플라톤도 책장의 행간에 머물러 있는 침묵을 견디지 못했다. 나는 앞으로 돌아가 질문을 던지고 기다리는 일이야말로 진정한 소크라테스식 방법이라는 사실을 받아들이기로 했다.

상담을 마친 후 나는 오후 첫 튜토리얼에 참석했다. 점심시간 이후 두 번째 시간이었고, 하급 모임보다 실력이 부족한 학생들의 튜토리얼이었다. 인상 좋은 두 학생이 들어왔고 그중 한 명은 아테네의 민주주의와 관련된 에세이를 읽었다. 나는 그에게 아테네 최고위원회인 아레오파고스Areopagus의 역할과 위임 문제에 대해 질문했다. 흔히 그러하듯 30여 초의 침묵이 흘렀다. 2분이 지났고 나중에는 3분이 지났다. 다른 학생이 에세이 출력물 여백에 무엇인가를 적는 것 말고는 아무런 움직임도 보이지 않았다. 누구도 말을 하지 않았고 나도 마냥 기다리기만 했다. 그러자 학생들은 마음을 편히 갖는 듯했다. 그런데 에세이 읽기를 마쳤을 때 혹시 내가 분위기를 무겁게 만들었는지 우려하며 그들이 적은 페이지 여백의 낙서를 살펴보았다. 이런 글귀였다. "손 세정제 사러 가자. 전화해, 클라우디아." 해답은 언제나 기다림 끝에 다가온다는 믿음은 교육적인 측면에서만큼은 옳은 말이 아닐 수 있었다.

그 날 이후 나는 소크라테스의 전기와 후기 방식 사이에서 적당히 타협했고, 성공 여부가 나의 영역에서 벗어날 때까지 다양한 방법을 활용했다. 이처럼 험난했던 튜터 시절을 돌아보면 처음에 나는 소크라테스적인 가르침을 잘 실천하지 못했다. 소크라테스는커녕 사람들의 관계를 망치거나 무지만 드러낼 뿐인 부정적인 방식이 되는 경우도 많았다. 혹은 "왜 모르겠어요?"같이 한결같은 이야기만 되뇌는 경우도 있었다. 플라톤이 묘사한 소크라테스의 발언 가운데도 지식에 관한 모호한 이야기가 있는데, 우리의 지식이 내면에 보관되어 있다가 새로운 문제에 직면하면 밖으로 발현된다고 주장하는 부분이 그것이다. 나는 이 대목에 회의적일 뿐 아니라, 심지어 그렇다고 가정해도 질문한 뒤에 무작정 기다리는 일은 지식을 활성화하는 데 도움이 되지 않는다고 생각한다.

그런데 '소크라테스적' 덕목의 또 다른 예도 있다. 최근 역사학 전공 튜터들은 소크라테스의 전기 방식에 후기 방식을 매우 효과적으로 접목했다. 튜토리얼이 가진 근본적인 장점은 이와 같은 절충안을 통해 드러나기도 한다. 학생들은 매주 스스로 질문을 제시하고 그것들을 취합하여 논점을 만들고 각자의 튜토리얼에서 발표해야 한다. 이러한 방식의 학습은 강의와 달리 스스로 생각하고 그 생각을 진전시켜 자신만의 해결책을 마련하도록 한다. 자신의 관점을 만들고 그 관점을 관철하여 표현하는 일은 그 자체로 의미가 있으며, 또한 남의 것을 적절히 차용하지 않고 흉내만 내는 이들을 가려낸다. 마치 타인의 피아노 연주를 듣는 것만으로는 피아노를 배울 수 없듯, 우리는 역사를 충분히 공부하고 그것을 스스로 납득해야만 역사를 논의할 수 있게 된다. 물론 세상에는 우리가 개인적이고 직접적으로 경험하지 않고도 알 수 있는 것들이 많다(예를 들면 우리는 특별한 경험을 하지 않아도 부모에 대해 잘 알고, 우리의 부모는 우리의 존재를 알지 못하면서도 우리를 잉태하여 태어나도록 했다). 하지만 역사는 단순히 앎에 관한 문제가 아니다. 개인적인 의문점들을 제시하고, 논리적으로 토론하고, 근거를 계측하여 합의를 이루고, 그것을 기록하는 일이다.

이것이 소크라테스적인 방법론이다. 소크라테스의 전기 방식과 후기 방식을 혼합한 튜토리얼에서는 튜터가 일종의 마스터클래스를 열어 학생들이 자신의 능력과 재능을 계발하도록 돕는다. 그 과정에서 요구되는 세부 사항들은 조정이 가능하다. 자신의 주장을 펼치고, 그 주장을 방어하고(구차한 설명이 아니다) 논증을 제시하는 방법은 역사를 비롯해 어떤 과목에서도 적용 가능하다. 적어도 나의 경우에 이것은 주류의 이론을 추종하기보다 광범위한 연구 영역에서 자율성을 갖는 일이다. 삶의 다른 형식에서도 마찬가지다. 어떻게 살아야 하고, 어디서 살아야 하고, 지난 여행의 경험을 어떻게 이해해야 하며, 심지어 어떻게 기업을 경영하여 돈을 벌 것인가와 관련한 모든 의문에도 적용될 수 있다. 다른 사람의 강의를 듣는 것을 통해서도 당신은 더 나은 튜터가 될 수 있을 테지만, 어떤 역사적 사실이 자신에게 어떻게 이해되고 있는지와 관련하여 자신만이 명료한 관점을 먼저 정립하는 일도 매우 중요하다.

그렇게 하려면 이렇게 해야 한다. 다양한 주제를 섭렵하고 더 많은 연구를 수행하면 지식에 더욱 잘 접근할 수 있게 된다. 이 경우, 당신이 제기한 논점에 여러 학생이 모여 각자의 관점에서 의견을 제시한다면 그 논점은 더욱 정제되어 공고해진다. 그룹 규모가 커지면 학생들의 참여가 반감되고 원하는 학습효과를 얻기 힘들어질 수 있다. 결과적으로, 개인이 자신의 취향에 따라 튜토리얼을 자유롭게 변형하는 일이 무한정 자유롭지만은 않다.

효율만을 증대시키고 값비싼 인내의 과정을 건너 뛰고자 하는 이들은 시간을 1830년대로 되돌리는 모순을 보여주는 것과 같다. '근대화'를 내세운 이의 허상은 링컨 칼리지 학장을 역임한 마크 패티슨Mark Pattison의 회고록에 잘 드러나 있다. 그는 동시대 사람들이 후손에게 고난을 물려주고 있다고 비판했는데, 당시는 1830년대였다. "젊은 대학원생들의 재능은 벼락시험의 쳇바퀴를 굴리는 데 모두 쓰이고 있으며, 이로 인해 학생들은 각자의 개성과 취향과 상관없이 획일적인 보통 학생으로 변모해가고 있다." 마크 패티슨은 젊은 시절 튜토리얼을 경험해보지 못했고, 소크라테스의 전기와 후기 대화법이 융합된 튜토리얼에 대해서는 더 알지 못할 것이다. 그 대신 근대의 '합리주의자들'이 지향하던 이념을 충실히 모방했을 뿐이었다. 그래서 '철학의 공인된 어려움에 해결책을 제시하며 학습에 도움을 주는 공인된 전문가'인 '조교'를 고용하는 대신 자신의 강의에만 집중했다. 목표는 각종 시험(학위 혹은 졸업시험)에서 우수한 성적을 거두는 것이었고, 성공이란 공식대로 '성적'을 앞세워 자신의 '부가가치'를 올리는 일이었다. "나는 학교에 모든 것을 쏟아

부었고 이후 다음 목표를 향해서 나아갔으며⋯⋯." 자신 같은 근대화론자들이 일구어놓은 사회 시스템의 희생양이라고 주장하는 이 저명한 지성인의 모습은 혼란과 경솔함 그 자체일 뿐이다.

강사들은 학생들에게 의문사항이 생기면 적어두었다가 나중에 반추하도록 가르친다. 하지만 튜토리얼은 학생들에게 생각할 것을 요구한다. 마크 패티슨의 입장에서는 튜토리얼이 수업에 집중하는 것을 방해한다. "어차피 튜토리얼에서도 학생들이 할 수 있는 정도의 절반밖에 기여하지 못한다." 누구도 새로운 입장을 제시하거나 튜터에게 반박하지 못한다. 도서관의 어떤 책에 누군가가 연필로 이렇게 써놓은 것을 보았다. "내 생각은 아무것도 바뀌지 않았다." 물론 일부의 부정적인 언급이나 잘못된 실행의 결과에 근거하여 옥스퍼드 튜토리얼이라는 제도 자체의 가치가 평가 절하되어서는 안 된다.

또한 튜터와 학생이 개인적으로 만나는 경우도 당연히 가능하다. 양식 있는 이들은 과거에도 그랬지만 이를 최근에도 매우 엄격하게 제한하고 있는 추세이기는 하다. 하지만 일주일에 한 시간 튜터와의 개인적으로 만나는 학생들은 배운 내용에 더 관심을 갖고 오래 기억하게 된다. 소크라테스도 제자들을 아꼈으며, 오늘날에도 제자를 아끼고 그 사랑을 바탕으로 양육하는 일은 가능하다. 소크라테스는 외모가 아름다운 남성 제자들을 데리고 있었는데 성희롱의 논란을 불식시키기 위한 목적으로 놀랄만큼 위대한 작품들을 집필했다는 의견도 제기된다. 나는 그게 상식적으로 타당하다고 생각하지는 않는다. 하지만 넓은 의미에서 오늘날의 튜토리얼은 일종의 치유법이라고 생각한다. 어느 편이든 상대편의 생각과 견해의 미묘한 차이에 영향을 받는다. 물론 모든 사람은 상대방이 이해할 수 없는 사고의 영역을 가지고 있다. 하지만 사람들은 서로의 마음속 깊은 뜻을 헤아릴 수 있고, 마음의 양상이 장차 다르게 표출된다고 해도 바탕에 놓인 뜻은 변하지 않을 것이다. 심지어 소크라테스의 후기 대화법의 경우에도, 설사 그것이 의도대로 되지 않는다고 해도 지식은 전수되고 있다.

질문을 적절히 제기하고 그 해답의 근거를 제시하며 자신의 관점을 만들어가는 노력은 쉽지 않지만 결코 등한시되어서도 안 된다. 남의 생각을 살피며 자신의 생각을 정립하는 일, 심지어 권위 있는 학자도 실수하고 때로는 오류를 범할 수 있다는 사실을 아는 일도 중요하다.

아테네 사람들도 끔찍한 잘못을 저질러 결국 소크라테스를 죽음에 이르도록 했다. 당신은 튜터를 없애버리거나 죽기를 바랄 수도 있을 테지만, 그렇다고 해서 소크라테스 대화법을 없앨 수는 없다. 언젠가 튜토리얼이 어느 무지한 자에 의해서 순교할 수도 있겠으나, 튜토리얼이 단죄받지는 않을 것이다.

7

튜토리얼 학습의 공학적 응용

페니 프로버트 스미스 Penny Probert Smith, 레이디 마거릿 홀, 공학 펠로

간략한 역사

규모와 예산의 관점에서 과학과 공학은 대학에서 매우 중요한 학문이다. 하지만 역사적인 관점에서는 보면 신출내기에 지나지 않는다. 튜토리얼 교수법의 기본 구조는 공학이 하나의 학문으로 등장하기 이전부터 갖추어져 있었다. 대학에는 수많은 전공과목이 있고 저마다 좋은 프로그램과 각종 학업 지원 제도를 갖추고 있지만 튜토리얼은 옥스퍼드의 과학 연구 분야에서도 매우 중요한 위치에 있다. 이러한 상황을 이해하기 위해 역사를 잠시 살펴보는 일이 큰 도움이 될 것이다.

옥스퍼드에 대학이 생겨난 때는 13세기였다. 처음에는 학자들의 공동체가 먼저 설립되었다.

그들은 연구와 집필에 매진했다. …… 배려심과 부지런함으로 무장한 이들은 남들이 인정해주지 않아도 자신의 연구를 차분히 이어나가며, 소박하고 평화롭고 겸손하고 겸허한 마음으로 학문을 연구하고 열정적으로 발전시켰다. …… 학자들 가운데 가장 명민하다고 평가받는 이들이 선택되었고…… 그들은 젊은이들을 돌보며 그들의 학문과 성품을 연마시키는 일에 몰두했다. 《옥스퍼드의 옥스퍼드 책The Oxford Book of Oxford》의 〈머튼령Statutes of Merton〉에서 발췌, 잔 모리스Jan Morris, 1984.)

그래서 이후에 어떻게 되었을까? 일곱 세기 후에도 대학은 살아남았고 학자들의 커뮤니티는 더욱 번성했다. 교수법도 다양한 방식으로 발전했고, 커뮤니티의 형태도 튜터와 학생, 두 집단으로 분화되었다(물론 상급 학위 취득을 준비하는 대학원생 집단도 있지만 여기에서는 논외로 한다). 그리고 학생들의 실력 향상을 위해 대학이 일정 부분 책임을 져야 한다는 공론화된 생각이 학부 단위의 튜토리얼 시스템을 통해 구체화되었다.

이후 세월이 흐르면서 많은 변화가 있었다. 18세기에 이르러 급격히 찾아온 사회와 삶의 변화로 인해 많은 분야의 학문 연구가 위상을 잃기 시작했다. 그러자 튜토리얼 학습법의 존재 이유마저 의심받게 되었다(구두로 치러지는 평가시험 정도로 치부되기도 했다). 좋은 튜터도 많았지만 그렇지 않은 이들도 있었다. 옥스퍼드의 학부생은 대부분 사회적인 지위 상승을 위해 도처에서 모인 '겸손한 모범생'이었다. 18세기의 사회적 지향점은 '동시대의 영혼들에게Fellow of All Souls'라는 다음과 같은 시구에 잘 나타나 있다.

이 수도원들 가운데 서전트 박사가 있네
그는 세상의 마지막 패가 실패해도 새로운 세상을 열 사람

오리엘Oriel에 바치는 시도 있다.

여기 랜달 피터가 있네
그는 오리엘에 사는 대식가
죽음마저 삼켜버린
그는 이미 무엇에 물려버린 대식가

커다란 변화가 찾아온 것은 의회에서 대학 관련 조례를 개정한 19세기 중반이었다. 대학은 세계적인 수준으로 성장하며 지적인 혁신을 추구하는 교육기관으로 재편되고 있었고, 심화되던 계급구조는 점차 개선의 기미가 보이기 시작했다. 같은 시기에 과학은 학문으로서 체계화되었다. 1850년대에는 대학박물관University Museum을 세워 옥스퍼드에서 과학 연구의 밑받침이 되도록 했다. 이후 수십 년 동안 대학 내에서는 건축 붐이 일기도 했다. 대학의 과학 분야 연구 시설은 파크로드(공학)와 사우스 파크로드를 중심으로 다수가 생겼다. 지금은 이 지역 바깥으로 확장 중이다.

과학대학교

과학은 대학에 건물을 세우는 일보다 더 위대한 족적을 남겼다. 그리고 새로운 지향점을 향한 변화가 이어졌다. 대학은 어느 순간부터 하부조직으로 과학 연구기관들을 설립하고 튜터들을 모집하여 대학보다는 연구실에서 더욱 많은 연구를 수행했다. 대학들은 휘하의 단과대학들을 통해 학과 형태의 조직을 만들고 교수법을 발전시키는가 하면, 세부 전공 연구가 가능한 제도적 장치도 만들었다.

겉으로만 보면 오늘날 과학과 공학의 분야들은 초기 옥스퍼드 연합체와 큰 상관이 없다. 하지만 초기의 튜터들도 관련 산업이나 연구소들과 밀접한 파트너십을 가지고 연구비 확보를 위해 공동연구를 수행했다. 당시에도 많은 회사가 사설 연구소를 운영했기 때문이다. 다양한 대학 출신의 튜터들이 연합하여 연구단체를 만들어 강의하고 연구했으며, 이들이 다시 각 대학의 교수가 되어 자신들의 연구를 계승시켰다. 튜터들은 자신의 시간 대부분을 학과에서 보내는데, 대학 업무를 보는 것은 물론 점심식사를 하고 회의도 한다. 그리고 튜토리얼 시간이 되면 당신을 만난다. 당신도 튜터가 되면 많은 시간을 학과에서 보내게 될 것이다. 대학에도 중요한 일이 많기 때문이다. 당신의 튜터는 학과 공부는 물론 개인적인 대학생활 면에서도 지원과 조언을 아끼지 않을 것이다. 대학에서 학업의 기본이 된다고 알려진 강의보다 때로는 튜토리얼이 더욱 중요할 수 있다는 이야기는 주목할만하다. 당신이 만일 강의에 출석하지 않는다면 강의와 읽기를 통해 충족되는 얼마간의 지적인 만족을 맛볼 수 없을 뿐이다. 그런데 튜토리얼에 출석하지 않는다면 징계를 면할 수 없다. 학생이라는 신분을 유지하는 한 대학은 막강한 권한을 가지고 있으며, 그것은 사회적으로나 학문적으로 그러하다. 특히 인문학 분야 졸업생들에게 가장 애정 어린 감정을 느끼는 곳도 대학이다.

사회에서 벗과 우정을 나누듯 대학에서는 튜터와의 관계 맺음이 중요하다. 모든 대학에서 과목당 한두 명의 튜터를 둘 수 있고 필요에 따라서 추가 강의를 개설하여 튜토리얼과 강의를 병행하도록 한다. 입학 인터뷰 때 당신은 아마도 교수들과 함께 있는 튜터들을 보았을 텐데, 1학년과 2학년 때는 그들과 함께 학업을 이어가게 된다. 대학 규칙에 따라 학과에서 수시로 그들과 만나게 될 것이다.

학문의 영역이 전문화되면서 과학 분야의 교수법에도 많은 변화가 있었다. 예를 들어 공학 분야에서는 3, 4학년이 되면 수업 위주로 진행된다. 하지만 개인지도 방식도 결코 소홀히 하지 않는다. 대신 튜토리얼이 프로젝트를 주관하는 모임으로 변하기도 하는데, 당신의 튜터가 함께하기도 하지만 대체로 다른 대학의 튜터가 배정된다(프로젝트는 대학이 아닌 주제별 학생 모임으로 진행되기 때문이다). 하지만 어느 경우든 에세이는 당신의 옥스퍼드 생활의 첫 단추가 될 테고, 우리는 언제나 튜토리얼을 우선시한다.

'강의'의 가치

옥스퍼드의 어떤 학습과정도 강의로만 존재하지 않고 다양한 학습자료와 연계된다. 강의는 출발점에 지나지 않는다. 조리 있게 적힌 공지사항과 상세한 안내자료에는 학습법 및 평가법은 물론 여러 페이지에 기재된 참고도서목록도 첨부된다. 또한 연구자료나 시중의 활용 가능한 자료, 혹은 연구분석 예제와 관련된 자료를 제공하기도 한다. 그 자료들은 강사들의 협의체와 학부생을 대상으로 한 정규 설문조사를 통해 면밀히 검증된 것이다. 그런데 질문은 언제나 환영받지만 대략 백 명 이상으로 수강생 수가 많은 경우 불가피하게 질의응답이 원활하게 이루어지지는 못한다. 강사가 강의를 열심히 준비해도 학생들은 때로 강의실 뒷자리에 앉아 편하게 지식을 전해 듣기를 선호하기도 한다. 이러한 조건에서 학생들이 원하는 만큼 충분한 학습효과를 얻지 못한다고 하더라도, 강의자는 자신이 목표로 했던 바를 어느 정도 충족했다고 볼 수 있다. 지식을 전달하는 절차를 완수했기 때문이다. 아무리 성실한 학생도 제공받은 모든 자료를 강의시간 내에 자기 것으로 소화할 수는 없다. 요컨대 강의와 별도로 학생 자신이 스스로 학습하고 연구하는 시간을 별도로 마련하는 일은 매우 중요하다. 개인교습 형태로 이루어지는 학습은 자주 있지는 않고 대체로 당신이 옥스퍼드에서 생활하는 동안 일정 기한 내에 일주일에 두 번 정도 갖게 될 것이다(마지막 학년 때는 더 빈번할 것이다). 통상적으로 이루어지는 일반적인 강의들도 일정 수준 이상의 난이도일 것이다. 강의가 시작될 때 준비가 필요한 사항은 미리 공지될 것이다. 학기 중에 강의가 조기 종료 되는 경우에도 사전 공지가 있을 것이다.

튜토리얼은 다르다

튜토리얼은 사적인 모임이어서 대학이나 학과 내에 있는 튜터의 연구실에서 진행되는 경우가 많다. 튜터들은 당신과 지속적으로 만나며 개인적인 도움을 줄 것이다. 정기적으로 만나기 때문에 그들과 매우 친밀한 관계를 유지할 수 있다. 튜토리얼은 튜터와 학부생 사이의 친밀한 관계를 권장한다. 튜토리얼은 한 사람이 일방적으로 끝낼 수 없다. 구성원 모두가 적극적인 합의를 통해 제도를 운영하고 학습하고 참여해야 한다. 당신은 모든 튜토리얼에서 학습할 준비가 되어 있어야 하는데, 내용은 대체로 강의와 연관된다. 당신이 준비가 되어 있지 않으면 튜토리얼은 구성원 모두에게 시간낭비다. 당신이 준비하는 모든 과정이 강의 내용을 자신의 것으로 만들 기회 요소이다.

최상의 경우, 교육은 '축적'되는 것을 넘어서 지식을 '창출'하게 된다. 하지만 최근에는 그 어느 때보다 학력평가의 중요성이 화두가 되고 있고, 그것이 교육의 기초부터 상부에 이르기까지 가장 중요한 목표가 되어 교육 본래의 의미를 퇴색시키고 있다. '당신이 알아야 할 모든 것' 등의 이름을 딴 GCSE[General Certificate of Secondary Education, 영국의 중등교육 평가시험-옮긴이] 교육 개정 문제집이 떠도는가 하면, '당신이 몰랐던 스무 가지 사실과 공식' 같은 자료도 떠돌고 있다. 시험은 학생들의 이해도를 측정하고 학문의 지평을 넓히는 역할을 해야 하지만, 교육은 단지 운동을 열심히 하는 것과는 다르고 스무 가지 사실로 엄포를 놓을 만큼 급박하지도 않다. 하지만 이러한 인식은 대학에서도 그대로 드러나곤 한다. 물리학과(옥스퍼드는 아니지만, 그렇다고 해당 대학을 비난할 의도는 아니다) 학생들이 흔히 인용하는 전형적인 문구가 있다.

우리가 배우는 것은 공식뿐. 질문에 대한 답변이라고는 어떤 공식을 어떻게 적용할 것인가에 대한 것뿐이다. 우리는 이 분야에서 무슨 일이 벌어지고 있는지 이해할 기회조차 없다.

자신의 전공을 사랑하는 학자인 교수들이 학생들의 이러한 모습을 원하지는 않을 것이다. 하지만 여기에는 분명 문제가 있다. 당신은 지식의 전달과 지식의 이해 사이에서 어떻게 균형 잡을 것인가? 학생들이 제기하는 다양한 의견은 날카로운 반성의 시선이 되어 이따금씩 튜터 자신의 연구에도 도움이 될 것이다. 이것은 반드시 필요한 과정이며, 상호 분석과 이해는 서로의 성장에 도움이 된다. 하지만 튜토리얼의 최종 목적은 제기된 문제에 대한 해결책을 모색하는 일이 아니다. 튜토리얼은 어떤 대상의 외관부터 그 핵심에 이르기까지 그것이 무엇인지 깊이 이해하는 데 그 목적이 있다. 튜터는 질문을 던지고, 토론을 이끌어내고, 학생들이 학습 방법론을 익히고, 개념을 이해하도록 돕는다. 하지만 그 과정에서 당신에게 요구되는 노력을 과소평가해서는 안 된다. 그 모든 과정은 결코 쉬운 일이 아니기 때문이다.

단지 튜토리얼에 참석하는 것만으로는 충분하지 않다. 당신이 충분히 이해하지 못하는 문제들의 해결책을 반드시 모색해야 한다. 튜토리얼에서는 학습에 필요한 기본 자료가 제공될 수도 있고, 일정한 기술이 전수될 수도 있다. 하지만 당신이 해결하고자 하는 문제에 충분히 준비하지 않고 다각적인 노력을 기울이지 않는다면 당신은 튜토리얼에서 무엇을 질문해야 할지 알 수 없고, 제시되고 논의되는 자료에 관해 충분히 토론할 수 없다. 때로 모든 역할이 잘 수행된다고 해도 튜토리얼은 본래 보충수업이 아니다. 정보를 전달하기 위한 모임도 아니다. 강의와 당신의 읽기가 튜토리얼을 완성한다. 튜토리얼은 학업을 이해하려는 당신을 돕고 그 이해의 지평을 넓히는 데 그 목적을 둔다.

품질관리

튜토리얼은 품질관리 개념으로 쉽게 통제되지 않는다. 튜터들의 성향도 가지각색이고, 구성원 각각의 개성으로 인해 공산품처럼 표준화될 수도 없으며, 관료주의의 획일적인 교육방침과도 다르기 때문이다. (일부 교수들을 제외하면) 옥스퍼드에서 당신을 가르치는 교수와 연구원 들은 정식 교원이다. 당신이 주로 같은 대학 소속의 튜터를 만난다고 해도, 때로는 다른 대학의 튜토리얼에 참여하거나 박사 후 과정, 혹은 학부생들과의 유대관계를 형성하는 데 능한 연구 과정 학생에게서 가르침을 받을 수도 있다. 당신의 튜터는 방금 임명되었을 수도 있고, 여러 해의 경력을 가지고 있을 수도 있다. 그는 자신의 연구 분야에서 세계적인 지식인으로 성장할 가능성도 있다. 그는 자신의 전공 분야를 가르치며 학문의 놀라운 깊이를 보여줄 수도 있고, 여러 과목을 아우르며 그것을 하나의 주제로 엮어 가르칠 수도 있다. 당신은 같이 공부하는 튜터의 사소한 습관이나 개인적인 장단점을 알게 될 것이고(그것은 튜터의 입장도 마찬가지다), 당신은 이러한 점을 활용하여 학습효과를 극대화할 수도 있다. 튜토리얼은 배움의 기회이지 튜터의 지식을 전수받는 자리가 아니다. 당신이 만일 진지하게 관심을 가지고 책임감 있는 자세로 학업에 임한다면 튜터 또한 같은 자세를 보여주며 자신이 가진 최대치를 보여줄 것이다. 그렇지 않다고 해도, 학생의 질문에 모든 튜터들은 성심성의껏 답변해줄 것이다.

튜터들에게 가장 힘든 부류의 학생은 말도 하지 않고 진행 중인 학기의 학과목 공부도 소홀히 하는 학생이다. 학업에 확신이 없는 학생이 그러한 경우가 있는데, 이들은 시간이 지나고 튜터와 친밀해질수록 상황은 개선된다(드물기는 하지만 자신이 훨씬 우월한 지위에 있다고 착각하는 학생도 있다). 하지만 대부분 개인적인 나태함이 원인인 경우가 많다. 그러한 학생은 경고를 받게 되는데, 튜터들은 상황이 나아지지 않으면 학습을 중단할 수 있으며, 만일 학업 준비를 계속 소홀히 하며 자신의 책무를 다하지 않는다면 대학 차원의 처벌이 뒤따를 수도 있다는 사실을 알려준다.

전통적으로 옥스퍼드의 튜터는 다방면을 두루 아우르는 제너럴리스트였다. 이러한 경향은 대학 형성 초기에 두드러졌고 특히 학업평가 방식이 마련되지 않았던 시절에 더욱 그러했다. 하지만 오늘날의 학문에 있어서 그렇게 되기는 사실상 불가능하다. 1학년 때는 한 명의 튜터가 과정의 절반을 살펴주지만 시간이 지날수록 특정 과정을 위해 추가로 튜터가 배정될 수 있다. 학생은 튜터에게 원하는 것을 요청할 수 있다. 튜터는 학과 토론에 필요한 자료를 검토해주고, 구체적인 부분을 지목하며 검토가 필요한 사항들을 알려주기도 한다. 참고도서목록을 제시하기도 하고, 핵심 개념들을 설명해주기도 한다. 때로는 전문적인 분야가 아닌 경우 문제에 대한 구체적인 접근법을 제시해주지 않기도 한다. 개인적으로는 튜터의 질문이 나만 어려웠다는 것이 아니라는 사실을 알고 매우 안도했다. 19세기 후반에는 자연과학과 관련하여 다음처럼 회자되는 말이 있었다.

시험관: 전기가 무엇입니까?

응시자: 아 교수님, 무엇인지 분명히 배웠는데……. 지금은 생각이 안납니다.

시험관: 안타깝군요. 전기가 무엇이지는 지금까지 두 사람만이 알고있더군요. 《네이처Nature》의 저자와 당신 둘뿐입니다. 그런데그중 한 사람이 그것을 잊어버렸다고 하는군요.

(팰코너 마단Falconer Madan, 《옥스퍼드 이모저모Oxford Outside the Guide Books》, 1923.)

어떤 실질적인 효과가 있는가?

튜터들은 자신도 해답을 알지 못하는 질문을 학생에게 던질 수 있다(물론 시험을 치를 때는 그렇지 않다)! 때로는 학부생이 제기한 질문으로 인해 논의 내용이 전혀 다른 방향으로 향하기도 하는데, 그에 대해 논의하는 것도 재미있고 유익할 수 있다. 튜터가 모든 것을 알고 있다고 단정해서는 안 된다! 때로는 학습 방향이 예상치 못한 쪽으로 나아간다고 해도 학부생이 제기한 사유의 흐름을 따라가 보는 것도 재미있고 유익하다. 튜터가 모든 것을 알고 있다고 단정해서는 결코 안 된다!

가르치는 행위는 일정한 관계를 전제로 한다. 하지만 튜토리얼의 경우 학과나 강의 차원이라기보다는 개인적인 인간관계에 의존하는 경향이 있다. 튜토리얼이 가장 효과적일 때는 튜터와 학생 모두 도전정신이 충만하고 실패를 두려워하지 않을 정도로 편안한 마음가짐을 가질 때이다. 이것이 강의보다 훨씬 더 큰 강점인데, 강의의 규모는 너무 크고 구성원이 자주 바뀌기 때문에 서로 잘 알기 어렵기 때문이다.

튜토리얼에 대해서도 다양한 평가가 나올 수 있지만 학생들은 최소한 부정적인 의견을 보이지는 않는다. 나와 함께했던 학생들은 두 가지 이유 때문이었다. 두 메시지는 매우 분명했다.

- 일 년 동안 열심히 공부하게 한다. 시험 때문만은 아니다. 오랜 시간 스스로 한결같은 마음자세를 혼자서 유지하기는 매우 힘들다.

- 문제를 조기에 해결할 수 있다. 초기에 학업의 윤곽을 그려야 하는데, 초입에 어려운 내용에 막혀 의욕을 상실하는 부작용을 막을 수 있다.

옥스퍼드 초기에 튜터들은 자신의 학생들을 매일 만나 학과 수업 내용을 검토하고 토론했다. 감리교의 창시자 존 웨슬리John Wesley는 1730년대에 남긴 어느 글에서 가르침에 헌신한 이후 한시도 몸가짐을 소홀히 할 수 없었다고 했다.

일요일을 제외한 모든 시간에 학생들을 가르치지 않았다면 나는 노상강도보다 조금 나은 사람이 되었을 것이다.

8주라는 기간도 의미 없다! 매우 솔직한 학생이었음이 분명한 카디널 뉴먼이라는 학생은 1817년에 이런 글을 남기기도 했다.

나는 매우 열정적인 마음으로 대학에 갔으며 그곳에서 오로지 학문을 연구해야겠다는 생각뿐이었다. 그런데 막상 대학생이 되자 생각했던 것과 같이 튜토리얼이 큰 도움은 되지 않았다…….

최근에는 튜토리얼 규정이 개인을 심하게 통제하지도 않고, 대학 생활의 행복한 균형을 위해 대학에서 많은 도움을 준다는 사실에 당신은 안도감을 느낄지도 모른다. 당신은 일주일에 하나, 혹은 두 개의 튜토리얼에 참여하게 될 것이다. 전통적인 튜토리얼에는 한 명

의 학부생이 더 참여하니, 그 학생은 말하자면 튜토리얼 파트너이
다. 튜터를 포함하여 세 명이 모이는 형태가 가장 효과적이기 때문
이다. 그 튜토리얼 파트너와의 관계가 잘못되거나 튜토리얼 안에서
그룹이 나뉘는 경우는 거의 없다. 두 학생이 함께 공부하는 튜토리
얼 제도를 통해 학생들은 자신의 질문에 답을 얻을 수 있지만, 동
시에 파트너의 질문에 자극을 받아 토론에 더욱 활발하게 참여하
게 된다. 두 사람은 해법을 찾기 위해 난상 토론을 벌이고 이러한
과정을 겪으며 공통의 목표를 향해간다. 때로는 튜터가 해결책을
제시하고 관련 자료에 대해 설명해줄 것이다. 때로는 당신에게 그
역할을 하라고 요청할 것이며, 때로는 당신의 파트너가 제기한 문
제의 해답을 당신이 찾아야 할 수도 있다. 어떤 주제에 대해 당신이
정말로 이해했는지 가늠해보는 방법은 그것을 타인에게 설명하는
일이기 때문이다! 시간이 나면 대학의 같은 학년 학생 모두와 함께
이러한 방법을 사용해볼 수도 있다. 물론 오랜 시간이 걸릴 것이다.
튜토리얼 시스템은 학부생들끼리 돈독한 관계를 만들도록 돕기도
한다. 함께 공부하다 보면 서로에게 도움이 되는 경우가 많기 때문
이다.

앞으로는 어떻게 될 것인가?

튜토리얼에는 많은 장점이 있지만 시간과 금전상의 제약이 따른
다. 기부금은 대체로 연구 성과와 비례하기 때문에 대학은 연구 자

금 유치에 많은 부담을 느낀다. 튜터들 또한 연구와 재정상의 책임을 동시에 요구받는 것이 현실이다. 외부 자금을 유치하는 에이전시들은 학문 연구에 책임이 없다. 하지만 당신의 튜터들은 개인적인 책임은 물론 대학과 학과 사이에서 자신의 역할을 수행하느라 곤란을 겪기도 한다. 때로는 튜터들도 필요한 준비를 끝마치지 못한 채 튜토리얼에 임하기도 하고, 때로는 늦은 오후 시간을 힘들게 버티기도 한다. "항구에서 보내던 평화로운 나날들은 가버리고, 나는 지금 옥스퍼드의 교수라네"라는 시구가 담긴 시가 1894년 〈옥스퍼드 매거진〉에 실린 적이 있다. 우리들은 대부분 백 년 전에 쓰인 이 글귀에 공감하며 산더미처럼 쌓인 평가 자료와 대학 성적표, 혹은 연구관리 자료 등에 파묻혀 지낸다.

하지만 우리는 아직 튜토리얼을 매우 중요하게 생각한다. 우리는 당신과 함께하는 시간을 기쁘게 여기고, 소그룹에서 만나 서로를 알아가는 일을 즐긴다. 우리는 당신이 옥스퍼드에서 지내는 동안 학문적인 도움을 주는 것은 물론 개인적인 조언도 아끼지 않을 것이며, 궁극적으로 당신이 성장해가는 모습을 보고 싶다. 한 사람의 스승으로서 우리는 당신이 "네! 이제 이해하겠어요"라고 말하는 그 순간을 정말 소중하게 생각한다. 우리가 당신에 관해 가지고 있는 틀에 박힌 모습이나 선입견을 깨주는 일도 좋다. 잔을 치켜든 학부생 칵테일파티나 저녁 모임에서 썰렁한 농담을 주고받는 동안 말이다. 학문을 더 연마한 우리는 온갖 내기 게임에서 당신들보다 우월한 실력을 보여주겠지만, 행정의 끊임없는 간섭에 대응하는 데 필요한 유대관계를 만들기 위해, 혹은 늦은 오후 네 번째 시간에

풀리지 않는 문제를 해결하기 위해 애쓰는 서로를 위해 우리는 화합해야 한다. 당신이 오랜 세월 뒤 확신과 책임감으로 무장한 기성세대가 되어 나타나 우리가 다시 만나서 혼란과 두려움을 가득 안고 이곳에 도착했던 신입생 시절에 관해 당신이 추억할 긴 세월 뒤 그날을 우리는 학수고대한다. 학문에 정진하여 우리의 관리 범위를 훌쩍 벗어난 과학자나 공학자가 된 당신과 함께 같은 테이블에 앉아서 과학과 공학 이론에 관해 토론을 나눈다면 우리에게 진정한 기쁨이 될 것이다.

하지만 튜터들의 가장 큰 특권은, 우리가 매료되었던 학문의 작은 주제를 당신과 함께 이야기 나누다가 훗날 이곳 옥스퍼드에서 스스로 연구하는 학자가 될 당신의 모습을 지켜보는 일이다.

그리고 마지막 조언

옥스퍼드 대학의 학장이 대중강연을 마쳤을 때 어느 숙녀가 다가와 이렇게 호소했다.

"학장님, 멋진 이야기 감사합니다! 말씀하신 이야기는 제가 오랫동안 고민하던 부분이었습니다."

학장이 대답했다.

"이제 궁금한 것이 해소가 되었나요?"

그녀가 대답했다.

"꼭 그렇지는 않아요. 이제 고차원적인 부분에서 혼란스러워졌거

든요!"(《이 유적지에는 사람이 살고 있었다These Ruins are inhabited》, 뮈리엘 비어즐리 Muriel Beadsley, 1963.)

혼란은 결코 좋은 것이 아니다. 어떤 상황에서도 그것을 받아들일 수 없다. 개인적인 친분과 교감은 매우 중요하지만 모호한 관계가 되어서는 안 된다. 수많은 방해요소가 튜토리얼을 억압할 수 있지만, 튜터와 학생이 모여 학문을 연마하고 토론하는 일은 우리가 모두 동의하는 좋은 학습법이며, 그것은 어떤 형태로든 살아남을 것이다. (표기되지 않은 인용들은 모두 다음 책에서 발췌.《옥스퍼드에 관한 옥스퍼드 책》, 잔 모리스, 1984.)

8

영어: 공공의 기업

엠마 스미스 Emma Smith, 허트포드 칼리지, 영문학 펠로

아마도 직업병 때문이겠지만, 나는 영문학 튜터로서 튜토리얼 교수법이 시행되는 영문학 수업을 좋아한다. 튜터인 우리는 꽃다발을 안겨주거나 조언하듯 튜토리얼 수업을 '전달해야' 할까, 혹은 택배처럼 튜토리얼을 '배달해야' 하나, 혹은 학생들에게 강의하듯 튜토리얼을 '가르쳐야' 하나? 무어W. G. Moore가 회상하듯 1930년대에는 일상적인 모습이었던, 감미로운 침묵 속에서 책장을 넘기며 심각한 표정을 지으며 '스티븐이 닥터 디[Dr. Dee, 16세기의 과학자이자 수학자, 마술사—옮긴이]와 셰익스피어를 읽는' 모습이라도 연출해야 할까? 혹은 병원 진료를 받듯 튜토리얼에 참석해야 한다고 학생들에게 지시해야 할까? 어떤 면에서 우리는 이미 그렇게 말하고 있지는 않은가? 반대로 학생 입장에서 튜토리얼은 (비타민이나 독감처럼) 몸으로 경험하는 것인가? 아니면 튜토리얼은 (참석하지 않으면 안 되는 수동적인) 모임인가? 케임브리지 대학교에서는 튜토리얼을 '감독supervision'이라고

부르는데, 조금 더 방관적이고 동시에 조금 더 규제하는 방식을 제시한다. 한번은 내가 새로운 학생을 만나기 위해 게시판에 다음과 같은 문구를 적어 붙인 적이 있다. '이번 학기에 크리스토퍼 말로[Christopher Marlowe, 영국의 극작가–옮긴이]를 같이 공부할 사람을 찾고 있습니다.' 이 문구는 매우 모호해서, 글을 쓴 사람이 놀라울 정도로 학업에 열의가 있어 튜터를 구하려는 학생의 글로 보일 수가 있었다.

하지만 그 모호함에도 나는 누군가에게 간택받았다. 그 문구가 좋은 튜토리얼 학습의 의미를 잘 표현했기 때문이 아닐까 생각한다. 나는 공동의 노력과 과정, 활동을 통해 학생으로서든 튜터로서든 내가 경험해본 가장 열정적인 튜토리얼을 만들어내리라는 의지를 그 문장에 담아냈다. 튜터와 학생(들)은 튜토리얼 기간 동안, 텍스트를 해석하는 과정에서 서로 다른 의견을 취합하고 발전시키는 보편적이고 일반적인 안목을 기르고 학생 개개인이 가진 특별한 강점과 발전 영역에 따라 개인적인 학생의 연구를 확장하는 구체적인 작업에 참여해야 한다. 튜토리얼은 언제든 의견이 엇갈릴 수 있고 또한 그래야만 한다는 점에서 매우 역동적인 활동이다. 어떤 튜토리얼도 같을 수 없고 어떤 튜터도 그것을 허락하지 않는다. 이러한 점에서 나는, 선배 교수들이 지금까지 이야기했던 바이기도 하지만 동시에 나의 개인적인 깨달음이기도 했던 튜토리얼의 고유한 장점을 한 명의 튜터로서 이야기해보고자 한다. 물론 나의 수업에서도 이것이 그대로 이루어지기를 바란다. 또한 튜토리얼이 언제나 기대하는 만큼 성공하는 것은 아니라는 사실에 대해서 그 이유를 들어보고, 이에 대해 학생들이 더 책임감을 가지고 활동에 참여하기를 바라는 바람을 담아보고자 한다. 이 모든 제안이 학생들이 자신의 능력을 끌어올리고 튜토리얼을 발전시키는 데 도움이 될 것이다.

튜토리얼은 기본적으로 고등교육을 통제하려는 압박이나 교수법을 획일화하려는 각종 법규에 반대한다. 튜토리얼 내에서도 학생들에게 요구하고 제안하는 사항이 저마다 다르다. 어떤 튜터는 사전에 에세이를 요구할 테고 어떤 튜터는 한 학생이 써온 에세이를 읽으면 다른 학생이 에세이를 제출하는 형식을 유지할 것이다. 어떤 튜터는 학생이 많고 규모가 큰 튜토리얼을 선호할 수 있다. 어떤 튜토리얼에서는 이미 끝마친 작품들을 다시 검토할 때, 다른 튜토리얼에서는 아직 진도가 미진하여 그것들을 훗날 다룰지도 모른다. 어떤 튜터는 학생들의 과제를 두고 토론을 벌일 테고, 어떤 튜터는 그 과제를 폐기하고 새로운 가능성을 시연할 것이며, 어떤 튜터는 학생들의 과제를 논쟁의 시작점으로 삼을 것이다. 어떤 튜터는 학생들의 과제에 대해 자신의 생각을 논하지 않을 것이며, 어떤 튜터는 조금도 굽히지 않으며 신랄하게 평가할 것이다. 어떤 튜터는 커피 한 잔을 마시면서 연구주제와 관련 없는 잡담을 즐기려 할 테고, 어떤 튜터는 가능하면 학습주제와 연관된 이야기만 하려고 할 것이다. 어떤 튜터는 자신이 제시한 틀에서 수업을 진행하려 할 테고, 어떤 튜터는 학생이 스스로 과업의 범위를 설정하도록 할 것이다. 당신은 대학의 내부는 물론 외부에서도 튜터를 구할 수 있다. 당신은 한 학기 동안 교수들에게 가르침을 청할 수도 있고, 원한다면 박사학위 취득 직전의 대학원생에게 배울 수도 있다. 때로는 학생 혼자 연구에 착수할 수도 있고, 때로는 두 명이, 혹은 드물지만 셋 이상이 모여서 연구할 수도 있다. 그밖에도 학습법은 수없이 많다. 튜터들은 무엇보다 학생의 개인적인 성향에 집중한다. 학생들에게 최고의 튜토리얼이나 최고의 튜터의 성향에 대해 물어본다면 언제나 다른 답변을 들을 것이다. 다양성은 옥스퍼드 튜토리얼 제도의 고유한 특성이며 또한 위대한 장점이지만, 동시에 잠재적인 단점의 요소가 되기도 한다. 당신도 다른 튜토리얼보다 특히 더 많은 것을 얻고 더 즐거웠던 튜토리얼을 꼽을 수 있을 것이다.

내가 진행했던 튜토리얼을 기억해본다면, 대체로 다음과 같은 부분에 중점을 두었던 듯하다. 물론 이 모두를 실천했던 것은 아니었지만 참고해볼 가치는 있을 것이다.

- 학생들에게 개별적으로 응대한다. 이것의 긍정적인 측면은, 학생들은 저마다 자료를 읽고 연구하는 방식이 다르기 때문에 학생 스스로 학문적 확신을 가지고 자신의 학습법과 지식을 계발하도록 도울 수 있다는 점이다. 반대로 학생들이 유난히 어려워하는 부분이나 취약한 부분이 각자 다르기 때문에 문맥이나 에세이의 구조를 통찰하는 능력이 필요하며, 잠재력을 펼치도록 그들의 학습에 지속적으로 개입해야만 한다는 부정적인 측면도 있다.
- 학생들이 튜토리얼에 임하면서 드러내는 학업적 습성과 학습법을 파악해야 한다. 이를 위해 어떻게 해당 결론을 도출했는지 학생들이 읽은 자료들을 검토하고, 어려운 난관이나 문제점에 봉착하지 않았는지 살피고, 그들이 수강하는 강의나 수업에도 관심을 가지

며, 효과적이고 재미있는 더 좋은 방법은 없는지 학생들과 논의한다.

- 학습주제에 대해서 마치 내가 모든 것을 알고 있는 듯이 말하기보다 내가 그 주제에 대해 얼마나 관심이 있고 열정을 가지고 있는지 보여주어 학생들의 지적 욕구를 북돋아준다.

- 튜토리얼 수업에서는 어딘가에서 가져온 자료를 논평하는 단순한 방법보다는 논의와 토론과 사유를 촉진시키는 방법을 사용한다.

- 이전에 학습한 내용과 앞으로 배울 내용의 흐름을 파악하도록 한다. 이를 통해 학습주제를 보편적인 관점에서 이해하고 아울러 구체적인 논점들도 파악할 수 있다.

- 튜토리얼을 더욱 광범위한 배움의 지평으로 확장하기 위해 교수의 강의는 물론 개인적인 연구를 통합하는 등 서로 다른 교수법과 학습법을 총체적으로 활용한다.

- 다음 모임의 일정과 공동의 목표를 논의한다.

- 학생들이 보는 시험 등의 평가에 필요한 지식을 알려준다. 이것은 대학생활의 균형을 맞추는 일이다. 튜토리얼이 평가시험에 필요한 지식을 가르치는 곳이 되어서는 안 된다고 생각하지만, 튜토리얼에서 논의하는 내용과 평가시험이 요구하는 지식이 너무 동떨어져서도 안 된다. 옥스퍼드에서 영문학으로 학위를 취득하는 데 가장 중요한 점 중 하나는 문학의 범위가 매우 방대하다는 점이다. 3년은 최종 평가시험을 통과하기 위한 준비기간이 아니고 읽고 생각하는 힘을 기르는 시간이다.

이 책의 부제[원서의 부제는 "감사합니다, 선생님은 제게 생각하는 방법을 가르쳐주셨어요"이다 -옮긴이]에도 불구하고, 내가 학생들에게 생각하는 방법을 가르쳤는지에 대해서는 확신할 수 없다. 나는 단지 학생들-그리고 나 자신-이 생각의 범위를 넓히고, 더 높은 곳에 도전하고, 자신에게 확신을 가질 수 있도록 튜토리얼의 환경을 만들어보고자 노력했을 뿐이다.

물론 때로는 수업이 나와 내 학생들이 생각했던 방향으로 나아가지 않는다. 나는 내가 앞장서서 말하느라 학생들에게 이야기할 시간을 주지 못한 적도 있다. 타인의 말에 귀를 기울이는 일은 튜토리얼에 참여하는 학생과 나 모두에게 가장 필요한 덕목이다. 때로는 학생들이 그 날 학습에 충분한 준비를 하지 않았다는 생각이 들고, 때로는 내 질문에 답하는 것보다 논란의 여지가 많은 주제를 논하는 데 더욱 관심이 있다는 사실을 발견하기도 한다. 때로는 학생들이 과제를 기한 내에 끝마치느라 기진맥진해 있고, 그러한 날은 학생들이 잠을 보충하는 편이 낫다 싶어 일찍 끝마치기도 한다. 때로는 함께하는 두 학생이 잘 어울리지 않는 듯 보여 공동의 노력이 필요한 학습을 제시해주기도 한다. 학생의 입장에서는 에세이를 방금 끝마친 뒤 맞이하는 튜토리얼에 매우 불만이 있을 수 있다. 만일 관련 내용을 튜토리얼에서 미리 논의했다면 훨씬 만족스러운 에세이를 제출할 수 있었을 테니 말이다. 나는 학생들의 과업에 등급을 매기려 하지 않는다(물론 그에 대한 피드백은 최대한 자세히 주고자 하지만 말이다). 그런데 이러한 방식은 학생들이 자신의 이해 수준을 계측할 방법이 없다는 단점을 보이기도 한다. 나에게 튜토리얼이란 학생들이 표준적인 지식에 접근하도록 하기 위해 단계별 성취도를 평가하고 더욱 높은 수준의 과업을 완성하도록 독려하는 일이 아니다. 그보다는 학생이 도달하려는 지식의 표준이 무엇이든 상관없이 각자의 과업을 이루는 동안 일정한 발전 경험을 맛보도록 하는 일이다. 학생들의 학업을 진전시키도록 돕는 일은 설사 그것이 낮은 수준의 과정이라고 해도 매우 중요하다.

그렇다면 학생들은 자신의 튜토리얼을 더욱 향상시키기 위해 무엇을 할 수 있을까?

- 열심히 준비하고 적절히 휴식을 취해 튜토리얼을 통해 에세이를 검토하고 토론하는 집중적인 학습시간으로 만들도록 한다. 만일 당신이 충분히 준비되지 않았다면 그 사실을 인정하고 결과를 받아들이는 편이 최선이다. 당신이 습관적으로 그렇게 하지 않는 이상 튜토리얼 학습의 관계망이 일시에 붕괴하는 일은 없을 것이다(다음 주 학습에는 참여하기가 힘들 테지만 말이다).

- 텍스트와 연관된 자료나 노트를 항상 소지하여 튜토리얼에서 참고 자료로 활용해야 한다. 펜과 노트는 반드시 필요하다. 이를 통해 발전적인 토론을 할 수 있고 여러 제안을 할 수도 있다. 튜토리얼은 심문하는 자리가 아니다.

- 일반적인 방법은 아니라고 할지라도, 일련의 논점과 질문사항, 논쟁거리 등을 미리 준비해 튜토리얼 시간에 활용한다면 튜토리얼 논점의 방향을 원하는 쪽으로 이끌 수 있다. 수동적으로 참여하기보다 능동적인 자세로 튜토리얼의 주도권을 쥔다면 시간을 허비하는 일

도 막을 수 있다.

- 튜터의 이야기는 물론 튜토리얼에서 제기되는 다른 학생들의 의견에도 귀 기울이고 관련 내용을 파악하여 미심쩍은 부분을 질문하고, 내용 전체를 주지해야 한다. 튜터들은 대부분 자신의 의견을 중요하게 생각하지만 우리 각자의 의견도 존중받아야 한다. 저마다 자신의 전문분야를 연구하고, 지식을 얻고, 논쟁하는 과정에서 우리는 함께 어울리고 교류하며 토론해야 한다.

그런데 중요한 것은 튜토리얼이 옥스퍼드가 제공하는 유일한 교육이 아니라는 점이다. 튜토리얼은 다양한 형태로 존재하는 학습법의 일부일 뿐이므로 학생들은 여러 학습법을 최대한 활용해야 한다. 영문과 학생이라면 당신은 많은 시간 개인적으로 학습하고 도서관에서 자료를 찾아서 읽고 고민해야 하며, 과목별로 노트를 만들어 정리해야 한다. 많은 사람을 만나고 그들의 다양한 생각을 들어보는 일도 소홀히 할 수 없다. 강의를 통해서 당신은 해당 교과목에 관한 중요한 이론들을 배울 수 있고, 분야의 전문가에게서 학문의 최신 경향을 들어볼 수 있다. 당신은 일정 기간 전공과목을 공부하면서 광범위한 지식을 얻을 수 있고, 개인적인 연구를 통해서도 많은 이론을 접할 수 있다. 강의시간에 언급된 주제나 의문점, 혹은 각종 텍스트를 튜토리얼 시간에 자세히 논의해볼 수 있다. 일부 교수들의 강의는 다른 대학 학생들과 함께 수강할 수 있으니 그들과 소그룹을 만들어 특정 주제에 대해 의견을 나누어볼 수 있다. 학생회 모임이나 서점, 사교 모임 등에서 학문의 최신 경향을 보거나 들을 수도 있다. 당신의 대학도 여러 형태의 학습 지원 프로그램을 마련하고 있을 수 있다. 튜토리얼을 비롯한 다양한 제도적인 장치를 통해 새로운 정보와 지식을 신속히 받아들이고, 이로써 학문의 시의성과 다양성을 보완하여 학생들에게 홀로 연구하는 경우보다 더 효과적인 학습의 장과 소통의 창구를 제공받을 수 있다.

이처럼 복합적인 학습 환경에서, 튜토리얼은 영어권 대학 내 학부교육의 윤리적 학풍을 배양하는 가장 중요한 수단이다. 튜토리얼은 학생들의 문학적 소양을 계발하고 토론하고 방어할 뿐 아니라, 개인의 취향에 맞는 고등 학문을 연구하는 쉽지 않은 기회를 제공한다. 당신이 옥스퍼드에서 공부하는 동안 다양한 튜터와 만나 다양한 분야의 학업을 마음껏 수행하기를 바란다.

9

정치와 철학의 완성

앨런 라이언 Alan Ryan, 뉴 칼리지, 정치학 펠로 역임 후 학장 역임

소크라테스는 소크라테스가 아테네에서 가장 현명하다는 사람들의 말에 웃음을 터뜨렸다. 그는 자신이 그렇지 않다고 생각했던 듯하다. 주변 사람들의 생각과 달리 그는 진심으로 자신이 무지하다고 생각했다. 그가 확신할 수 있는 지식은 이 한 가지였다. 아무도 스스로 무지하다는 사실을 몰랐지만, 그는 이 사실을 알고 있다. 이것은 매우 역설적인 논리였고, 그래서 다른 누구도 아닌 소크라테스 자신에게 재앙이 되었다. 아테네인들은 신神에 대해 자신들과 매우 다른 입장을 보인 소크라테스를 재판에 넘겨 신성모독의 혐의로 사형에 처했다.

오늘날 정치학이나 철학을 가르치는 일은 고대시대에 비해 위험하지 않다. 이러한 과목을 공부하는 일도 마찬가지다. 하지만 학문 내용이나 교수법에서는 매우 복잡한 문제가 발생한다. 어떤 대학에서 가르치며 어떻게 가르치는가에 대한 문제뿐 아니라, 최근 대

학들의 정치학, 철학의 과목의 교수요목은 40년 전은 말할 것도 없고, 10년이나 15년 전과 비교해도 크게 달라졌다. 옥스퍼드의 강의에도 그만큼 큰 변화가 있었다. 이 글은 PPE[철학, 정치학, 경제학을 말한다-옮긴이] 과정 안내문이 아니라 학생들의 대학생활에 필요한 정보를 주기 위한 조언일 뿐이다. 하지만 나는 이 기회를 빌려 과도기에 처한 대학교육 일반에 대한 개인적인 생각을 조금 말해보고자 한다. 또한 어떤 이들이 황금기로 생각했던 과거의 한 시절을 다른 이들은 왜 암흑기로 여겼는지에 대해서도 생각해보려 한다.

1960년대의 완벽한 어느 PPE 학생을 상상해보자. 1960년대 옥스퍼드의 영어영문학과나 수학과, 혹은 프랑스어나 라틴어 전공학과들은 오대일의 비율로 남학생이 여학생보다 많았다. 그 '남학생'은 아마도 사립학교나 정부지원학교direct grant 등의 전통 있는 중등학교를 우수한 성적으로 졸업했을 것이다. 그는 영어학과 영문학, 수학, 프랑스어, 라틴어 등 다섯 과목의 O레벨[영국의 과목별 중등교육 평가시험을 말한다-옮긴이]에 합격한다. 그는 A레벨[Advanced Level, 명문대 진학에 필요한 고급과정이다-옮긴이]을 수강하지 않을 것이다. 지난겨울 A레벨을 신청하기 전에 입학 장학금을 받았다면 A레벨의 강의를 건너뛰었을 것이기 때문이다. 장학금을 받은 후 그는 최대 다섯 학기 동안 교내에서 지낼 수 있을 테고, 그동안 폭넓은 독서를 하고 작법을 배우고 학교 토론모임을 운영하고 문학적 소양과 연구 능력을 갈고닦을 것이다. 그가 학부과정 첫 학기에 형식논리학을 수강하면 잠시 의기소침하겠지만, 자신에게는 더욱 명료한 사고와 담대한 마음이 필요하다는 사실을 깨닫고 수업시간에 제시받은 작은 증명을 바로 끝내 버릴 것이다. 그런데 이것이 수업과 튜토리얼에서 시행착오를 보였던 그 완벽한 학생의 교육 경험이라고 할 수 있다.

튜토리얼 수업에서 그 완벽한 학생은 완벽한 튜터를 만날 수도 있고 그렇지 않을 수도 있지만, 그것은 큰 문제가 되지 않는다. 그 완벽한 학생은 플라톤 대신 투키디데스Thucydides를 읽어왔고, 토마스 아퀴나스Thomas Aquinas보다는 중세사를 공부했다. 또한 인간의 감각이 본질적으로 기만적인지, 혹은 '코기토[cogito, '생각한다. 따라서 나는 존재한다'를 약칭한 단어-옮긴이]'를 논한 르네 데카르트René Descartes의 말이 옳은지 질문받는다. 그는 소크라테스의 대화편에 등장하는 대화자들처럼 자신의 대답이 논리적인 오류를 포함하고 있다는 사실에 당황한다. 이때 튜터라는 구원자가 등장한다. 자신이 쓴 에세이를 검토한 뒤 부족함을 느낀 그는 즉시 튜터가 조언한 대로 에세이를 다시 쓰기 시작한다. 이것은 학문에 접근하는 좋은 방법일 수 있지만, 동시에 스스로 해법을 찾기보다는 누군가에게 의지도록 하여 혼란을 더하는 방식일 수도 있다. 지적인 혼돈과 의심, 그리고 갑자기 솟구쳐 오르는 영감을 두루 경험하며 그는 우리가 알 수도 없는 주제로 에세이를 작성하며 주어진 3~4일을 보낸다. 이처럼 힘겨운 경험은 교육적인 효과를 거두는 데 부족함이 없다. 그 완벽한 학생은 2학년 학생의 에세이를 모방하지는 않을 것이다.

학생이 튜토리얼에 참여하는 모습을 상상해보자. 1960년에는 튜터와 학생이 일대일로 만나 공부를 했다. 학생은 재킷을 입고 타이를 매고 가운을 걸친다. 매무새가 정교하지는 못해도 정확한 복장을 갖추어 입어야 한다. 이제 학생의 운명은 신이 아닌 튜터의 손 위에 놓여 있다. 그가 완벽한 튜터를 만난 모습을 상상해보자. 그 불가능에 가깝도록 완벽한 존재는 몇 가지 특징이 있다. 어떤 튜터들은 오직 젊기 때문에 가지는 완벽한 모습을 보이고, 다른 튜터들은 연륜에서 나오는 풍부한 경험을 자랑한다. 어떤 튜터는-내 친구 조너선 글로버가 그러했다-처음부터 끝까지 튜터로서 완벽한 면모를 보였고, 그것은 옆에서 지켜보는 입장으로서는 그렇게 완벽한 이들이 튜토리얼 시간에 보여주는 놀라운 능력이 시간의 축적에 따른 것인지 재단할 수조차 없었다.

우리가 상정한 가상의 남학생은 자신이 쓴 에세이를 읽는다. 완벽한 튜터는 중간에 개입하지 않는다. 전부터 그는 완벽한 학생이었고 에세이는 전형적인 형태에서 벗어나지 않으며 아무 부족한 점이 없다. 만일 튜터가 개입한다면 오류가 있다거나 추가 정보를 전달하기 위해서가 아니고, 그 완벽한 학생이 흥미로운 부분을 이야기했고 그 부분이 다소 난해하고 복잡하기 때문이다. 이어가던 학습의 흐름을 끊고서라도 그 부분에 추가 설명을 해야 했기 때문이다. 완벽한 튜터는 언제나 에세이가 결말 부분에 도달할 때까지 기다린 뒤 마지막까지 최선을 다한다. 완벽한 학생을 놀라게 한 점은 튜터가 질문 위주로 수업을 이어갔다는 사실이다. 이것은 심문과도 같은 교육법이지만 학생들의 대답이 부족하거나 혹은 중단되어도 문제가 되지 않는다. 왜냐하면 수업의 목적이란 질문의 홍수 속에서 학생 스스로 해법을 찾는 일이기 때문이다. "만일 당신이 그렇게 생각한다면, 이것은 또 어떻게 생각하나요?" 그 완벽한 튜터는 학생들에게 주제의 핵심을 기억하기 쉽도록 다섯 가지로 요약해주고 싶은 유혹에 빠지지 않고, 튜토리얼 도중에 학생들이 심사숙고하는 동안 보이는 침묵을 꺼리지도 않는다. 그는 학생들을 신뢰하는데, 그들이 젊고 영리하며 열정이 넘치므로 올바른 질문들을 던질 테고 알아야 할 것들을 스스로 깨달으리라 확신한다.

정치학 분야의 튜토리얼도 다른 분야와 다를 것이 없지만, 조금 더 많은 사실관계 인지가 요구된다는 점, 정도는 다를지라도 많은 지식이 선입견을 내포하고 있다는 점에서 차이가 있다. 그래서 실제 사건을 분석하고 규명하는 일은 매우 어렵지만 그것을 사후에 설명하기란 어렵지 않다. 학생들에게 적절한 질문을 던져 논점을 세우고 중요한 내용을 스스로 파악하게 한다면 많은 문제가 해결된다(여기에서 튜터가 공들여 작성한 참고도서목록 등과 같은 학습 보조자료가 반드시 필요한 것은 아니다. 학생들이 생소한 분야를 접하고 스스로 이해하도록 하는 일도 학습 목적 중 하나이다). 학생은 학문을 스스로 터득해가는 원칙을 지켜야 하며, 튜터는 학생들이 자신의 몫을 잘 소화하고 있는지 점검하고 학생 스스로 학습할 능력을 길러주는 것이 튜터의 역할이라는 사실을 분명히 인식해야 한다.

이러한 방식으로 진행되는 튜토리얼이 교육의 한 방법으로서 성공 가능성이 높은 까닭은 여러 가지다. 첫째는 학생들이 여섯 살즈음부터 에세이 쓰는 연습을 해왔고, 대학에서 요구하는 글쓰기는 6학년 학생의 글쓰기와 본질적으로 크게 다르지 않기 때문이다. 그들은 독립적으로 공부해왔고 6학년 선생님이 자신과 동등한 지적인 존재로 대우해주었다. 전통적인 튜토리얼은 사실상 옥스퍼드의 교육기관이었다. 특히 옥스퍼드가 훌륭히 발전시켜온 철학과 정치학, 문학, 역사학 등의 과목을 배우는 데 그것은 매우 적합한 학습법이었다. 물리학 분야에서는 과거의 경우가 지금보다 더 많은 역할을 했거나 적어도 더 생산적이었다. 과학은 오늘날 보편화된 학문 과목이지만, 지금까지 알지 못했던 새로운 영역을 개척하고 새로운 원리를 발견하는 일은 40~50년 전에 비해 그 가능성이 희박해졌다. 그러나 과학교육의 영역에서는 방법론적, 역사적, 전이론적pre-theoretical 논의의 가능 영역이 상당 부분 남아 있다. 그리고 생물학의 일부 분야의 경우에도 많은 이론의 철학적 위상은 단순한 교육 목적이 아닌 활발한 탐구가 가능한 학문 영역으로 남아 있다.

학부생이 배우는 화학이나 물리학, 혹은 유사 계열의 많은 학문에 대해 이야기하는 것은 오늘날 그다지 멋있어 보이지 않는다. 마찬가지로 해결책을 도출하는 대신 무제한 토론을 벌인다는 의미도 예전보다 힘을 잃었다. 이러한 변화가 발생한 이유에 대해 어떤 이들은 철학적이고 사회적인 분석을 내놓기도 했는데, 그들에 따르면 오늘날 학자들은 지식을 확장하는 대신 일종의 고품질 환상을 만들어내고 있으며, 교육은 스스로를 통제하는 방식으로 여기에 동조하고 있다.

다행히도 지금 우리는 그러한 논쟁에 휘말리지 않고 있으며 그럴 필요도 없다. 만일 교육이 기술적인 훈련에 의존하거나 사실을 축적하는 일에만 집착한다면 그것은 튜토리얼이 지향하는 생산적인 평등주의라는 방향에 전혀 부합하지 않는다는 사실을 우리는 인지해야 한다. 또 훈육이 '성숙하면' 필연적으로 지적 불평등을 야기한다는 이야기도 회자되곤 한다. 이러한 논리는 토머스 쿤T. S. Kuhn의 에세이 《과학 혁명의 구조The Structure of Scientific Revolutions》에서 처음 시작되었는데, 쿤은 실력을 검증받은 학자들이 초보 연구자들에게 권위를 행사할 수 있는 기성 과학계의 위계적인 체계를 옹호하기도 했다.

나는 지지하지 않지만 쿤의 입장을 더 소개하자면, 인문학 관련 과목들은 '미성숙한' 학문이며 사회과학 또한 어떤 모습으로 발전하든 미숙한 과학임이 분명하다고 생각했다. 그리고 당분간 독립된 과학으로 발전할 가능성도 없다고 보았다. 그런데 1950년대와 1960년대의 철학은 토머스 쿤의 기준으로 성숙한 면모를 보인 측면이 있다. 그 측면은 교육의 목적과 그 목적을 달성하는 방법 사이의 지나친 동조화 현상이다. 당시 유행했던 철학에 반감을 가졌던 이들도 교육과 교육의 목표, 교육을 성공으로 이끄는 수단이 지나치게 밀착되어 있다고 비판했다. 하지만 이러한 개념의 성숙과 과학 교육이 보여준 성숙 사이의 가장 큰 차이점은 모두 동의하듯 철학은 기술적인 훈련이 아니라는 사실이다. 적절한 재능과 성품을 가진 절대적인 초보자와 철학적 탐구의 '첨단' 사이의 은유적 거리도 적지 않다. 학생들이 칭송하는 훌륭한 튜터들은 더 훈련하고 더 경험하고 더 읽은 이들이며, 겉보기에만 그럴듯한 이론은 압력에 쉽게 붕괴된다는 사실을 더 잘 아는 이들이다. 정말로 명석한 학생은 내면의 지혜를 추구하고, 그것은 결코 사라지지 않는다는 사실을 직관적으로 알기 마련이고, 이런 경우는 흔히 찾아볼 수 있다.

뒤늦게 깨달은 사실은, 다소 낯설기는 하지만 합의라는 것이 모든 사람의 삶을 편하게 만드는 측면이 있다는 점이다. 오늘날까지 다루어지는 모든 철학적 주제가 마치 20세기 중반의 영국이나 미국 동부의 철학자들에 의해 처음 다루어진 것처럼 생각하는 믿음이 그중 하나다. 이러한 믿음 때문에 어떤 사상가가 외딴 곳에서 영어가 아닌 언어로 전근대적인 용어를 사용하여 하나의 주장을 펼치면, 사람들은 그것을 1945년 이후의 영어권 철학자의 용어와 개념으로 변환하여 이해한다. 이로 인해 최초의 의미는 퇴색된다. 누군가가 얼마나 깊이 연구를 하는지 묻는 일은 철학 자체의 복잡성으로 연결되는 흥미롭고도 어려운 일이 되었다. 우리가 알고 있는 것들은 일정한 합의 상태에 놓여 상식선에서 통용되는 것인 경우가 많고 사람들은 그 이상의 사실을 알려고 하지 않는다.

합의가 가진 또 다른 측면은, 논의할 가치가 있는 주제의 범위가 이미 정해져 있다는 점이다. 비평가들은 수많은 철학자가 다른 사람들에게 어떻게 받아들여지는지 진지하게 고려하지 않는다고 불평한다. 장 폴 사르트르Jean Paul Sartre는 스스로 철학자라 생각했음에도 사람들에게 소설가로 인식되었기에 그의 작품인《존재와 무Being and Nothingness》역시 그가 써온 소설의 연장으로 읽혔다. 마르틴 하이데거Martin Heidegger는 여러 이유로 사람들의 관심에서 멀어졌고, 프레드리히 빌헬름 니체Friedrich Wilhelm Nietzsche는 시인과 극작가로 알려졌다. 같은 이유로 임마누엘 칸트Immanuel Kant 역시 사람들의 관심에서 멀다. 독일 관념론이 그에게서 비롯되었으며, 그의 이론들은 데

이비드 흄David Hume과 고트프리트 빌헬름 라이프니츠Gottfried Wilhelm von Leibniz에서 비롯되었다는 사실이 널리 알려져 있기 때문이다[영국 경험론의 완성자인 흄과 대륙 합리론의 완성자인 라이프니츠의 논의를 계승 발전시킨 사람이 칸트이고, 칸트 이후에 등장한 독일 관념론도 칸트의 논의에 기반을 두고 있다. 따라서 칸트를 이해하려면 칸트 전후의 사상사조를 알고 있어야 하므로 읽기 매우 어렵다는 맥락에서 쓰인 문장이다-옮긴이]. 현대철학자 가운데 루트비히 비트겐슈타인Ludwig Josef Johann Wittgenstein이 점유한 위치와 마찬가지로, 칸트 역시 어렵지만 피해갈 수 없는 철학자로만 널리 알려져 있다.

도덕철학도 마찬가지의 의미에서 어떤 주제가 철학의 핵심이고 어떤 주제가 그렇지 않은지를 규정하는 언어철학적 고정관념의 그림자로 인해 혼란을 겪고 있다. 나의 주관심사인 정치철학은 윤리학에 비해 인식이 좋지 못하고, 사회과학 분야의 철학은 버트런드 러셀Bertrand Russell과 조지 에드워드 무어George Edward Moore가 존 스튜어트 밀John Stuart Mill에게 치명타를 가한 뒤 묻어버렸다고 알려진 무덤 속에서 아직 벗어나지 못하고 있다. 하지만 그러한 주제들이 다시 모습을 드러낸다면 그것은 혁명에 의해서가 아니고 존중할만한 주제들이 충분히 부각되었을 때일 것이다. 브라이언 배리Brian Barry의 1965년 저서《정치적 논쟁Political Argument》은 존 롤스John Rawls의《정의론A Theory of Justice》의 영향 아래 있다는 사실을 인정하더라도, 1960년대 초에 널리 회자되며 독자적인 이론을 펼친 중요한 책이다.

모든 축복과 결핍을 품은 순수의 시대인 에덴동산은 1960년대에 종말을 맞이했다. 학생들에게 요구되는 가장 훌륭한 덕목은 모두 같은 것을 읽고 같은 것을 이해하는 일이 되었다. 물론 이견은 수없이 제기되었지만 말이다. '역사학'에서는 대체로 알프레드 대왕에서 제1차 세계대전에 이르는 영국의 역사를 다루고, '정치학'이라는 것이 정치사상의 간략한 역사가 영국이나 미국, 혹은 유럽 국가들과 소비에트 연방의 공식 기관들에 관한 상세한 기록이 되었을 때, 학생들은 동료 학생이나 튜터들과 같은 책을 읽고 튜토리얼에서는 천편일률적인 학습의 준비된 해석만을 전수했을 뿐이다. 학생들은 교육의 많은 부분을 도서관이나 강의실, 혹은 튜터의 연구실 밖에서 얻었다. 하지만 공식적인 교육기관에서 함께 독서의 의미를 깨닫고 경험을 나누는 일은 비공식적인 상호 교류를 더욱 쉽고 일관된 모습으로 바꾸었다.

이러한 안온한 분위기 속에서 1960년대의 문화적인 격동은 일정한 맥락 없이 진행됐다. 이혼율이 치솟았고 고등교육 수혜자가 급증했다. 고등교육 인구에서의 장기적인 세대 변화는 18세 청소년들을 성숙한 학생으로 만들었다. 시간제 학생들이 생겨났고, 여학생 세력이 약진했으며, 베트남전쟁과 1968년 학생혁명이 일어났다. 마르크스주의가 되살아났으며, 사람들은 소비에트 연합이 무너지는 모습을 지켜보았다. 갑작스럽게 인플레이션이 발생했고, 1970년대 중반까지 서구의 자본주의 경제와 기타 세계의 국가사회주의가 동시에 무너지는 모습도 목격했다.

무엇이 무엇을 초래했는지 아무도 알 수 없었다. 다만 그 효과로 인해 합의의 여러 형태가 일순간 도전에 직면했다는 사실만은 분명했다. 서구 사회의 교육기관이 독점하던 지적 권위도 마찬가지였다. 만일 학생회 구성원 절반이 허버트 마르쿠제Herbert Marcuse의 열렬한 추종자라면, 엄밀한 의미에서 자신들이 모순적이라는 사실을 공표하는 일이 좋을 리 없었다. 그러한 일은 학생들을 자신의 선배들이나 대학 철학의 환상에서 깨어나도록 할 뿐이다. 만일 젊은이들이 정치 제도나 정치적 권위에 대한 개혁 모델을 쿠바에서 찾기로 했다면, 피델 카스트로Fidel Castro 치하에서 쿠바의 설탕 생산량이 바닥으로 추락했다는 사실이나 쿠바가 휴머니즘의 얼굴을 한 사회주의를 설립하기 위해 체코를 억압한 소비에트를 지지했던 몇 안 되는 국가라는 사실을 이야기한들 소용이 없다.

1964년부터 1974년에 이르는 10년 동안 수많은 대학의 교수들은 혼란스러울 수밖에 없었다. 어떤 이들에게 이것은 자유였지만, 또 어떤 이들에게는 자신들이 알고 있는 한 그것은 문명의 종말이자 야만의 재공습이었다. 다행히 이 글은 그러한 입장을 취하고 있지는 않다. 우리가 인정해야 할 것은 기존의 교수요목 내용과 지적 권위, 강의 형식 등이 모두 용광로에 던져졌다는 사실이다. 이제 우리는 교육에 어떠한 의미가 있고 그것을 왜 하는지에 대한 사회적인 합의에 의존하지 않는다. 혁명 이후 흔한 일이 되었듯, 새로운 세상은 기존 삶의 원칙과도 다르고 천편일률적인 삶의 양태와도 멀어진, 다양성이 지배하는 세상이 되어버렸다. 유사성은 위축되는 모습을 보였다. 어떤 학생들은 선배들이 그랬듯 캠퍼스를 맴돌며 우등반에 들어가고자 하지만, 그 이상의 지적 만족을 추구하지는 않는다. 좋은 마르크스주의자들은-그렇지 않을 수도 있지만-생각의 교류가 잉여사고의 도출을 방해한다고 생각한다. 어떤 유사성은 행복한 것이어서, 학생들은 버트런드 러셀의 열정을 품고 조지 에드워드 무어의 진지함Seriousness에 대해 논하곤 한다. 그리고 루소를 만나기 위해 생을 바치고, 다른 이에게로 쉽게 전이되는 누군가를 향한 열정과 분노가 뒤섞인 감정을 경험하는 이들은 그처럼 모호한 태도를 보임에도 매력적이다.

가장 큰 문제는 핵심체험core experience의 부재이다. 철학이나 정치학을 잘 배운 학생들이 문제의 핵심과 주변부의 개념들을 명료히 안다는 말은 더는 사실이 아니다. 그들은 물론 많은 지식을 쌓았겠지만, 그것만으로는 쉽게 예단할 수 없다. 지식이나 무지는 그 사람의 미래를 과거만큼 보여주지 않는다. 정통적인 지식이라고 해서 지식의 과거를 정확히 보여주지도 않는다. 명성이 드높은 교수들은 많이 필요하지 않고, 학생들은 무지가 아닌 상태만을 원한다. 교수들도 학식을 원하기보다 강의를 원할 뿐이다. 세미나는 가르치고 배우는 입장 모두에게 매우 중요한 매개가 된다. 교수들이 가르치는 법을 잘 아는 것보다 학생들이 서로 지식을 전수하는 편이 더 효과적이라는 사실은 언제나 진실이었다. 튜토리얼이 끝난 뒤 개인적으로 공부하는 것보다 세미나를 통해 학습하는 일이 더욱 확실하고 예측 가능한 학습법이라는 사실도 마찬가지다.

하지만 강의나 세미나의 규모가 더 커진 이유는 학생들과 튜터들이 동등한 관계에서 서로 마주앉아 학습하는 오랜 전통이 사라졌기 때문이다. 그래서 교수의 역할은 이미 충분한 기초교육을 마친 학생들에게 약간 미진한 부분을 보충해주는 수준이어야 한다.

하지만 교수들은 대체로 자신이 학창 시절에 배운 것보다 더 많은 것을 가르쳐주어야 한다고 생각한다. 대입 준비과정sixth form의 3년 차 과정이나 A레벨의 공통과정, 에세이를 우선시하는 입시 제도 등이 폐지되었기 때문이다. 이에 대한 안전장치로 유일하게 남아 있는 것은 참고도서목록뿐이다. 학생들에게는 섭렵해야 할 수많은 특별 과목이 있고, 학생이나 교수 모두 공부하는 방법을 스스로 잘 알고 있다고 생각한다. 학문의 전문성이 강화되었다는 점도 과거와 다른 하나의 요소이다. 강의의 경우에도 과거에 비해 각자의 전문 범위 안에서 능력껏 많은 것을 보여주려 할 뿐, 학생이나 교수들도 그 테두리에서 멀리 벗어나려 하지 않는다. 이러한 경향은 40년 전은 물론 20세기의 경향과 비교해도 훨씬 편리해졌고, 더욱 예측 가능한 형태의 학문이 되었다. 명석하고 용감한 학생들에게 이것이 좋은 일인지는 속단할 수 없지만, 모험을 감수하고자 하는 학생보다 공부하고자 하는 열망이 큰 학생이 더 나은 결과를 얻게 된 것은 분명하다.

손익계산서는 어떠한가? 제반 여건은 전반적으로 향상되었다. 철학과 정치학을 가르치는 이들의 연구 환경은 40년 전에 비해 더 어려워졌지만(오늘날 지식이 축적되는 양이 지나치게 방대하다는 점이 주된 요인일 것이다), 구시대적인 교육 시스템이 더 전문화되었다는 사실에 많은 이들은 만족하고 있다. 수많은 대학이 특수한 형태의 특별 강좌를 개설하는 시도를 하다가 이내 피로감을 느끼고 다시 전통적 형태의 강의로 회귀하기도 했다. 철학과 정치학 모두에서 각종 특별 과목들이 넘치게 개설되는 현상을 부정적으로 바라볼 필요는 없다. 토론의 주제와 범위가 확장됐지만 이것 또한 바람직한 일일 것이다. 하지만 빛나는 영감을 선사하던 강의들이 사라져간 자리에는 그 강의를 선호하지 않던 학생들을 위해 경쟁력 있고 지루하지 않고 유익한 정보가 가득한 강의들로 채워졌다. 전통적인 교수요목을 중심으로 선택의 여지가 없이 주어진 과목들을 공부했던 학생들 대신, 자신의 관심 분야에서 심화학습이 가능한 강좌를 통해 진로를 찾고자 하는 학생들도 많아졌다. 이러한 가운데 학문적인 실체에 접근하고자 하는 교수법들은 상당 부분 사라져갔다. 물론 '실체'라든지 '교수법' 같은 단어가 정치적으로 사용될 여지가 있고, 학문을 추구하는 삶이란 다른 삶에 비해 다소 협소하다고 규정되기도 하지만 말이다. 18세 학생과 50세 교수의 열정은 서로 겉돌게 되었고, 영특하고 열정 넘치던 대학원생들의 모습은 쉽게 찾아보지 못하게 되었다. 사회에서 뛰어난 재능은 수요가 적고, 결과적으로 그 재능의 의미도 퇴색되는 상황이 되어버렸다.

요약하자면, 대부분의 학생은 자신의 열정에 걸맞은 교육을 경험하게 되었다. 지금의 튜토리얼은 어느 튜터가 파이프 담배를 줄곧 피워대며 학생을 3년 동안 훈제했다는 스티븐 리콕[Stephen Leacock, 1869~1944, 캐나다의 유머 소설가이자 경제학자-옮긴이]의 소설 속 이야기와 다르고, 40년 전 튜토리얼에서 학습되던 내용이 지금까지 이어지고 있지도 않을 것이다. 하지만 케임브리지는 다른 어느 대학보다 비중 있는 학습요소로 에세이 쓰기를 강조하고 있다. 당신이 만일 에세이를 쓰고 그 타당성을 증명하고자 한다면 수많은 경우를 고려해야만 한다. 이것은 탐구를 통한 교육이다. 이를 통해 학생들은 주어진 주제를 진지하게 고민하고 가르치는 이들의 반복되는 질문에 답하며 자신의 생각이 무엇인지 숙고하고 스스로에게 질문하는 방법을 배우게 될 것이다.

IO

경제학에서의 튜토리얼 학습

리처드 매시 Richard Mash, 뉴 칼리지, 경제학 펠로

경제학 튜토리얼은 왜 해야 하는가? 그것은 다른 방식의 교수법이나 학습법과는 어떻게 연계되는가? 그것은 유용할까? 정확히 언제 유용할까? 그것은 시대에 뒤떨어진 구제도의 유산일 뿐일까, 아니면 오늘날 일류 대학들이 시행하는 효과적인 교육 방법론일까? 가장 중요한 질문인, 튜토리얼의 효과를 극대화하려면 학생들은 어떤 준비를 해야 하는가? 다음 내용들은 튜토리얼이 무엇이며 튜토리얼의 미래는 어떠한지에 관련해 학생과 독자 모두 궁금해할 질문들에 대한 개인적 견해이다. 나의 입장을 미리 이야기한다면, 최고의 튜토리얼이란 고유한 학습효과를 내는, 교육과 학습에서 온전히 현대적인 학습법이다. 하지만 최고의 효과를 내기 위해서는 학생과 튜터, 그리고 교육 제도 세 요소가 모두 힘을 발휘해야 한다.

본론을 설명하려면 경제학이라는 학문이 무엇인지 개괄적으로

알 수 있도록 교육과 학습의 전반적인 과정을 언급하는 편이 도움이 될 것이다. 이 분야를 학습하는 출발점이 되는 것은, 1학년 과정으로 할당된 다양한 영역을 포괄하는 경제학, 혹은 경제학의 일부 내용을 단순화한 이론적 '모델'(대표적인 예시들)을 학습하는 일이다. 다음으로는 최종 평가시험에 이르기까지 다음의 내용을 학습한다. 1) 복잡하고 현실적인 이론 모델들, 2) 이 모델들에 대한 실증적인 접근법, 즉 실제 통계자료를 근거로 그 자료가 실질적으로 말하려는 바를 무엇인지 해석하는 일, 3) 정책 이슈 분석, 4) 다양한 전문가 집단이 제시한 기타 사항 등이 그것이다. 가장 바람직한 것은 모든 과정이 끝난 뒤 최종 평가를 통해 경제이론 전반을 이해하고 그 이론을 통해 현실의 경제 현상을 이해하고, 아울러 전문분야의 각론들을 습득하는 것이다. 또한 '경제학자처럼 생각'하고 경제학의 다양한 이론을 현장에 접목해보는 일이다.

　이상이 학문에 대한 대략적인 접근법이며 이것을 하나의 문장으로 요약하자면 '기초를 배우고 그 기초를 넘어서는 일'이라고 할 수 있다. 그런데 또 한 가지 중요한 사항은, 경제학을 연구하는 일이 흥미롭고 재미있다는 사실을 밝혀내는 일이다. 학문의 '기초'를 공부하는 일은 종류를 막론하고 매우 흥미로울 수 있다. 하지만 학문이 현실에 적용되는 각론의 단계로 나아가면 사정은 달라진다. 그러므로 중요한 것은 학문의 기초를 선별하여 학습하되 핵심 내용에 대한 흥미의 끈을 놓치지 않는 일이다.

　학생들이 이 모든 것을 배운다는 의미는 무엇일까? 가르치는 입장에서 보면 학문의 기본적인 내용은 정규 강의와 튜토리얼을 통해(그리고 뒤따르는 소규모 학습을 통해) 전수된다. 학생 입장에서는 강의나 튜토리얼을 통해서도 배울 수 있지만, 학기 중은 물론 방학 기간에도 학생 스스로 관심을 가지고 공부하는 일은 매우 중요하다. 또한 일정한 분량의 학문을 충분히 학습하려면 많은 시간을 할애하여 독서해야 한다. 돈을 벌든 무엇을 경험하든 어딘가를 여행하든, 사람은 누구나 사생활을 침해받기를 달가워하지 않는다. 하지만 내가 만일 학생에게서 "x를 읽고 있는데 y 때문에 혼란스럽습니다. 혹시 이 부분을 설명해주실 수 있나요?"와 같은 이메일을 받는다면 매우 기쁠 것이다.

그렇다면 튜토리얼에서는 어떤 일이 벌어지는가? 그것은 무엇 때문인가? 필자는 지식의 전달이라는 측면에서 이러한 질문에 답을 구해보려 하는데, 먼저 '좋은' 튜토리얼과 '나쁜' 튜토리얼의 개념을 생각해보고자 한다. **나쁜 튜토리얼에서는 어떤 일이 벌어지는가?** 여기서 나쁘다는 말의 정의를 내리자면 교육과 학습의 기능이 원활하게 작동하지 않는다는 뜻일 것이다. 학생들은 강의의 효과를 얻지 못하고(왜냐하면 학생들이 성실하지 못했거나 튜토리얼만을 통해 일방적으로 얻으려 하거나 혹은 강의가 충분히 준비되지 않았기 때문일 수도 있다), 읽기와 생각하기를 충분히 하지 못해 관련 주제에 접근하지 못한다. 그것은 마치 튜토리얼 속으로 걸어 들어가기 전에 신발 끈만 매만지고 있는 상황과도 같다. 그러한 경우에는 어떤 일이 벌어지는가? 초초해진 튜터는 학생들에게 기본적인 사항만이라도 이해시키기 위해 전력을 쏟을 것이고, 이 때문에 주제와 연관된 갖가지 세부요소를 소개하거나 하나의 주제를 깊이 논의하기가 쉽지 않을 것이다. 학생들이 의아한 부분을 해소하기 위한 질문을 던지지 않기 때문에 튜터들의 설명 시간은 늘어날 것이다. 이것이 매우 효과적이지 않은 학습법이라는 사실에 당신도 동의할 것이다. 이러한 상황은 흔히 발생하는 일은 아니고(이러한 일이 잦다면 사람들은 튜토리얼을 이탈할 것이다. 혹은 튜토리얼을 폐지하고 강의를 의무화하자는 여론이 형성되기도 할 것이다), 나머지 다른 요소가 작동하지 않을 때 벌어지는 일이다.

좋은 튜토리얼이란 무엇인가? 앞의 경우와 대척점에 있을 튜토리얼의 모습을 생각해보면, 학생들은 수준 높은 강의를 듣고, 충분한 자료를 독파하고, 에세이를 계획하고 집필하기 전 오래 자료를 준비하고 살핀다. 튜토리얼이 시작되면 학생들은 제시된 기본 자료들을 상당 부분 이해하고(모두 이해하는 것은 매우 어렵다), 주제의 다양한 측면을 고려하며 사유를 시작한다. 이제 튜토리얼은 두 가지 역할을 한다. 첫째, 학생들의 질문을 통해 기본을 충실히 '다질 수 있고' 다른 학생들의 질문을 통해 피드백을 얻을 수 있다("전반적으로 괜찮았지만 조금 어려웠습니다"). 혹은 튜터들이 에세이를 미리 읽었는지, 읽고 있는지와 상관없이 신속히 조언을 구할 수 있다("잘 썼지만 이런 내용과 저런 내용이 부족합니다"). 이 부분은 매우 중요한데, 기본적인 개념 이해가 선행되지 않으면 진도를 따라가기가 어렵기 때문이다. 그리고 준비를 잘한 학생들보다 시간이 많이 걸린다. 하지만 모두 잘 준비되어 있으면 많은 시간을 절약할 수 있고 더 나은 효과를 기대할 수 있다. 그런데 여기에서 '더 나은'이라는 말은 무슨 뜻일까? 주어진 학습 주제는 물론 인접한 영역이나 현실세계와 연관되는 깊이 있는 논의가 이루어지고, 그 논의가 적용되어야 할 또 다른 주제로까지 학문이 진전되는 단계를 말한다(적어도 기존에 다루지 않았던 더 어려운 텍스트도 언급되어야 할 것이다). 경제학은 다양한 연구 영역의 다양한 대상을 다루는 생생한 학문이어서, 완벽하게 정립할 수도 없고 하나의 결론을 도출할 수도 없으며 대중을 충분히 만족시키지도 못한다. 당신은 다음 단계가 무엇이 될 것이며, 무엇이 되도록 해야 할지 고민하기 전에 모든 것의 선두에 있어야 한다. 튜토리얼이 이러한 도전을 추진하는 힘이 된다면 그것은 매우 멋진 일이 될 것이다.

'좋은' 튜토리얼이 무엇인지 조금 더 언급하자면, 학습의 형식이 전적으로 '질문과 답변'으로 이루어지거나 토론을 기반으로 진행되어야 한다는 점이다. 다시 말해서 배우는 과정은 '능동적'이어야 하고, 학생들은 필기에 치중하기보다 적극적으로 토론에 임해야 한다. 그래서 그룹 규모는 작을수록 좋다. 이러한 형식의 튜토리얼은 더욱 주도적이고 효율적으로 학습해야 하는 학과 공부에도 큰 도움이 된다.

튜토리얼은 정말 유용한가? 앞에서 언급한 '나쁜' 튜토리얼은 당연히 전혀 쓸모가 없을 뿐 아니라, 학업에 의욕이 없는 학생들도 무난히 과목을 이수하도록 한다. 하지만 '좋은' 튜토리얼은 분명하고도 독창적인 특징들을 보여준다. 튜토리얼에서 독해하는 책과 자료들은 이해하기 쉽지 않기 때문에 극도로 집중하는 학생들만 이해할 수 있고, 그래서 학업에 열의가 있는 학생들에게 특히 유용하다. 학생들이 학습 내용을 사전에 충분히 검토해서 수업시간에 낭비되는 부분을 줄인다면, 혹은 튜터와 학생들 쌍방 간에 충분한 토론과 질문이 오가고, 이를 통해 깊이 있는 학습이 이루어져서 그 효과는 배가 될 것이다. 그럴 경우에 학생들은 "감사합니다, 선생님은 제게 생각하는 방법을 가르쳐주셨어요"라고 말할 것이다.

　다음 주제로 넘어가기 전에, 경제학에서의 튜토리얼이 다른 학문과 어떤 차이가 있으며, 학과 공부와의 연관성이나 유용성은 어떠한지 언급하는 편이 좋을 듯하다. 첫 번째 주제에 대해서는 내가 아는 바가 별로 없지만(나도 이 책의 다른 장들을 참고하려 한다!), 개인적인 생각으로 약간의 차이는 있는 것 같다. 최소한 두 가지 점에서 그렇다. 첫째, 경제학은 다양한 방면에 대한 폭넓은 지식이 일정 부분 축적된 상태에서 더욱 효과적으로 이해할 수 있으며, 시간이 지날수록 이해해야 할 텍스트는 방대해진다. 따라서 기본적인 핵심 내용을 잘 이해하면 연쇄적으로 더 많은 부분을 이해할 수 있는데, 바꾸어 말하면 핵심 내용을 이해하지 못하면 아무리 좋은 가르침을 받는다고 해도 큰 성과를 거둘 수 없다. 둘째, 최고의 튜토리얼로 '동등한 관계에서의 대화'를 강조하는 경우가 있는데, 만일 튜터가 해당 주제에 대해 통달해 있지 못하면 소기의 효과를 거둘 수 없다. 잘 교육받은 경제학자들은 '거시적인' 안목을 가졌고, 토론에 능하며, 사유를 촉발시키는 낯선 질문을 던지기 좋아한다. 하지만 튜터가 그러한 자질을 가지지 못해 기술적인 질문을 효과적으로 던지지 못하거나, 이야기의 흐름을 주제로 연결하지 못한다면 수업이 극히 비효율적으로 전개되기 쉽다. 이러한 사항들을 종합해보면, 경제학에서도 튜토리얼은 매우 중요한 학습법이지만, 여기에는 튜터가 갖추어야 할 자질이 전제되어야 한다. 물론 튜토리얼의 성공 여부는 한두 명의 총명한 학생이 주제에 부합하는 범위에서 토론을 잘 이끌어가는지의 여부에 달린 것만은 아니다.

지금까지는 경제학 분야 튜토리얼의 지식적인 측면을 살펴보았는데, 그밖에도 생각해보아야 할 사항이 대략 세 가지 정도 더 있다. 집중적인 학습법, 경제학 이외의 다양한 분야에 대한 지식, 그리고 자신감이나 마음가짐과 같은 내적인 요인이 그것이다. 이러한 요소들은 경제학 분야에 국한된 것은 아니지만 개인적으로는 경제학 학습에 매우 중요하다고 생각하기 때문에 이를 하나씩 살펴보고자 한다. 집중적인 학습법은 긍정적인 측면과 부정적인 측면 모두를 가지고 있다. 부정적인 측면은 튜토리얼이 대학에서 의무적으로 부과하는 교육 제도이고("학생은 숨을 곳이 없다"), 이와 같은 소규모 학습에서 학생들은 학습주제를 주체적으로 학습하기보다 타인 앞에서 맞이할 수 있는 당황스러운 상황만을 모면하고자 하는 경향이 있다. 긍정적인 측면은 사려 깊은 학생들이 튜토리얼을 통해 궁금한 점을 해소하고, 폭넓은 주제에 대해 지식의 지평을 넓힐 수 있으며, 튜토리얼이 제공하는 좋은 정보와 비판적 사고 및 토론을 통해 자신의 주체적인 입장을 정리할 수 있다는 점이다. 이 모든 조건은 학습자료를 이해하고 논점을 고민해보는 훌륭한 기회가 된다.

일반 지식을 쌓는 일은 어떤 도움이 될까? '나쁜' 튜토리얼은 '학습법에 대한 이해'를 돕지도 못하고 '생각하는 방법'을 가르쳐주지도 못하는 것은 물론, 지식에 대한 흥미를 불러일으키기보다 '수업을 빨리 끝내기를 열망'하도록 한다. 하지만 '좋은' 튜토리얼은 전혀 다르다. 신중하고 의욕 넘치는 학생들은 튜토리얼을 통해 지식을 배우고 전문적인 학문적 역량을 쌓는다. 수동적인 배움도 소홀히 하지 않고(수업 중에 깨어 있기 등), 관련 도서를 읽으며 필요한 부분을 보충하는가 하면(내가 읽고 있는 부분이 주제를 관통하고 있는가, 혹은 에세이에 필요한 논점들을 짚어내기에 필요한 자료를 충분히 찾아보았는가?), 비판적인 시선을 유지하고(저자들은 문제의 해법을 알고 있으며, 그것은 사실인가?), 좋은 에세이를 위해 문장 쓰기 연습을 하고, 튜토리얼 시간에 적극적으로 토론에 임하여 '자신의 주체적인 관점'에서 사고하는 연습을 한다. 만일 튜토리얼이 적절한 피드백을 제공하고 그것이 학습에 지속적으로 도움이 된다면 시간이 지날수록 앞의 요소들은 서로 상승작용을 일으킬 것이다. 언젠가는 교육 전문가들이 분명히 이보다 훌륭한 학습 방법들을 제시할 수도 있겠지만, 나에게는 이러한 것들이 학문 연구에서 가장 중요한 기본 요소들이다. 한 가지 빠뜨린 내용이 있다면 아마도 프리젠테이션 기법일 것이다. 하지만 소그룹 학습에서 이것은 자주 논의되므로 생략하겠다.

마지막으로 아마도 가장 중요한 요소가 될 텐데, 튜토리얼은 학생들의 자신감과 학습 성취욕에 지대한 영향을 미친다. 효과적으로 학습하려면 '나는 이것을 하고 싶다'라는 학습동기뿐 아니라 '나는 이것을 할 수 있다'는 자신감도 반드시 필요하다. 옥스퍼드에는 매우 뛰어난 학생들이 공부하고 있지만, 학생들은 저마다 다른 학생에 뒤쳐질 것을 우려한다. 이러한 상황은 어느 곳이나 마찬가지다(대다수 학생은 입학할 때 겨우 불합격을 면했으며, 그래서 자신보다 다른 학생들이 더 똑똑하다고 생각한다). 이러한 마음을 충분히 이해하지 못하는 튜터는 학생들의 근심을 덜어주지 못할 테지만, 다수의 튜터는 학생들에게 긍정적인 마음가짐을 심어주려고 노력하며(물론 언제나 정직한 태도를 유지할 것이다), 수시로 대화를 주고받으며 학생들에게 안정감을 주고, 필요한 노력을 경주하도록 할 것이며, 학업을 성공적으로 끝마치도록 도울 것이다.

이 모든 것은 무슨 도움이 되는가? 만일 앞에서 언급한 이야기들이 매우 실천하기 어려운 일이라고 주장하는 사람이 있다면 나는 튜토리얼의 어떤 장점도 거저 얻을 수 없다는 말을 해주고 싶다. 실행하지 않으면 아무것도 얻을 수 없고, 그렇게 된다면 강의나 대규모 수업에서 얻을 수 없는 튜토리얼만의 장점을 전혀 체득할 수 없을 것이다. 하지만 튜터와 학생이 자신의 책임을 완수한다면 튜토리얼의 무한한 잠재력을 경험할 것이다.

학생 독자들에게 그밖에 어떤 조언을 해줄 수 있을까? 앞에서 언급한 이야기들이 튜토리얼에 참여하는 모든 이에게 작은 도움이라도 되었으면 좋겠다. 이야기의 핵심은 열심히 공부하라는 이야기가 아니다(모두 그렇게 말하기 때문이다). 하지만 좋은 튜터가 되려면 그렇게 하지 않을 수 없으며, 그 역할에 충실하지 않았을 때(의욕이 없는 튜터와 학습 내용과 관련된 심화학습이 없는 튜토리얼을 일컫는다) 치러야 하는 손실은 매우 크다. 그렇다고 해서 모든 학생이 노벨상 수상자가 되어야 한다는 말은 아니다. 중요한 점은 능동적인 방식으로 스스로 학습을 주도해야 한다는 것이다. 현재 처한 상황에서부터 시작하여 조금씩 앞으로 나아가야 한다. 당신의 튜터가 당신이 치르는 시험의 채점관이 될 가능성은 없다(만일 그런 일이 발생한다고 해도 채점은 익명으로 이루어진다). 그래서 매우 사소한 의문점에서부터 책의 첫 페이지 내용까지 아무 거리낌 없이 질문을 던질 수 있어야 한다(이러한 질문 태도가 가장 중요하다). 튜토리얼을 진행하면서 당신이 잘 하고 있는지, 혹은 나아가고자 하는 방향을 올바로 설정하고 있는지 혼란스럽다면, 명확히 정립이 된 부분부터 목록을 만들고, 필요한 사항을 기록하여 토론과 피드백을 통해 점진적으로 문제를 해결해야 한다.

튜토리얼의 효용이나 전망에 관해 이야기할 때 나는 언제나 이렇게 말해왔다. 튜토리얼이 성공하면 매우 큰 효용을 얻지만, 실패할 경우 그 효용은 가차 없이 사라져버린다고. 그것은 철저히 현대적이라는 것을, 튜토리얼은 강의나 학과수업 등 다른 학습(다른 것으로 대체될 수는 없다) 요소들과 함께 진행될 때 가장 큰 효과를 발휘한다. 만일 우리가 원하는 튜토리얼이 지금껏 없었다면 우리는 그것을 새로이 만들어낼 수도 있다. 나는 우리가 그런 식으로 정진하기를 간절히 바란다.

II

역사학에서의 튜토리얼:
"이번 학기에는 자네 스스로 해냈네"

크리스토퍼 타이어먼 Christopher Tyerman, 허트포드 칼리지, 역사학 펠로

"이번 학기에는 자네 스스로 해냈네." 이것은 다소 중의적인 표현으로, 학부 첫 해를 함께 보낸 튜터는 나에게 이런 말을 했고, 덕분에 나는 튜토리얼이 다른 형태의 교육 제도들과 매우 다르다는 사실을 실감했다. 다소 예민하고 불편한 교수의 말이기는 하나, 나는 이것을 칭찬으로 받아들였다. 5000회 이상의 튜토리얼을 수행하고 있는 지금, 다시금 그 말을 생각해보면 그것은 튜토리얼이 무엇인지를 가장 깔끔하게 설명한 말이었다. 튜토리얼은 정보를 전달하는 기본적인 역할을 수행하지만 일반적인 수업은 아니다. 많은 튜터가 구두로 학습을 진행하는 구두강의강박증후군verbal compulsive didacticism syndrome에 빠져 있지만(나는 자주 이것이 잘못됐다고 이야기한다), 그렇다고 튜토리얼이 강의인 것도 아니다. 소그룹 학생들이 자료를 만들어 함께 공부하는 형태이지만 세미나와도 다르다. 튜토리얼을 통해 내린 결론은 극히 평범하고, 진부하며, 너무도 뻔한 일반론인 경

우가 많다. 지식을 교류하는 과정으로서 튜토리얼을 좋은 것과 나쁜 것으로 구분 짓는 까닭은 튜토리얼의 방식이 학문의 테두리에서뿐 아니라 필연적으로 사회적인 공감대를 형성해야 하기 때문이다. 이는 갓 입학한 학생들에게는 벅찬 일일 수 있지만, 이것이 결국 학문의 근간을 이룬다. 학생은 자신의 고객과 교감을 나누어야 하는 튜터의 학문적 영역으로 진입하게 된다. 가장 오래되고 전통적인 형태의 튜토리얼에서도 튜터와 학생은 같은 테이블에 마주앉아 같은 눈높이에서 대화를 나눈다. 학문적인 역량과 견해의 차이가 있을 수 있지만, 그럼에도 물리적인 평등이라는 튜토리얼의 형식은 지식을 교류하는 데 큰 도움이 된다. 튜토리얼은 대부분 대학이나 학과가 위치한 건물에 입주한 튜터의 연구실에서 진행되는데, 가장 엄격한 튜터라고 할지라도 학생들이 자신의 연구실에 와서 빼곡히 꽂힌 책과 장식, 그림, 가구, 혹은 다소 어질러진 집기들을 보고 학생들이 감탄을 금치 못하는 모습을 보면 마음이 누그러지기 마련이다. 자신이 꾸며놓은 환경은 그 사람의 성향을 일정 부분 드러내기 때문에 그것만으로도 어느 정도 소통이 이루어진다. 튜토리얼에 참석하는 학생은 숨을 곳이 없다. 학생 입장에서 이것은 이만저만 부담스러운 일이 아니다. 하지만 시간이 지날수록 상호간의 밀접한 소통이 이루어진다. 반면 가장 좋지 않은 경우는 인간관계를 강요하는 것이다. 사회적이고 학문적인 소통은 자연스럽고 필연적으로 이루어지는 편이 바람직하기 때문이다. 내가 만난 다른 튜터의 말에 따르면, 최상의 튜토리얼은 튜터가 학생들에게 영감을 줄 때 만들어진다. 그 영감은 튜터의 사적인 견해나 세상을 바라보는 관점이 될 수도 있고, 여유롭게 던지는 농담이 될 수도 있으며, 비스킷이나 커피, 혹은 음료수 한 잔을 제공하는 따뜻한 마음이 될 수도 있다.

각각의 학문 분야는 튜토리얼의 성격과 역할에 따른 고유한 방법론을 가지고 있다. 역사학의 경우, 튜토리얼이든 다른 학습법이든 특유의 난제가 놓여 있다. '역사를 가르친다는 것'은 그 표현부터 매우 부적절하다. 역사의 해석은 개인이나 단체의 성향에 따라 연구방법이 달라지며, 역사에 대한 참여나 이해, 혹은 감정적인 반응은 전해지기보다는 체험된다. 이러한 단계마다 지식이 축적되고 의미가 부여되는데, 이 모든 과정에서 과거의 사실과 사람의 연구가 접목된다. 많은 사람은 '역사'를 그냥 공부하지 않는다. 스승에 의해 동기가 유발되는 경우도 있지만, 개인적인 취향이나 흥미로운 사건과 경험을 통해 자극받는 경우가 많고, 자신이 중요하다고 생각하는 역사적 해석을 기꺼이 남들에게 알리고자 한다. 역사에 대한 흥미는 내면에서 나오고, 그것은 사실과 연구를 통해 발전한다.

튜토리얼은 이러한 제반 사건과 자료들을 통합하며 일종의 연금술로 금을 만들어내는 모임이다. 하지만 그 과정은 신비로움과 거리가 멀다. 대부분의 역사학 튜토리얼에서 가장 중요한 것은 일주일 전에 튜터가 제시한 주제와 관련해 책과 자료를 수집하고 공부하여 에세이를 작성하는 일이다. 여기에는 선택의 여지가 없다. 에세이가 중심이 되는 튜토리얼을 통해 학생들은 많은 것을 얻는다. 기본적인 학습방향을 파악하고, 관련 용어를 배울 수 있으며, 특히 제시받은 주제에 관해 토론을 준비하는 방법을 배울 수 있다. 따라서 학생들도 튜터 못지않게 많은 준비를 해야만 한다. 그렇다고 해서 튜토리얼이 일주일 동안 공부한 내용을 발표하는 자리라는 것은 아니다. 오히려 공부하며 가졌던 의문점들을 토론하고, 주제에 대한 갈피를 잡고, 내용을 정리한 뒤 에세이를 수정해야 한다. 그 과정에서 때로는 전혀 무관하다고 생각했던 주제들이 일목요연하게 하나의 관점으로 통합되어 이해되기도 한다. 전혀 익숙하지 않았던 학습내용들이 자료와 토론이라는 이중장치를 통해 더욱 쉽게 이해된다. 이러한 과정을 통해 학생들은 옥스퍼드를 졸업한 뒤에 자신이 걸어갈 사회인으로서의 책무를 미리 체험해볼 수 있다. 짧은 시간에 텍스트 내용을 익히고 주제와 문제점을 파악하고, 토론을 통해 자신의 주장을 펼치고 근거를 제시하는 일련의 행위들은 학문을 수행하는 데 필요한 기술이기도 하지만, 한편으로는 비즈니스와 법, 은행, 회계, 행정, 혹은 공무원의 업무에도 매우 유용하게 사용된다.

역사를 연구하는 데 필요한 구체적인 요소들을 살펴보자. 튜토리얼에서는 언제나 학습과정과 목적을 염두에 두어야 하며, 대화하고 논쟁하고 도전해야 한다. 또한 역사학 학부생들이 주의해야 할 점은, 최고 난이도 강의에서 강조되는 논점들이 보이는 여지없이 확신에 찬 결론들이다. 학생들은 학문 연구에 있어서 원천적인 자료란 없고, 가장 믿을만하고 명망 있는 교과서도 존재하지 않으며, 논란의 여지가 없는 완벽한 주장이란 가능하지 않다는 점을 이내 알아차리게 될 것이다. 심지어 반론과 논쟁에 익숙해져 있는 유능한 튜터들이 제시하는 결론들도 조심스럽게 받아들여야 한다.

역사 교육이 성숙한 학자의 자질을 기르는 데 예술 교육에 못지않게 효과적인 이유도 여기에 있다. 역사학자들은 논쟁하기를 좋아하며, 일부는 불평불만을 노골적으로 드러내기도 한다. 하지만 정통성에 이의를 제기하고 누구나 인정하는 지식을 의심하는 일은 자연스러운 학문 과정이며, 또한 보편적으로 세상에 유익하다. 역사학자에게 과거의 증거를 단순히 취하기만 하는 일은 가장 무의미하다. 특히 역사란 과거의 사실들에 대한 나열이라는 생각은 매우 어리석다. 역사적인 근거들을 취합하고 분석하고 체계화하고 해석을 가미하면 일정 부분 역사가 완성된다. 하지만 이것만으로는 객관성을 확보하기 힘들고 가치중립적인 학문 활동이라고 보기도 어렵다. 역사가들도 여기에 동의하지 않을 것이다. 왜냐하면 역사라는 학문은 과거의 사실에 대한 깊은 이해와 다양한 입장 사이의 치열한 논쟁을 통해 정립되기 때문이다. 역사학 튜토리얼은 토론과 비판과 논증은 물론 역사 연구방법론을 활용하기도 한다. 질문은 간혹 저돌적이고 때로는 논점을 벗어나 수업이 난관에 봉착하기도 한다. 이 때문에 학생들이 혼란을 느끼는 경우도 있어, 전체 튜토리얼에 부정적인 영향을 미치기도 한다. 하지만 이는 학생들이 자신의 의견을 정립해가는 기본 과정이며, 그 때문에 튜토리얼 학습이 특히 큰 영향을 받지는 않는다. 지식을 익히는 것이 아닌 사고하는 방법이 중요하고, 특히 학습주제를 비판적으로 사고하는 방법을 배우는 일이 중요하다. 위대했지만 인간적인 매력은 없었던 20세기 중반의 어느 범죄학 전공 역사 교수는 학습 성취에 치중하느라 학생들에게 인심을 잃었다고 한다. 심지어 주장의 근거를 제시하지 못하는 학생에게 폭언한 뒤 '사과'하기도 했다고 한다. 그렇다고 해서 학생들의 참여와 토론이 활발한 수업이 모두에게 환영받는 것은 아니어서, 조용한 분위기에서 공부하기를 좋아하고 스스로 질문을 던지기를 좋아하는 덜 활동적인 학생들에게 튜토리얼 학습은 부담스러울 수 있다. 한 명이나 두 명으로 이루어지는 소그룹 수업이 중요한 이유는 여기에 있다. 강요와 억압은 강압과 협박일 뿐이다. 유연한 태도가 더 큰 것을 가져다준다.

튜토리얼에 대한 평판은 때로는 매우 우호적이지만 때로는 개개인들에게 비판받기도 한다. 많은 부분이 그럴듯한 허구이고 또한 많은 부분이 진실이다. 사실과 거짓이 난무하는 풍문으로 인해 외부에서 바라보는 시선이 부정적일 수 있다. 튜토리얼이 효율적으로 작동하는지의 여부는 각종 학업평가 지표나 교수법이 아닌 튜터와 학생의 개인적인 노력에 달려 있다. 그래서 튜토리얼의 성격은 저마다 다르고 쉽게 예측할 수도 없으며, 다양한 모습으로 변용될 수도 있다. 그것은 마치 예측할 수 없는 우리의 인생과도 같다. 신입생들이 가장 많이 제기하는 불만은 튜터가 에세이 등의 학습 결과물에 정확하고 구체적인 피드백으로 첨삭해주지 않는다는 점이다. 깨어 있는 시간의 대부분을 평가받는 데 집중해온 학생들에게 일반론적인 조언은 혼란스럽기만 할 것이다. 그런데 학교와 대학의 차이점이 있다면, 그것은 배움에 접근하는 방식에 있다. 튜토리얼은 학생들을 맹목적으로 평가하는 시스템이 아니고, 튜토리얼이라는 틀 속으로 그들을 끌어들이는 일이다. 학생들은 카페인에 의지하더라도 교과서를 잠시 읽은 내용 이상의 학문적 견해를 지니기 힘들다. 학생들은 튜토리얼 토론을 통해 자신보다 훨씬 능력이 뛰어난 튜터나 혹은 튜토리얼 파트너를 만나게 된다. 자신의 지식과 자신이 처한 상황을 직시하게 되는 깨달음도 대학생활의 필수불가결한 요소이다. 하지만 학생들에게 날카로운 비판을 가하는 튜터는 재판관이 아닌 학업의 동반자이며, 강압적으로 보이는 그의 태도 역시 사실은 매우 열심히 준비한 것을 실행하는 것이다. 옥스퍼드의 교수들이 튜토리얼이라는 힘든 방식을 통해 세계 어느 대학보다도 많은 시간을 할애하여 학문을 가르쳐준다고 하는데 사람들은 왜 그토록 시큰둥하게 반응할까?

좋은 튜터가 되는 방법만큼 좋은 튜토리얼을 만들어가는 방법도 여러 가지가 있다. 학업에 열정이 없는 학부생이 있듯, 시간만 낭비하게 되는 튜토리얼도 존재한다. 튜터와 학생 사이에는 암묵적인 협약이 존재한다. 옥스퍼드에서 학문을 연마한다는 것의 의미에도, 그리고 학생들이 개별적으로 이어가는 학업의 중심에도 책임감이라는 덕목이 놓여 있다. 엄밀한 의미에서 학생의 학업은 스스로 만들어가야 한다. 앞에 앉아 있는 튜터는 학생을 거들며 올바른 방향을 안내하고 때로는 자극을 주지만 결국에는 방관자처럼 옆을 지킬 뿐이다. 튜토리얼의 강점은 각자의 책임감을 통해 극대화된다. 학생들은 튜토리얼을 통해 지식을 배우고, 학문을 배우고, 튜터에 대해 배우며, 또한 자신을 배운다. 물론 튜터들은 때로 자신의 학생들에게 실망감을 느끼기도 한다. 하지만 옥스퍼드에서 가장 많은 책을 출간하는 역사학자들은 가장 적극적으로 튜터 활동을 하는 연구원들이다. 이것은 우연이 아니다. 지식을 교환하는 일은 지식의 우월함을 발표하고 자랑하는 일이 아니다. 튜토리얼에는 일정한 시스템이 없다. 대신 몇 가지 방법론이 있고, 이를 통해 학생들을 격려하여 학생 자신의 길과 자신의 목소리를 찾도록 한다. 다른 학문과 달리 역사학은 기계적인 법칙으로 발전하는 학문이 아니고, 오직 교수와 학생들의 노력을 통해 이론을 축적함으로써만 발전하는 학문이다. 여기에는 필연적으로 균형 잡힌 시선과 독특한 시각, 불일치, 다양성, 차이가 드러나기 마련이다. 다른 사람과의 교류가 없다면 배움이란 온라인으로 파일을 전송하는 일과 다르지 않을 것이다. 역사를 공부하고 가르치고 배우는 방법에는 여러 가지가 있다. 하지만 튜토리얼은 교육에 참여하는 학생들에게 비판적인 사고와 생각하는 방법을 가르쳐주는 가장 효과적이고 효율적인 학습 방법으로 인정받고 있다. 왜냐하면 튜토리얼은 교육이 무엇인지 정확히 알고 그것을 반영하고 추동하고자 하기 때문이다. 학생들이 지식이 아닌 독립성을 형성하고 배양하면서 말이다.

12

학습이론 관점에서 본 옥스퍼드 튜토리얼:
"지식은 야생에 있고,
우리는 그것을 포획해 길들여야 한다"

수잔 셰일 Suzanne Shale, 뉴 칼리지, 대학교육증진협회 학장 역임, 법학 펠로

옥스퍼드 시절 나의 과제를 학장에게 제출할 때 선임 튜터는 절대로 "무어 군은 X박사에게 배웠습니다"라고 코멘트하지 않았다. 대신 이렇게 적었다. "무어 군은 X박사와 함께 이 주제의 이 부분을 읽었습니다." 두 문장은 각기 다른 세계관을 가지고 있다는 사실을 나는 깨달았다. (W. G. 무어.)

고등교육은 지성으로 하여금 모든 일을 지혜롭게 처리하고, 진리를 향해 나아가 그것을 움켜쥐도록 가르친다. (J. H. 뉴먼.)

옥스퍼드 튜토리얼의 목적은 무엇인가? 그것은 어떻게 작용하는가? 아무리 생각해도 이에 대한 유일한 대답은 '경우에 따라 다르다'이다.

튜토리얼의 모습은 함께 공부하는 튜터와 학생들의 의견에 따라

좌우된다. 각각의 구성원이 기대하고, 원하고, 채워가는 모든 방식이 튜토리얼의 방법론이 된다. 또한 배움에 대한 공동의 관습에 좌우되기도 한다. 튜터와 학생은 자신의 기대를 투영하고, 의지를 반영하며, 각자의 교육과 문화적인 환경에 따라 자신에게 필요한 것을 추구한다.

이 책에 실린 에세이 모두 옥스퍼드에서 경험한 튜터 각자의 이야기를 담고 있다. 개인적인 관점이 담긴 이야기들일 뿐이지만 제각기 고등교육의 본질에 대한 깊은 이해를 담고 있으며, 우리가 고등교육을 어떻게 받아들여야 하는지에 대한 조언이 담겨 있다. 이 글들을 통해 고등교육이 무엇이고, 고등교육이 어떻게 이루어지고 있으며, 옥스퍼드 튜토리얼이 고등교육에 어떠한 기여를 할 수 있을지 생각해보려 한다.

고등교육에 대한 합의점

고등교육을 정의할 때 대학들이 일정한 합의점을 가지고 있다는 점은 분명해 보인다. 고등교육기관은 학생들에게 단순한 정보 취득 이상의 것을 요구한다. 교수의 요구 수준을 넘어서 학생들이 각자 지식을 활용할 수 있어야 하고, 또한 재창조할 수 있어야 한다. 20세기 초의 철학자 앨프리드 노스 화이트헤드Alfred North Whitehead의 유명한 에세이에는 다음과 같은 구절이 있다.

대학은 지식을 전달하지만, 창의성을 통해 전달한다. …… 흥분으로 가득 찬 공기, 상상력과 창의력의 팽창, 변형을 거듭하는 지식. 그 속에서 하나의 진실은 더는 온전한 진실이 아니니, 그것은 모든 가능성이 투영된 진실이다. 그것은 기억의 창고에 저장되는 지식이 아니다. 우리의 꿈을 풍요롭게 하는 시인이자 우리의 생각을 건축하는 건축가이다.

지금은 폐지된 국가학위수여위원회Council for National Academic Awards는 고등교육의 목적을 앞 인용문보다는 덜 시적이지만 이렇게 표현했다. 이 글에 따르면 고등교육은 사람을 양육하는 교육과정이다.

학생의 지식과 창의력, 이해력과 판단력, 문제해결 능력, 소통하는 능력. 배운 것들 사이의 연관성을 파악하고, 넓은 관점으로 자신의 학업 분야를 바라보는 능력. 고등교육의 목표는 핵심을 파악하여 질문을 던질 줄 알고, 분석적이고 창의적으로 문제에 접근할 줄 알고, 독립적으로 판단하고, 비판적으로 자기를 인식할 줄 아는 능력을 배양하는 데 있다.

오늘날 이루어지고 있는 고등교육이 이렇게 창조적인 작업일까? 특히 과학 분야에서 두드러지는 문제지만, 학생들은 학부 기간 동안 학과의 주제를 자율적이고 흥미롭게 공부하기 전에 과학적인 사실로 드러난 수많은 지식을 먼저 배워야 할까? 우선적으로 습득해야 할 과학적인 사실들이 많다는 점을 인정한다고 해도 그것을 꼭 암기해야만 할까? 대학에서는 학생들이 객관적인 사실을 암기하는 것 이상의 학습을 하기를 원한다. 대학은 학생들이 각자 연마한 지식을 활용하여 더 고차원적인 목적에 사용하기를 원한다. 서로 다른 지식의 원리들을 이해하고 발전시켜 현재 지식의 한계를 돌파하기를 원한다. 그래서 창의적이고 도전적인 마음가짐은 반드시 필요하다. 만일 학생들이 스스로 배운 지식을 활용한다면 자신의 배움을 다양한 방식으로 활용할 것이다.

고등교육은 기존의 사유와 믿음에 대해 의문을 제기하고 반론을 증명해내는 일인데, 이것이야말로 새로운 지식이 창출되는 과정이다. 이를 통해 대학들은 필연적으로 과학이든 예술이든, 혹은 정치나 문화든, 혹은 영향력 있는 사회의 집단이든, 혹은 하나의 신념체계이든, 대상을 불문하고 현재의 기득권에 도전장을 내밀게 된다. 로널드 바넷Ronald Barnett 교수는 다음과 같이 말했다.

진정한 고등교육은 본질적으로 체제 전복적이어서, 모두 당연하게 누려온 세계와 그 세계에서의 노력과 학문과 계산이나 창의력을 뒤엎어야 한다. 진정한 고등교육은 언제나 가변적이어서 안온한 사실에 안주하지 않는다. 또한 그것은 매우 불편한 것이어서 학생들은 그것이 스스로를 배신하는 장면을 목격하게 된다. 고등교육을 배우는 학생이 아무리 열심히 노력하고 자료를 찾는다고 해도 이러한 사실을 깨닫지 못하면 그의 학문은 결코 성숙하지 않는다.

만일 튜토리얼이 반드시 지향해야 할 지점이 있다면, 능력과 창의력과 고등교육 특유의 전복적 사고라고 할 수 있다. 고등교육이 어떻게 작용하는지 알려면 우리는 학생들의 학습과정을 자세히 살펴야 한다.

고등교육에 대한 학생들의 접근법

어떻게 학생들을 배움에 이르도록 하는지에 대한 다양한 연구는 백 년 이상 이어져왔다. 여기에서는 그중 하나를 살펴보고자 한다.

학업에 임하는 학생들의 태도를 '심오한' 접근법과 '피상적인' 접근법으로 나누어 설명하려는 시도가 학생들이 고등교육을 받아들이는 방식을 설명해주는 가장 영향력 있는 연구로 지난 사반세기 동안 인정받아왔다. 두 사람의 스웨덴 연구자가 수행한 이 연구가 책으로 출간된 때는 1976년이었다. 그들은 학생을 두 표본집단으로 구분한 뒤 학술서적을 읽도록 하여 일정한 질문에 대답하도록 했다. 학생들의 반응을 분석하여 정리한 것이 이 연구의 대략적인 내용이다.

한 부류의 학생들은 주어진 책의 내용을 질문에 대한 답변이 담긴 개별적인 지식으로 이해했는데, 연구자들은 이것을 '피상적인 접근법'이라고 이름 붙였다. 다른 부류의 학생들은 주어진 책을 의미를 담고 있는 하나의 의미 구조로 받아들였다. 그들은 책에 숨겨진 의미와 의도를 찾으려 했으며, 자신과의 연관성을 파악하려 했다. 연구자들은 이것을 '심오한 접근법'이라고 이름 붙였다. 심오한 학습법으로 실험에 임한 학생들은 더 많은 문구를 이해했고, 다양한 질문에 더 잘 답했으며, 더 효과적으로 기억했다.

수많은 후속 연구들은 위의 서로 다른 접근법이 학업 수행의 폭넓은 영역에 적용될 수 있다는 사실을 증명했다. 또한 학생들이 이를 통해 자신의 학업 성향을 파악하고 필요한 접근법을 전략적으로 사용할 수 있다는 사실도 보여주었다.

심오한 접근법을 촉진하기

학습 연구를 하는 데 심오한 접근법과 피상적인 접근법을 구분하여 연구하는 일은 매우 중요하다. 두 접근법을 비교하면서 우리의 학습 방법을 반추해볼 수 있기 때문이다. 학습이 단순히 인간이 인간에게 전달하는 정보의 흐름이라고 생각한다면 이것은 피상적인 학습법을 지지하는 입장이다. 하지만 앞에서 이야기했듯 지식과 정보를 자발적으로 향유하는 일이 학습이라고 생각하는 이들은 인간의 지식 활동에는 정보의 전달을 넘어선 고차원적인 의미가 담겨 있다고 믿는다.

배움에 대한 위와 같은 상반된 입장은 개인적인 특성에서 오는 결과인 것만은 아니다. 연구자들에 따르면 같은 학생이라도 과업의 종류에 따라 서로 다른 학습법을 채택하는 경향을 보인다. 그렇다면 학생들이 심오한 학습법 혹은 피상적인 학습법을 채택하는 이유는 무엇일까?

그 해답은 학생들이 무엇을 수행하도록 요구받았는지(그들이 요구받은 구체적인 목표)와 요구받은 사항에 대한 학생들의 인식(그 요구에 대한 개인적인 믿음)이 결합된 곳에 있다. 따라서 튜토리얼에서 튜터가 학생들에게 무엇을 요구하는지, 학생들이 튜터에게서 무엇을 요구받았는지 비교해보아야 한다. 또한 학생들이 튜토리얼을 준비하는 목적과 튜토리얼 자체에 대한 인식도 그에 못지않게 중요하다.

튜터들이 심오한, 혹은 피상적인 접근법이라는 구체적인 용어를 사용하는 경우는 많지 않다. 하지만 자신의 튜토리얼이 심오한 접근법의 형태이기를 원하며, 그 접근법으로 튜토리얼을 논하는 경향이 있다. 그렇다면 학생들이 튜토리얼을 활용하는 방법은 무엇일까? 여기에 대한 해답이 한마디로 정의되는 것은 아니다! 옥스퍼드에서도 이 해답을 얻기 위해 연구를 거듭하고 있지만, 진행 중인 연구는 학생들이 튜토리얼을 어떻게 느끼는지에 관한 몇 가지 예시를 보여줄 뿐이다. 이 연구에 관해서 살펴보도록 하자.

학습의 개념

일부 연구 결과에 따르면 성인들은 여섯 가지 매우 다른 패턴으로 학습하는 것으로 나타났다. 그리고 이러한 차이는 '중첩된 위계 nested hierarchy'의 모습을 보인다고 한다. 예를 들면 특성 6을 보이는 사람은 같은 맥락에서 특성 1을 보이기도 하지만, 특성 1을 보이는 사람은 특성 6을 알 수도, 실행할 수도 없다.

- 특성 1: 인지하고 있는 정보의 양을 늘린다.
- 특성 2: 암기한다.
- 특성 3: 사실과 방법과 기술을 익힌 뒤 필요할 때 사용한다.
- 특성 4: 의미를 추상화하여 종개념種槪念으로 사물을 인식한다.
- 특성 5: 실재를 해석하여 이해한다.
- 특성 6: 하나의 인격체로서 대상에 변화를 가하는 법을 배운다.

앞의 세 가지 특성은 피상적 접근법과 관련 있다. 학습이란 지식을 얻는 것이라고 믿는 학생은 기억과 기술의 습득을 중시하며, 이들은 피상적 접근법을 선호한다. 뒤의 세 가지 특성은 심오한 학습법과 관련된다. 학습은 새로운 의미 구조를 창출하는 일이고, 현실을 해석하는 방법을 발전시키는 일이고, 사람이 무엇인가를 바꾸는 일이라고 믿는 이들이 심오한 접근법을 선호한다.

학습에 대한 서로 다른 특성을 가진 학생들이 튜토리얼에서 만나 같이 공부한다면 어떻게 될까? 연구 결과에 따르면 학생들은 튜토리얼을 각자의 방식으로 학습에 활용한다고 나타났다. 학습이란 기술을 연마하는 것이라고 생각하는 학생은 튜토리얼에서 기술을 연마한다고 생각하고, 학습이 현실 너머의 실체를 이해하고 해석하는 과정이라고 생각하는 학생은 튜토리얼을 통해 그러한 사고체계를 배우려 한다는 것이다.

눈치 빠른 독자는 여기에서 한 가지 의문을 제기할 것이다. 매우 고차원적인 내용을 다루는 튜토리얼에서 피상적인 학습이 가능한지 궁금해할 것이기 때문이다. 하지만 신입생들의 경우 높은 수준의 지식을 학습하지는 않는다. 튜터와 학생이 같은 튜토리얼에서 공부하지만 학습 수준에서는 매우 다른 양상을 보일 수 있다. 따라서 학생들이 이전에 상상했던 것과 다른 모습의 튜토리얼을 경험하고는 한동안 낯설어하기도 한다.

튜토리얼로 무엇을 이룰 수 있는가?

학습에 대한 입장이 서로 다르다고 해도 튜터와 학생은 같은 공간에 무심히 앉아 있기만 하는 것은 아니다. 튜토리얼이 가진 가장 큰 장점은 튜터와 학생들이 대화를 통해 세심하게 서로를 이해할 수 있다는 점이며, 이를 통해 학습의 효과를 극대화할 수 있다. 또한 튜토리얼을 경험한 학생들은 기존의 교육을 받을 때보다 더 많은 준비를 해야 한다는 사실을 알고, 더 많은 노력을 기울이게 된다.

W. G. 무어가 예로 든 두 가지 세계에 대한 서로 다른 표현 또한 이러한 주제와 연관된다. "무어 군은 X박사에게 배웠습니다"와 "무어 군은 X박사와 함께 이 주제의 이 부분을 함께 읽었습니다"는 각각의 세계를 대표한다. 'X박사에게 배웠다'는 말은 학생과 튜터 각각의 목표는 상대방의 노력을 이끌어내는 일이라는 뜻을 내포한다. 반면 학생이 '이 부분을 X박사와 함께 읽었다'는 말에는 공동의

노력을 기울이는 과정에서 학생 스스로 노력했고, 그것은 튜터의 노력보다 중요하다는 의미가 담겨 있다.

후자의 경우 옥스퍼드 튜토리얼이 지향하는 가치관을 보여줄 뿐 아니라 옥스퍼드의 학생들이 튜토리얼을 진행하는 모습을 있는 그 대로 보여준다. 튜터와 함께하는 시간이 한 시간이라면 학생은 열 아홉 시간을 스스로 공부해야 한다(어떤 학생들은 이보다 많은 시간을 공부할 것이고 다른 학생들은 더 적게 공부할 것이다. 그런데 이러한 편차와 상관없이 학생들이 학습에 투자하는 절대적인 시간에 비하면 튜토리얼은 매우 적은 부분에 지나지 않는다). 튜토리얼 의 중요성은 여기에서 드러나는데, 튜토리얼에서 여럿이 공부하는 때와 마찬가지로 홀로 공부하는 시간에도 학생들은 주도적으로 학습하게 된다.

항해에 비유하여 설명하자면, 튜토리얼은 일정이 정해진 유람선 여행이라기보다 스스로 행선지를 계획하는 항해에 가깝다. 튜토리 얼은 학생들의 극히 일부의 시간을 점유할 뿐이지만 먼 항해에서의 내비게이션 역할을 하기 때문에 그 중요성은 결코 간과할 수 없다.

치커링Chickering과 갬슨Gamson은 1989년 발표한 논문에서 고등교 육에 관해 50년 동안 수행한 연구에 대해 논했다. 훌륭한 학부교 육의 일곱 가지 원칙 가운데 네 가지가 소통에 관한 것이었다. 학 생과 튜터의 개인적인 소통과 지향하는 목표에 대한 소통, 학습에 필요한 다양한 재능과 방법에 대한 존중, 학생들 사이의 협업 증진 이 그것이었다. 앞의 세 가지는 학생과 튜터는 매주 대면해야 한다 는 원칙처럼 옥스퍼드 튜토리얼이 지향하는 가장 중요한 요소였다. 그런데 학생들 간의 협업을 장려하는 일은 튜토리얼에서 강조하지 않았던 요소이다. 학생들은 이미 튜토리얼 바깥에서 필요한 정보를 주고받으며 비공식적인 관계를 유지하기 때문이다.

나는 앞에서 고등교육이라는 이름에는 체제 전복적인 요소가 있기 때문에 필연적으로 지금의 현실에 의문을 제기할 수밖에 없다고 주장했다. 많은 사람이 '체제 전복적'이라는 단어가 보수주의의 보루와도 같은 각종 고등교육기관들의 이미지와 맞지 않는다고 생각한다. 하지만 사실을 이야기하자면 옥스퍼드에서도 체제 전복은 현재 진행 중인 과업이다. 신념이 의심받지 않고, 모든 제도가 거룩한 성소 안에서 안주해 있고, 어떠한 증거도 반박되지 않는다면 어떠한 결론도 내릴 수 없을 것이다.

당신의 튜터도 마찬가지다.

I3

해봐서 아는데, 별것 아니다: 튜토리얼에서 최근 살아남은 어떤 이의 의견

앤드류 스미스 Andrew Smith, 뉴 칼리지, 웨스턴 주니어 연구소 화학 펠로

나는 1992년 지저스 칼리지에 입학하면서 옥스퍼드의 가족이 되었고 이후 튜토리얼 제도를 관통해왔다. 튜토리얼 제도가 허락하는 혜택을 모두 누린 후, 지금은 튜터가 되었다. 내 경험을 통해 학생들에게 진심 어린 가르침을 주고, 튜터와 학부생 간의 협업관계도 성공적으로 만들어가고 싶다는 것이 나의 바람이다.

학부 1학년 첫 주에 공식적인 튜토리얼 모임에 처음 나갔던 때가 기억난다. 튜터는 간략히 환영 인사를 한 뒤 이내 학업 이야기로 넘어가더니 일 년 동안의 학업 계획과 당장 여름에 있을 예비시험까지 언급했다. '튜토리얼'과 '수업'의 차이에 대해 설명한 뒤에는 튜토리얼을 위한 그룹을 나누었다. 모든 학업은 과업 수행에 집중되어 있었고 이를 통해 우리는 화학자가 되기 위해 필요한 사고의 틀을 만들어야 했다. 그리고 모든 방향과 체계는 우리의 어깨에 명확히 올려졌다. 튜터들은 내가 이전에 만났던 선생님들처럼 정보를

전달하기 위해서가 아니라, 우리에게 조언해주고 학업 수행을 돕기 위해 우리와 함께했다. 그 날 연구실에 있던 다른 학생들처럼 나도 최고의 성적을 받으며 옥스퍼드에서 자리 잡기 위해 노력했다. 하지만 내 성적이 말해주듯 지식의 양과 자신감의 크기는 마음처럼 따라와 주지 않았다. 나는 이곳의 학습 환경이 매우 다르다는 사실을 느꼈다. 가장 명민한 학생들이 모인 연구실에서 나는 무엇을 해야 할지 몰랐고 무엇을 하라는 명확한 지침을 받지도 못했다. 학과 공부에 대한 개념을 스스로 정립해야 했지만, 내가 이해한 내용들은 온전한 사실과 동떨어져 있는 듯했다.

불안한 마음이 가득하던 그 시절이 생생히 떠오른다. 나의 첫 번째 튜토리얼은 거의 재앙 수준이었다. 나는 나의 이해력에 절망할 수밖에 없었다. 첫 번째 그룹 학습에서 친구들이 재빨리 주제를 논하고 학과 공부를 챙기는 등 매우 낯선 모습 앞에서 나는 순한 양이 되어 그들을 바라보기만 했다. 나는 정확히 이해하지 못하는 부분에 대해 질문조차 못했기 때문에 어느 부분을 더 공부해야 할지도 알지 못했다. 그룹의 다른 학생들보다 뒤처지기는 싫었지만 나는 학업 의지와 자신감을 모두 잃은 채 시간을 보냈다.

그런데 다행히도 한 가지 놀라운 생각이 불현듯 떠올랐다. '무슨 상관이야? 다른 친구들이 알고 있는 내용을 질문하는 게 뭐가 어때서? 내가 잘 이해하지 못한다는 사실을 친구들이 안다고 해서 뭐가 문제인데? 질문에 대답을 잘하지 못하면 어때?' 나는 이내 깨달았다. 튜토리얼은 내가 필요할 때 이용하도록 마련된 매우 소중한 장치라는 사실을 말이다. 학부생이라면 필요한 정보와 지식을 스스로 취할 수 있어야 한다. 튜토리얼이야말로 튜터는 물론 다른 학생들에게서 이중으로 자극받을 수 있는 장치이다. 무엇보다 튜터와의 교감이 매우 중요하다. 진행 중인 학업의 흐름을 이해해야 하고, 어려운 부분을 튜터에게 알려주고, 토론에도 적극 참여해야 한다. 튜터는 학생들이 스스로 생각하여 문제를 해결하도록 도울 테고, 적정한 선에서 해답과 자료를 제공하며 학생이 핵심에 이르도록 도울 것이다. 이러한 과정을 통해 학생들은 문제의 해결책을 찾을 뿐 아니라 그와 유사한 다른 문제들에도 대처하고 해결하는 능력을 갖게 된다.

다시 말하지만 틀리는 것을 두려워하지 말아야 한다……. 그러나 나는 튜토리얼에서 무엇인가를 시도해서 답을 찾았지만 정답이 아니었을 때, 나를 '바보'라고 비하하며 괴로워하기도 했다. 하지만 깨달음을 얻은 후 그러한 과정을 통해 나를 소외시키기보다는 더욱 많은 것을 배우려 했고 주어진 제도를 적극 이용했다. 그것이 내가 자신감을 회복한 방법이었다. 한때 가졌던 오류에 대한 두려움은 사라졌고, 튜토리얼은 나의 학습 도구가 되었으며, 공부가 더욱 재미있어졌고, 심지어 기꺼이 즐길 수 있게 되었다……. 개인적인 관점에서 내가 학부 시절 배운 가장 중요한 가르침은, 비교적 이른 시간에 튜토리얼을 나의 것으로 받아들였다는 사실이다. 미루거나 권위에 압도되지 말고 튜토리얼에서 무엇을 얻을지 생각해야한다. 튜토리얼과 튜터는 언제나 같은 자리에 있고 당신이 찾고 있는 것을 제공해주기 위해 기다리고 있다.

학사학위를 마치고 박사과정 첫 해가 되자 나도 튜터로서 학생들을 지도하기 시작했다. 나는 나에게 "좋은 튜터가 되는 요건은 무엇일까?"라는 질문을 던졌다. 학부 시절 나는 여러 훌륭한 튜터들을 만나 그들의 열정과 화학 관련 지식을 고스란히 전수받았다. 그들은 자신의 고유한 관점으로 학과 주제에 대한 자신의 해석이나 견해를 제시하기도 했다. 그래서 튜터가 언제나 같은 방식으로 튜토리얼을 이끌어가리라고 기대해서는 안 된다. 옥스퍼드가 채택하고 있는 다양한 학습 제도 속에서 학생들은 여러 튜터를 만나며 그들의 재량에 따라 다양한 학습을 경험하게 된다. 튜터들은 자신의 학습법과 사고방식을 학생들에게 보여주며 조금씩 자신의 연구법을 드러내려 할 것이다. 또 학습에 필요한 주제와 도구와 장치들을 제시하고, 문제를 찾아내어 질문할 수 있게 도와줄 것이다. 이것이 옥스퍼드 튜토리얼의 기본 얼개이자 다른 학습법과 구별되는 특별한 점이다. 개인적인 경험에 비추어보아, 어려운 질문들에 대한 답을 얻기 위해서는 문제를 해체하고 단순화하여 기본적인 정보의 단위로 나누어야 한다. 그리고 그것을 재조립하면 미처 발견하지 못했던 의미가 발견되기 시작한다. 이러한 방식에 동의하지 않는 사람도 있겠지만 다양한 접근 방식을 통해 학생들은 생각의 실마리를 발견하고 그것을 돌파하여 결국 성공에 이른다. 튜터들은 안내자로서의 역할을 하기 위해 그 자리에 있다. 예비시험이나 최종시험 등을 준비하는 학생들이 질문하는 모든 사항에 튜터가 답을 줄 수 없을지도 모르지만, 최소한 나아가야 할 올바른 방향을 제시해주는 데 큰 역할을 할 것이다.

가르치는 입장에서 튜토리얼에 대해 지금 막 떠오른 고민은, 어떠한 과업을 완결하지 못하고 제자리를 맴도는 학생이나 다른 사람의 생각을 그대로 받아들여 자신의 과업으로 완성하는 학생에게 튜터는 언제 개입하여 어떻게 도와야 하는가에 대한 문제이다. 자신의 과업을 버거워 하지만 열심히 노력하는 학생과, 과업을 완성하지 못한 채 자신감만 내보이는 학생은 어떻게 구별할 것인가? 열정적인 학생과 열정을 가장하는 학생은 어떻게 가려낼 것인가? 이러한 문제에서 가장 중요한 점은 튜터와 학생이 무엇보다 먼저 신뢰를 쌓아야 한다는 점이다. 그렇지 않으면 바쁘게 진행되는 학사 운영과 교육 일정 속에서 각각의 학생들이 가지고 있는 특성들을 알아채지 못한다. 학생들은 근본적인 문제를 해결하지 않은 채 순간을 모면하려 하지 말아야 한다. 그러한 방법은 자신에게 실망감만을 안겨줄 뿐이다. 학생 자신의 실패를 튜터의 탓으로 돌려서도 안 된다. 튜토리얼은 학생들이 자신의 학습 목표를 찾아서 원하는 방향으로 나아가도록 하고 그 과정에서 성취를 경험하도록 돕기 위해 존재한다. 옥스퍼드에 진학한 학생들은 수많은 기회를 제공받는다. 하지만 튜토리얼이 제공하는 이점을 충분히 살리지 못한다면 그 학생은 가진 잠재력을 살리지 못할 테고 그 결과 자신을 책망하게 될 것이다.

튜토리얼에서 무엇을 기대해야 하는가?

화학 연구자의 입장에서 이야기한다면, 자연과학을 기반으로 하는 튜토리얼은 에세이 작성보다는 과제 수행을 중심으로 이루어진다. 물론 에세이를 전혀 쓰지 않는 것은 아니다! 예습을 하고 과제를 제출했음에도 화이트보드 앞에 불려나가 문제를 풀어야 하는 상황에 직면해도 놀라지 말기를 바란다. 학업 내용을 정확히 이해하는 방법은 도전적인 문제를 반강제로 풀어보면서라도 명확하지 않았던 부분을 말끔히 해소하는 것이다. 친구들 앞에서 일어나 보드 앞으로 가서 지난 시간에 무엇을 배웠는지 기억하려 애쓰며 문제풀이에 전념하는 일은 필수불가결한 과정이다. 하지만 이 과정을 통해 지식을 얼마나 이해하고 있는지 파악하고 자신의 문제해결 능력과 기술과 전략을 발전시킬 수 있다. 튜토리얼은 과업 중심으로 진행되기 때문에, 파트너 혼자 질문에 답할 수도 없고, 학생이 에세이를 읽을 때 다른 학생이 여유 있는 시간을 보내는 일은 생각할 수 없다. 자연과학은 구성원 모두 이해하고 있다는 전제 하에 과업이 진행되기 때문에, 학생들의 이해도를 확인하느라 시간을 보낸다면 튜토리얼 진행이 어려울 수 있다. 튜토리얼은 학문의 기본적인 토대 위에 해당 과목의 주요 지식을 전수하는 시간이지만, 가장 뛰어난 학생들도 활발히 참여하도록 어느 정도의 난이도를 유지해야 한다. 튜토리얼은 학생들에게 필요한 지식을 빠짐없이 전수해주는 강의가 아니다. 학업 수행 전반을 도와 성공적으로 학위 취득과정을 마치도록 돕는 장치가 튜토리얼이기 때문이다. 학생들은 이것을 최대한 활용하기만 하면 된다!

I4

학생 입장에서 본
옥스퍼드 튜토리얼

제임스 클라크 James Clark, 브래스노스 칼리지, 근대사 펠로 역임

입학 인터뷰에서 언급했듯, 옥스퍼드에서 튜토리얼을 경험하는 일이 어떤 의미인지를 한마디로 표현하기란 어렵고, 옥스퍼드 튜토리얼을 정확히 설명하는 일은 더욱 힘들다. 옥스퍼드 생활에 대해 큰 깨달음을 얻었다는 사람이 별로 없는 것이 이해가 된다. 찰스 도지슨Charles Dodgson(필명은 루이스 캐럴Lewis Carroll)은 튜토리얼의 근원적인 목적이 '학생과 거리를 두어 튜터의 위엄을 지키는 것'이라고 말했다. 어떤 이는 '학생들을 비천하게 만들기 위한 제도'라고 말하기도 했다. 에벌린 워[Evelyn Waugh, 1903~1966, 영국의 소설가-옮긴이]는 옥스퍼드 시절 최하 등급의 성적을 받았고 튜토리얼의 튜터와도 친밀한 관계를 맺지 못했는데, 튜터와의 돈독한 관계를 가져도 별로 얻을 것이 없다고 주장하기도 했다. 그에게 튜터란 단잠에 빠져 있는 그를 흔들어 깨워 웨일즈의 역사를 이야기하는 사람일 뿐이었다. 우리는 어떤 사람에게 최고와 최악, 그리고 괴짜 녀석이라는 꼬리표를 붙

이기 좋아하는데, 가르치는 입장인 튜터도 그처럼 기이한 행동을 보이는 경우가 있다. 학생들이 에세이 쓰기를 본격적으로 시작하기도 전에 연구실을 떠나는 사람, 조용히 기다리다가 잠드는 사람, 바닥에 드러누운 채 에세이 낭독을 듣는 사람 등. 학생도 마찬가지다. 실내복을 입고 튜토리얼에 참석하는 학생, 찻잔을 움켜쥐고 있는 학생, 아무것도 쓰이지 않은 종이를 보고도 완벽하고 정확하게 텍스트를 읽어내는 학생, 튜터의 책 내용을 에세이에 그대로 베껴 쓰는 학생 등 종류도 다양하다.

물론 매우 예외적인 경우나 왜곡된 모습이 아닌 튜토리얼의 제대로 된 모습을 알고자 한다면 지금 옥스퍼드에서 열심히 공부하는 학생들을 만나보아야 한다. 그래서 나는 지난 학기의 상황을 자세히 알기 위해 40여 명의 학부생을 인터뷰했고, 그들이 경험한 튜토리얼에 대한 의견을 수렴했다. 여섯 곳의 서로 다른 대학에서 예술과 과학 등 다양한 전공을 이수 중인 1학년부터 4학년까지의 학생들도 만났으며 응답자의 절반은 여성이었다. 학생들은 매우 적극적으로 인터뷰에 응해주었다. 옥스퍼드의 학생들에게 튜토리얼은 학업의 큰 부분을 차지하고 있었고, 교육과 학습 측면에서도 의심할 나위 없이 큰 역할을 한다고 말했다. 이들의 의견은 연구자나 학교 실무자에게도 매우 흥미로운 자료가 될 것이다.

첫째, 학생들에 따르면 그동안 오늘날 옥스퍼드 튜토리얼에는 많은 변화가 있었고 앞으로도 지속적으로 변화할 것이다. 물론 대부분의 튜토리얼은 학생들이 매주 튜터와 만난다는 기본 원칙을 유지하고 있으며, 책과 인쇄물을 통해 각종 자료를 검토한다는 점에도 변화가 없다. 또한 일반적으로 튜토리얼은 대학을 중심으로 형성되어 있어 같은 학과 학생들과 관계 맺기 좋은 조건을 가지고 있다. 그런데 한편으로는 이와 다른 튜토리얼도 존재한다. 전통적인 일대일 튜토리얼은 튜터와 학생 한 명이 만나 에세이를 검토하고 여러 과업을 수행하며 피드백을 제공하는 것이 원칙이었다. 지금은 학생 두 명이 파트너가 되는 형태가 일반적이며, 인터뷰에 응한 학생들의 다수가 서너 명의 그룹으로 이루어진 튜토리얼도 경험했다고 한다. 자연과학 분야에서는 더 큰 그룹이 만들어지기도 한다. 이것은 어떤 면에서는 환영할만한 일인지도 모른다. 튜터와 학생 한 명으로 진행되는 수업보다 여러 명의 학생이 자유롭게 의견을 주고받는 형식이 더 유용하다는 것이 많은 학생의 의견이었다. 일반적으로 다소 규모가 큰 튜토리얼은 더 편안한 환경이 조성되기 때문에 학생들도 자신의 의견을 제시하는 데 부담을 덜 느낀다고 답했다.

에세이나 필기평가가 튜토리얼의 핵심이라는 견해에도 반론이 많았다. 예술 과목 튜토리얼도 학생들은 참석 전에 예외 없이 필기과제를 제출하고 토론에 필요한 준비를 해야 하는데, 전공 도서들을 읽기에도 시간이 부족한 경우가 많다고 했다. 서너 명으로 구성된 그룹에서 튜터는 에세이의 주제이기도 한 그 날의 학습 내용에 관해 발표하라고 요구한다. 본격적인 토론에 들어가기에 앞서 진행되는 예비순서인 셈이다. 강조하자면 이 부분은 많은 학생이 개선되기를 바란다. 학생들은 소리 내어 읽는 행위를 선호하지도 않았는데, 실용적이지도 않고-소중한 시간을 낭비한다고 생각한다-

교수법의 측면에서도 효용이 없다고 생각하기 때문이다. 그보다는 학생들과 튜터가 의견이 대립되는 상황을 가정한 뒤 토론을 벌이는 편이 낫다고 생각했다. 또한 과제를 발표하는 의례적인 격식 등을 생략하면 학생들은 더 편하게 대화를 나누고, 쉽게 질문을 던질 수 있으며, 아울러 더 도전적인 자세로 자신의 생각을 제시할 수 있으리라 주장했다. 학생들의 의견으로 밝혀진 문제점은, 그들의 에세이 과제 등에 대해 장점과 단점을 지적해주는 절차에 대한 논의가 없었다는 점이다. 또 다른 문제점은 전통적인 튜토리얼이 제공했던 일대일 학습의 기회가 줄어들면서 학생들이 학문 주제를 상세하고 깊이 있게 논의할 기회를 잃어버렸다는 점이다.

물론 튜토리얼에서 이루어지고 있는 모든 일이 옥스퍼드에 갓 입학한 학생들에게는 낯설 것이다(그래서 이 책이 출간됐다-편집자). 많은 학생이 아마도 도도하고 권위적이고 오로지 학생의 지식적인 약점을 찾아내는 데 혈안이 되어 있을 튜터의 모습을 머릿속에 그리고 있을 것이다. 어떤 학생들은 몇몇 대학에서 발간한 학생 서바이벌 키트나 이와 유사한 안내책자가 유용했다고 주장했다. 이들 출판물의 상당수가 대학생활에 관해 잘못 알려진 사항들을 바로잡는 데 집중하고 있을 뿐인데도 말이다. 물론 미디어에 노출되는 가십이나 졸업생들의 잘못된 행동 등으로 왜곡된 대학의 이미지를 바로잡을 수단이 충분히 없기 때문에 그러한 책자가 왜 떠도는지 이해되기도 한다. 신입생들은 튜터를 마치 입학 사정관처럼 느끼며 그들 앞에서 잔뜩 긴장한 채 발언하는 경우가 많다. 또한 학문 분야의 권위자와 마주하는 일도 불편하다고 느끼는데, 자신이 가진 지식의 일천함을 간파당할 것 같다는 생각 때문이다. 학생들이 가지는 또 다른 불편함은 튜터가 매 순간 자신을 평가하고 있으며, 수시로 제출하는 과제물도 정규 평가 요소가 되리라 생각하기 때문이다. 가장 많은 학생이 두려워하는 것은 튜터가 자신에게 기대하는 것이 무엇인지 정확히 알지 못하는 데서 오는 막연한 불안함이었다. 인터뷰를 했던 대다수의 학생은 튜토리얼이 무엇인지 알기까지 적지 않은 시간이 걸렸으며, 대담한 시도와 실수를 반복하며 그 시간을 단축했다고 했다. 옥스퍼드에서의 다른 생활도 그렇겠지만 적지 않은 수의 튜터들은 아직도 튜토리얼의 핵심이 누군가에게 배워서 이해하는 것이 아니라 오로지 깨달음이라는 각성 과정을 거쳐야만 한다고 생각한다. 펠로 직책을 맡고 있는 젊은 세대에서 그러한 경향이 많이 나타나는데, 어떤 튜터들은 자신의 튜토리얼을 어떻게 운영할지, 혹은 학생들은 어떤 준비를 해야 하는지 전혀 언급해주지 않는다. 물론 이것은 옥스퍼드에서 두세 학기를 마친 학생들의 튜토리얼에 간혹 나타나는 현상이다. 간혹 1학년 말에 치러지는 평가 이후부터 이러한 분위기가 나타나기도 한다. 하지만 일년쯤 되면 학생들은 튜토리얼에서 무엇을 해야 할지 스스로 파악한다.

예술 과목을 배운 학생들도 튜토리얼이 영감의 원천이 된다는 사실을 명확히 인식하고 있었다. 튜터와 직접 만나는 일이 어려움은 물론, 학급 규모나 강의 계획 등을 고려할 때 교수요목은 매우 피상적이어서 많은 학생이 필요한 과정을 겨우 이수하는 수준이기 때문에, 각자의 예술적인 능력을 충분히 발휘하지 못하고 있었다. 내가 인터뷰했던 여러 학생은 튜토리얼의 역할에 매우 긍정적이었는데, 학과목의 핵심 내용을 짚어줄 뿐 아니라 더욱 심화된 내용을 이해할 수 있도록 돕기 때문이라고 답했다. 그러면서도 학생들은 튜토리얼에서 다루는 방대한 양과 범위를 다소 부담스러워했다. 강의나 세미나의 형식적인 토론과 달리, 매주 파트너 한 명과 함께 튜터와 대면하여 진행되는 튜토리얼은 훨씬 폭넓은 주제를 다루고 더욱 면밀히 학습해야 하기 때문이었다. 그래서 토론을 위한 구체적인 주제와 자료를 준비하지 않고 즉각적인 아이디어에서 논리적인 결론을 이끌어내는 튜터가 학생들에게 인기를 얻고 있다. 일부 학생들은 튜토리얼이 문제를 제시하고 질문을 이끌어내는 아이디어의 경연장으로서 역할할 때 가장 만족한다고 답했다. 또 다른 학생들은 하나 혹은 몇 가지 사안을 두고 합의를 이끌어내는 토론을 좋아한다고 했다. 이러한 토론이 열기를 더할수록 튜토리얼에 대한 학생들의 평가는 긍정적이었다. "최고의 튜토리얼은 팩스먼이라는 튜터를 가진 뉴스나이트와 같다." 이 말에 많은 사람이 동의하듯 튜토리얼의 가장 큰 장점은 토론의 내용과 형식이 개방되어 있고, 조정과 협상이 가능하며, 학생들은 자신이 원하는 주제와 방향을 선택할 수 있다는 점이다.

물론 튜토리얼에 대한 학생들의 의견이 불변의 진리인 것은 아니다. 튜토리얼의 특징과 양상은 대학별로 다르고, 학기별로 만나는 튜터의 성향에 따라 학습 수준이 천차만별이라는 점도 분명한 사실이다. 경험 많고 학문적인 성과를 거둔 학자보다 대학원생이나 어린 연구자들이 튜터로서 더욱 적합하다는 이야기도 간혹 들린다. 때로는 튜터와 학생이 좋은 인간관계를 맺고 교류할 기회를 제공하는 튜토리얼의 커다란 장점이 큰 단점이 되기도 한다. 학생이 자신의 튜터와 좋은 관계를 형성하는 일은 언제나 환영받을 일이다. 튜터는 물론 학생 입장에서도 많은 것을 얻을 수 있기 때문이다. 하지만 누구나 그러한 것은 아니다. 어떤 학생들은 심하게 불만을 토로하기도 했는데, 튜토리얼이 토론과 논쟁을 배우는 데 매우 중요한 학습법이겠지만 연말 평가시험을 준비하려면 부담이 된다고 했다. 그들의 입장에서는 튜토리얼이 전공과목 시험에 필요한 직접적인 지식을 심어주지는 못하지만, 시험의 기본이 되는 배경지식을 쌓는 데는 도움이 된다고 했다. 어느 학생은 이렇게 주장했다. "튜토리얼은 나에게 토론하는 방법을 가르쳐주었다……. 무엇에 관해서든. 하지만 시험에 통과하는 방법을 가르쳐주지는 않았다."

소수이기는 하지만 다음과 같은 불만을 제시한 학생도 있었다. 옥스퍼드 튜토리얼은 여자들보다 남자들에게 적합한, 다소 성차별적인 요소가 있는 제도라는 것이다. 요컨대 튜토리얼 토론이 벌어졌을 때 남학생들에게 유리하다는 의미는 그들이 자신감 넘치고, 적극적인 태도로 말하고, 매우 단순하고, 심지어 여학생들보다 목소리가 큰 경향이 있기 때문이다. 하지만 성별에 상관없이 태생적으로 수줍음이 많은 학생도 있다는 점을 생각해보아야 한다. 이들은 토론에서 쉽게 방관자적인 태도를 보일 수 있는데, 이러한 성격이 여성들에게만 편중되게 나타난다고 단정하는 것도 합리적인 태도는 아니다.

요약하자면 오늘날 다수의 옥스퍼드 학생들은 튜토리얼 학습법을 매우 좋아한다. 자신들의 학업에 매우 도움이 되고 지적 욕구도 자극하기 때문이다. 처음에는 각 분야의 전문가인 튜터와 토론과 논쟁을 벌이는 일이 벅차지만, 그것은 매주 맞이하는 여러 학습 중 하나일 뿐이라는 사실을 깨닫고, 점차 완벽히 적응하게 된다. 토론에 참여할 뿐만 아니라 즐기기까지 하는 자신의 모습은 전공에 대한 이해가 넓어지고 또한 깊어졌음을 의미한다. 최근 다양한 주제에 대해 토론하고 논쟁할 기회가 늘었지만, 전통적인 일대일 구조의 튜토리얼은 다자 구조로 그 형태가 다소 바뀌었다. 현대 옥스퍼드의 튜토리얼은 더 역동적이고 유연하고 더 대중적인 교수법으로 진화했다. 한 가지 (작은) 불만이 있다면, 과거에 흔했던 괴짜 학생들이 오늘날에는 매우 찾아보기 힘들어졌다는 사실이다.

15

정치학 전공 튜터 이야기

제임스 팬튼 James Panton, 세인트존스 칼리지, 정치학 강사 역임

초보 연구자에게 옥스퍼드 튜토리얼 튜터라는 직책은 매우 부담이 된다. 당연한 이야기이지만 튜터들은 자신들이 마주하게 될 학생보다 더 많이 읽었고, 더 깊이 고민해보았고, 자신의 분야에서 월등한 실력과 안목을 가지고 있다. 하지만 3~4년의 시간이 흘러 학부 강의 교수요목에는 잘 등장하지 않는 주제에 관해 박사학위 논문을 쓸 때가 되었을 때(내가 지금 이 글을 쓰는 순간에도 그들은 인류의 지식에 기여할 수백 수천 단어로 구성된 글을 집필하고 있을 것이다), 혹은 수많은 시간과 노력을 들여 방대한 지식을 섭렵하고 학계에 작은 이론 하나를 제기한 직후라면, 어쩌면 학부 교과서 내용들을 잘 기억하지 못하거나 학문적인 자신감도 떨어져 있는 자신을 발견하게 될지도 모른다.

처음 몇 학기 동안 경력이 짧은 초보 튜터들이 상상하는 튜토리얼 학생이란, 도서목록의 책들을 처음부터 끝까지 모조리 읽고 아침 수업에 참석하거나(학생들이 처음 독서할 때는 깊이 고민하지 않으며 계속되는 토

론을 통해 점차 내용을 갖추어 간다는 사실을 알고 있음에도), 혹은 어떤 책 한 권에 매료되어 그에 대한 놀라운 주제를 설명하고 연관된 질문을 던지고자 한다(그 책은 거의 필연적으로 튜터가 다루고자 하는 책이다. 왜냐하면 학생의 열정이 온전히 순수하지만은 않기 때문이다. 때로는 튜터가 새로운 교수요목을 절반밖에 끝내지 못하여 책의 의미를 몰랐을 수 있다). 하지만 실상 초보 튜터는 때때로 모든 것을 알고 있는 듯 오만하게 구는 학생을 만나기도 한다(그는 사실을 증명하는 자신의 목소리를 듣고 싶어 한다). 또한 유난히 긴장하는 학생도 있는데, 그런 학생들은 자신들이 생각하는 것보다 훨씬 많은 것을 알고 있지만 자신감이 부족하거나 자신의 지식을 드러내는 데 확신이 없다. 심지어 튜터들은 공부는 적게 했으면서 매우 자신감 넘치는 어조로 의견을 이야기하는 허세 가득한 학생을 만나기도 한다. 때때로 매우 예외적인 능력을 가진 학생을 만나기도 하는데, 튜터가 보기에 자신의 학창 시절보다 훨씬 뛰어난 재능을 가진 학생임이 분명하다.

시간이 지나면서 튜터로서의 자신감은 자라나고(그래서 질문에 대한 답을 모른다거나 책의 관련 부분을 충분히 읽지 않았다고 시인할 수 있게 된다), 경험은 축적된다(허풍쟁이와 재능 있는 학생을 구별할 줄 알고, 수줍은 학생과 게으른 학생을 가려낼 줄 알게 된다). 이처럼 자신감과 경험이 쌓이면 그토록 힘겹게 느꼈던 튜토리얼 학습이-각각의 튜토리얼뿐 아니라 에세이에 관한 대화조차도-실은 학생들의 서로 다른 학습 성향 때문이라는 사실을 알게 된다. 학생들은 저마다 다른 모습의 열정을 가지고 있고 같은 과목에서도 다른 부분에서 흥미를 느낀다. 그래서 튜터는 경우에 따라서 학생들이 학습 내용을 충분히 이해하지 못했다고 판단할 수도 있다. 하지만 시간이 지나면 튜터는 학생 개인이 스스로 생각을 정립하고 과목 이해도를 높일 수 있도록 개별적인 눈높이를 맞추며 지도하기 시작한다. 이 대목이 튜토리얼을 매우 특별하고도 효과적인 학습법으로 만드는 요인이 된다. 튜토리얼이 쉽게 진행되는 경우는 거의 없으며 언제나 지적인 도전을 안겨주기 마련이다. 그런데 이러한 과정이 성공적으로 진행된다면 아침 시간을 모두 할애한다고 해도 튜토리얼은 지적인 열정이 가득한 흥미롭고 신나는 시간이 된다.

이 책의 공동 저자들은 대부분 대학과 학생 사이의 평등주의적 관계가 튜토리얼의 특성이라며 강조했다. 또한 이처럼 고유한 관계 양상의 핵심이 창조적인 긴장관계라고 설명했다. 당연한 일이지만 튜터는 그 분야를 공부하며 더 많이, 오래 읽고 생각했을 것이다. 그런데 영리한 학생들은 자신의 무지나 지적인 모호함을 숨기려 하고, 이 때문에 까다로운 질문이나 중요한 질문에 허세 섞인 대답을 내놓으며 자신을 드러낸다. 튜터와 학생의 관계에서 평등주의적 특성의 원천은, 초중등 교육과 달리 튜터가 정답을 제시해주기 위해 존재하지 않고 '올바른' 정답을 제시하지도 않는다는 데 있다. 반대로 생각해보면, 튜터는 학생들보다 나이가 몇 살 많고 경험도 더 많지만, 그 역시 세상의 어렵고 복잡한 문제의 답을 찾아가는 중이라는 점에서 크게 다르지 않다. 최대한 일반화해서 말하자면 튜터는 질문을 던지는 역할을 통해 학생들을 올바른 방향으로 인도하는 사람이다. 더 높은 지식 수준을 향해, 더 풍부한 결실을 맺을 수 있도록, 아울러 지적인 역량을 강화하는 데 도움이 되도록 격려해주는 사람이다. 튜터는 또한 어떤 분야에 매진하여 능력을 펼칠 의사가 있고 관심과 열정도 가진 학생을 격려하고 올바른 방향을 제시해주는 사람이다. 그래서 좋은 튜터는 그 학생이 현재 공부하고 있는 분야를 충분히 이해하고 있는지, 더 깊이 있는 연구를 수행할 능력과 자질이 있는지 간파해야 한다. 튜터는 튜토리얼을 시작하면서 방향과 목적을 설정해놓아야 하고, 튜토리얼이 성공적이라면 목표한 지점에 도달해야만 한다. 하지만 튜토리얼이 정말로 잘 진행이 되었다면 주제에서 다소 벗어난 지점에 도달했다고 해도 모두 만족하는 유익한 시간이 되었을 것이다.

이처럼 훌륭한 튜토리얼이 가능한 이유는 학생과 튜터 간의 격의 없고 유연한 관계맺음 덕분이다. 이러한 관계는 협력적이고 진취적이어서 지적인 자극을 촉진하는 효과를 불러온다. 하지만 오늘날 학문을 연구하는 데 학생과 튜터 양자가 일정한 역할을 해주지 못하면 좋은 튜토리얼의 상징인 열린 결론의 비격식성이 무의미해진다. 나는 오늘날의 학업 환경에서 학생과 튜터 모두 생각해보아야 할 세 가지 논점을 이야기하고자 한다.

첫 번째 문제적 사고

대학이 보편화된 지금과 달리 옥스브리지가 황금기를 누리던 시절, 대학은 지식인들이 다음 세대를 위해 사회적 엘리트를 양성하고, 튜터와 학생에게 자신의 의무와 위계와 세상의 이치를 가르치는 곳이었다. 하지만 오늘날의 대학은 계층과 교육 환경과 성장 배경이 모두 다른 학생들을 모아 한 교실에 넣어 두고 보통교육을 시행하고 있다. 문제는, 오늘날의 많은 학생에게 이러한 환경이 바람직하지 않을 수 있다는 점이다. 사람들이 드러내어 주고받는 이야기는 아니지만, 특히 노동자 계층의 아이들이나 완곡한 표현을 써서 '비-전통적'인 환경에 속한 젊은이들의 경우를 생각해보자.

위와 같은 관점에서 에세이 쓰기든 허세든 흑인 예술을 배우며 이미 지나친 특혜를 누리고 있는 공립학교의 학생들에게 매주 에세이 한두 편씩 쓰도록 요구하는 일은 명백히 과유불급으로 보일 수 있다. 전혀 다른 성장 배경을 가진 아이들이 전통적으로 사회적인 엘리트를 양성하는 교육 제도에 진입하면, 학업과정에서 소외감을 느끼고 반발심이 극대화되어 결국 도태의 길을 가기 쉽다. 학생들에게 짧은 시간에 과분한 양의 과제를 부여한다면 시간에 쫓겨 충분히 생각할 시간을 갖지 못한 채 공부할 테고, 최악의 경우 상처받고 중도 포기하게 된다. 매주 혹은 격주로 진행되는 튜토리얼에서 학생들은 자신의 이해력 부족과 준비 부족으로 인한 무지를 드러내지 않을 수 없다. 튜토리얼의 핵심 요소는 학생들이 학업을 이어가며 사유를 발전시키고, 그것을 지지할 이론적 틀을 형성하도록 하는 강한 지적 압박이다. 이러한 환경에서 어떤 학생은 지적인 소외를 느끼고 불필요한 낙인이 찍혀 매우 큰 스트레스를 받는다. 이것은 때로 우울증이나 자존감 상실, 혹은 자해나 자살로 이어지는 경우도 있다! 이러한 주장이 과장이라고 주장하고 싶은 독자도 있을 테지만 과중한 학업으로 인한 부작용을 보여주는 자료들을 일별해보기 바란다(커리Currie, 2000; 샌더스Sanders, 2003; 윈터Winter, 2003 세 가지 자료 참고).

　다른 지면을 통해 같은 주장을 펼친 바 있지만(팬튼Panton, 2004), 특정 학생들의 장래에 대한 이처럼 비관적인 이야기는 우월주의적 입장을 피력하기 위함이 아니다. 결과적으로 많은 학생이 힘들게 쌓은 자신의 교육 결과를 중도에 헐값에 팔아버리는 경우를 많이 보았기 때문이다. 어떤 이들은 교육 연구에서 하나의 유행이 된 심리치료 분석법을 강조하며(에클레스톤Ecclestone과 헤이즈Hayes, 2008 참고), 학생들의 학업 발달이나 잠재력 향상보다는 무의식 속에 내재된 심리적 취약점을 들추어내곤 한다. 내가 말하려는 이야기의 핵심은 간단히 이렇게 요약할 수 있다. 우리가 학생들에게 기대를 거는 데 있어 가장 중요한 요소는 그 학생이 충분한 능력과 자질을 갖추고 있는지의 여부이다. 만일 우리가 과거의 엘리트 중심 교육 체계에 문제가 있다고 가정한다면, 오늘날 우리의 아이들은 교육에 대한 열정과 의욕이 거의 없으며 지나친 압력이 가해졌을 때 쓰러지고 마리라는 매우 우스운 가정 하에 교육 정책을 펼쳐야 한다. 만일 우리가 지금의 학생들이 정신적 육체적으로 나약하고, 지식의 압박을 견딜 수 없으며, 에세이를 제시간에 제출하는 일도 힘겨워한다고 생각하면, 우리가 학생들에게 기대하는 바가 이루어지지 않더라도 전혀 놀라서는 안 된다. 그러나 이와 반대로 학생들이 도전을 힘들어 하더라도 우리가 격려하고 도와주면 놀라운 힘을 발휘할 수 있고, 대학교육도 활성화될 것이며, 학생들이 우리의 능력을 뛰어넘고, 튜터들 이상으로 우리에게 더 많은 요구를 하게 되리라는 기대를 가지고 같이 협력해 나아간다면 더욱 많은 결실을 얻을 수 있을 것이다.

학생과 튜터 모두에게 도움이 될 이야기가 있다. 도전받는 일을 즐거워하고 즐겨라. 당신이 생각지도 못했던 능력이 샘솟는 것을 보게 될 것이다. 교육자의 입장에서 이야기하자면 우리는 모두 태생적으로 엘리트이다. 우리가 젊은이들에게 도전정신을 심어주고 스스로 사고하도록 일깨워준다면 학생 모두 열심히 공부하고, 도전을 이겨내고, 번창해가는 진정한 능력 중심의 교육 제도를 창출해낼 수 있을 것이다.

두 번째 문제적 사고

이 책의 다른 곳에서 언급한 적이 있는 주제인데, 시험에 대한 과도한 집착이 기초교육에서부터 상위 단계에 이르기까지 교육 전반에 팽배해 있어 교육의 진정한 의미가 왜곡되고 있다(프로버트 스미스 Probert Smith, 이 책의 7장). 점점 도구화되어 가고 있다는 비판을 받는 대학들은 자신들이 가진 교육의 가능성을 학부교육 평가등급인 'A' 등급 등의 계측치로 평가받고 있다('A' 등급이란 상위 등급을 의미하고, 'B' 등급이나 'C' 등급은 받아들일 수 없다!). 많은 대학과 연구소들은 기관의 설립 목적은 물론 위상과 자금조달 등의 존립 기반을 우수한 평가를 받는 대학원생들을 무수히 배출하는 데 두고 있다. 그리고 당연한 말이지만 기관이 좋은 등급의 평가를 받는다면 그에 비례하여 학생을 많이 유치할 수 있다.

튜터 경력이 많지 않은 이들은 자신의 능력을 학생들의 성적으로 평가하려는 경향이 있다. 분명한 것은, 그렇게 되면 자신도 모르는 사이에 튜토리얼을 학생들의 성적을 향상시키는 수단으로 만들어간다는 점이다. 대학을 직업을 구하는 데 필요한 관문 정도로 생각하는 학생들이 많아지고, 학부 졸업생보다 더 나은 보수를 받기 위해 대학원에 진학하는 학생이 늘어나는 세태 속에서 누군가가 튜토리얼이란 최종시험에서 우수한 성적을 거두기 위해 준비하는 모임이라고 말한다 해도 놀라운 일이 아닐 것이다. 그런데 이보다 더 우려되는 일은, 저학년 학생들이 그러한 분위기에 영향을 받아서 학생들의 성적으로 튜터의 능력을 평가하려는 경향이 늘고 있다는 사실이다. 명시적으로든 암묵적으로든 우리의 가르침이 시험이라는 압력에 굴복하기도 한다. 튜토리얼이나 세미나 토론에서도 재미있는 질문이 오가거나 논점이 샛길로 빠져 방향성을 잃기도 하지만, 교수요목마저도 학생들이 학위를 취득하는 데 도움이 되도록 모두 아는 내용만을 다루기도 하는 것이다.

젊은 튜터와 장래의 학생들에게 다시 조언 하나를, 혹은 충고 한마디를 전하고자 한다. 시험 결과는 중요하다. 학생들이 어떠한 성과를 이루었고, 자신의 생각을 얼마나 정교히 다듬었으며, 또한 그 생각을 얼마나 진전시켰는지를 보여주는 척도이기 때문이다. 하지만 시험이 아무리 중요하다고 해도 그 학생의 학업 잠재력을 보여주지는 못한다. 시험은 좋은 학업 수단이기도 하고 때로는 그렇지 않기도 하다. 성과에 대한 일정한 측정치를 보여준다는 점은 부인할 수 없는 사실이다. 그런데 시험 성적이 좋다는 사실은 자유로운 지적인 교류라는 협력적 학습이 잘 이루어졌음을 뜻하기도 한다. 튜토리얼을 지적인 자유와 호기심을 충족하는 장소로 여기며 열심히 공부하고, 읽고, 질문하고, 무엇보다도 깊이 사고하고, 관련 학문 영역을 탐험하고, 때로는 활강 준비를 하듯 학습한 내용을 정리했다는 뜻이다. 지식과 자신감과 학업 능력은 학습에 열심히 참여하고 자신의 생각을 발전시키는 가운데 향상된다. 튜터들은 이러한 점에서 매우 도움이 된다. 그들은 튜터로서의 역할을 충분히 이해하고 그 역할을 이행할 준비가 되어 있기 때문이다. 만일 튜터가 성실하지 못하면 튜토리얼은 흥미가 반감되고 지적 교류도 제한될 것이다. 하지만 튜터가 지식의 안내자로서 학생들을 고등교육의 세계로 충실히 안내한다면 그는 단순히 기술과 정보의 전달자 역할을 하는 데 머물지 않을 것이다. 이것이 독자들이 알아야 할 점이고 또한 학생들이 실천해야 할 사항들이다. 아울러 2.1의 성적[2/4등급에 해당하며 대학원 진학을 위한 최소학점이다-옮긴이]을 얻기 위해 필수적인 좋은 에세이 작법의 비밀도 바로 여기에 있다.

세 번째 문제적 사고

오늘날의 학술 풍토가 보여주는 세 번째 문제점은, 교육과 연구가 거짓 반론을 토대로 형성되고 있으며 그 분위기가 팽배해지고 있다는 점이다. 대부분의 튜터들은 세상의 다양한 현상을 궁금해하고, 그 궁금증을 해소하기 위해 지식에 헌신하는데, 그들의 공적은 자신이 성취한 바를 문서로 남겼을 때만 세상에 알려진다. 출판과 집필이 지식을 나누는 필수불가결한 수단이었던 적도 있지만, 지금은 학술지에 게재하는 논문 수로 지식의 가치와 학문적 역량을 재단한다.

연구를 시작한 지 얼마 되지 않는 내가 종신교수가 되려면 가장 권위 있는 연구 분야에서 많이 인용되는 최상의 논문을 최상의 학술지에 게재해야만 한다. 이것이 지식이자 학술의 질이 도구적으로 측정되는 최근 경향이다. 학문을 가능하게 하는 끝없는 탐구와 지적인 열정, 학문적 도전, 세상에 대한 호기심과 인내 등과 같은 덕목들은 언제나 중요하지만, 도구적인 필요에 따라 재단된다. 학술지에 게재하는 정량적 평가가 그 기준인 셈이다.

이토록 힘든 연구를 치열한 경쟁 속에서 수행해야만 하는 연구자들에게 튜토리얼은 거추장스러운 방해 요소일 뿐일까? 연구와 가르치는 일은 양립하기 힘들고, 언제나 시간에 쫓기는 연구자들은 연구하는 데 충분한 시간을 확보해야만 한다. 하지만 그럼에도 우리의 생각은, 연구를 통해서도 가르칠 수 있다는 것이다. 학생들과 함께 실천할 수 있는 지적인 작업들도 많이 있다. 모험적으로 생각하고, 자율과 자발성을 배양하여 이해 범위를 넘어서는 영역을 탐구하고, 때로는 우회할 줄 아는 능력을 키우는 것이 그것이다. 심지어 튜토리얼을 활용하면 잊어버리기 쉬운 시험 관련 내용도 오랫동안 기억할 수 있다. 물론 나도 연구 성과를 내고 그것을 출판하기 위해 끊임없이 노력하고 있다.

그런데 이에 대한 해결책은 명확하다. 앨런 라이언이 이 책 다른 부분에서 언급했듯, 학문을 한다는 것의 의미를 깨닫는 것이 가장 중요하다. "첨단 연구에 참여하지 않는 교수는 좋은 스승이 될 수 없다는 말은 첨단 연구 현장에 있는 연구원들이 모두 가르치는 일을 좋아할 것이라는 주장만큼이나 설득력이 떨어지는 이야기이다." 라이언은 "좋은 교육을 위해서는 좋은 학자가 필요하다"는 점을 강조했다(라이언, 이 책 2장 참고). 좋은 학문은 어떻게 만들어지는가? 이 의문에 개인적인 의견을 덧붙이고자 한다. 이 질문에 답하려면 튜토리얼에서 가장 필요한 것이 무엇인지 생각해보아야 한다. 그것은 자료조사와 읽기와 깊은 사고일 테고, 아울러 당신의 생각을 동시대의 뛰어난 지성들과 교류해야 한다.

무엇을 해야 할까?

위와 같은 세 가지 문제에서 자유로울 수 있는 사람은 없지만, 옥스퍼드의 일원이 된 이들은 겉보기에 전부 이러한 압박에서 멀리 떨어져 있는 듯 보인다. 하지만 문제점들은 실재한다. 만일 우리가 학문을 추구함에 있어서 가장 중요한 것이 우리와 동료들이 주장하듯 학문적 바탕에 도전하고 의문을 던지는 일이라면, 우리의 도전과 의문 역시도 보편적인 학문의 토대 위에서 이루어지고 있다는 깨달음도 얻을 수 있어야 한다. 그러한 인식의 토대 위에서 우리는 튜터이자 교육자가 되어 맡은 일을 수행하고 있는 것이다. 무

조건 책 속에서 해답을 찾으려 하거나, 튜토리얼을 하루의 끝으로 미루거나, 세상이 변했는데도 아무것도 알아채지 못하는 사람이 되어서는 안 된다.

만일 우리가 엄격한 기준에 맞추어 에세이를 쓰거나 오랜 시간 동안 고민하는 일(그리고 이와 관련된 모든 지식의 압박)이 능력 밖의 일이라고 믿는다면(혹은 학생들에게 그렇게 믿어야 한다고 가르쳐야 한다면), 또한 그러한 믿음으로 인해 우리의 역할이 세상의 지식과 지식의 역사를 전해주는 일이고 그 역할만 수행해야 한다면, 그래서 우리가 좋은 학위를 양산하는 기술자가 되어야 한다면, 튜토리얼은 재미있는 일이 될 수 없을 뿐더러 중요하게 여길 필요가 없는 풀어야 할 숙제일 뿐일 테고, 젊은 연구자들에게는 경력에 필요한 출판 등의 일을 추진하는 방해 요소일 뿐일 것이다. 학생들에게 더 관심을 가지고 도전 정신을 심어줄 필요도 없을 것이다.

하지만 반대로 모두 다음과 같은 생각을 하게 된다고 가정해보자. 우리가 왜 진학을 하여 학문을 연구하는지, 우리가 알아내고자 하는 세상의 참모습은 무엇인지, 대학생인 우리를 열정적으로 잡아 이끌며 선배들이 가르쳐주고자 했던 것이 무엇인지. 이 질문에 답을 얻고자 한다면, 우리는 우리가 튜토리얼 시간에 마주앉은 학생들에게 우리가 가진 열정의 일부를 전해줄 수 있을 테고, 우리가 가졌던 호기심을 나누고 지식도 전수할 수 있을 것이다. 그리고 당신이 만일 튜토리얼을 처음 접하는 신입생이라면 튜토리얼이 대학생활이라는 짧은 기간 동안 세상을 이해하고, 지식과 생각을 연마하고, 사고체계를 정립하도록 도와준다는 사실을 알게 될 것이다. 당신이 여기에 적극적으로 참여하고 튜터와 긴밀히 협력한다면 지적으로 자극받아 더욱 학업에 정진하게 될 것이다. 때로는 다소 힘들고 버겁겠지만 결과적으로 매우 값어치 있는 경험이었다고 느끼게 될 것이다. 좋은 성적을 거두고 원하는 직업을 마음껏 선택하려는 학생들의 욕망은, 좋은 논문을 작성하고 좋은 출판물을 출간하고자 하는 당신의 욕망과 크게 다르지 않다. 하지만 학생과 튜터를 처음 이 자리로 불러 모은 것은 지적인 호기심이었으며, 학문과 지식을 탐구하고자 하는 순수한 열정이었다. 기본적으로 그것이 학문의 전부이다.

16

대학생활의 의미

알릭 해퍼드 스미스 Alic Halford Smith, 뉴 칼리지 학장 역임

다음 글은 1953년 10월 11일 채플에서 뉴 칼리지 신입생들에게 낭독된 연설문이다. 알릭 해퍼드 스미스의 《에세이와 연설문 선집 Selected Essays and Addresses》(바실 블랙웰, 옥스퍼드, 1963, pp.107~111)에서 인용했다.

새 학년이 시작되고 첫 번째 일요일이 되었습니다. 대부분에게는 생의 첫 대학생활이겠지요. 저는 여러분이 이곳에서의 삶과 학업, 태도와 깊이에 대해 잠시 생각하는 시간을 갖길 바랍니다. 현재와 미래에 각자에게 주어질 일과 소명을 생각하는 시간이 될 것입니다. 이곳에서 여러분이 누리게 될 것은 의심할 나위 없이 자유와 행복, 그리고 선택받은 삶이지만, 그것은 훈련과 준비의 과정이며 훗날 어떤 형태로든 그것을 사회에 유용한 형태로 되돌려주어야 합니다.

여러분이 훈련받고 준비하는 모든 과정은 분명한 목적이 있고,

그것은 훗날 사회의 필요한 곳에서 유용하게 쓰일 것입니다. 그러므로 우리는 현대문명이 필요로 하는 조건(우리가 추구하는 진실)이 무엇인지 먼저 생각해볼 필요가 있습니다. 그다음에는 대학교육을 받은 우리, 특히 대학의 전통교육을 받은 우리가 그것을 구현할 주체가 될 수 있을지 생각해보아야 합니다. 이러한 관점에서 본다면 고등지식과 지속적인 학습 역량을 요구하는 기술이나 지식의 형태가 존재한다는 사실은 분명해 보입니다. 그 지식은 과학의 여러 분야가 될 수도 있고 수학이나 약학이 될 수도 있을 것입니다. 직업을 얻기 위해 필요한 지식을 얻는 곳이 대학이라고 믿는 사람들은 즉시 활용 가능한 지식을 습득할 테고, 특정한 외적 목표보다는 앎 자체를 이해하고 배우기를 원하는 이들은 학자의 태도를 배우게 될 것입니다. 어떤 이는 과학을 발전시키기 위해 학문을 배우고, 어떤 이는 자신의 삶을 꾸려가기 위해 학문을 배웁니다. 또 누군가는 지식 자체를 위한 지식(추상적인 형태의 지식이거나 금전적인 보상이 적은 수학 등의 순수학문을 연구하는 경우)에 탐닉하여 자신의 외로운 연구가 세상을 바꾸는 도구가 되도록 할 것입니다. 이러한 모든 행위가 대학에서 해야 하는 일종의 훈련이며 동시에 사회에 환원되는 공의로운 사업입니다.

이러한 모든 과정을 통해 우리의 대학과 문명이 지향해야 할 공동의 지평이 드러날 것입니다. 수학이나 과학이 아닌 분야에서 외로운 학문이나 목적이 분명하지 않은 연구를 지속하는 이들이 품은 생각은 저마다 다르리라 생각합니다. 많은 사람이 고대사나 사어死語가 된 언어로 쓰인 문학처럼 인고의 시간을 가져야만 하는 일들의 가치에 회의적입니다. 그러나 어떤 사람들은 자신의 마음 속에 소명이나 진실을 향한 집념 등과 같은 매우 소중한 가치들을 품고 있습니다. 저는 가능한 한 모든 영역에서 이러한 마음을 북돋 아주어야 한다고 생각합니다. 저 또한 제가 몸담은 분야에 많은 사 람이 가치를 공감해주기를 바라기 때문입니다. 이처럼 서로 이해하 는 마음이야말로 대학교육이 나아가야 할 기본 방향이 되어야 합 니다.

여러분 가운데 많은 사람이 훗날 각 분야의 전문가나 연구자로, 혹은 힘들고 외로운 자신의 분야에서 앞에서 말씀드린 소중한 마 음가짐을 가지고 살아갈 것입니다. 어떤 이들은 법률 분야나 학교 교육에 종사할 테고, 또 어떤 이들은 행정이나 경영 업무에 매진할 것입니다. 때에 따라서는 여러분이 배우는 학업을 마치고 찾은 직 업이 전공과 동떨어진 일일 수도 있고, 또는 그 학문이 실용성이 배제된 일이거나 실무와 무관한 일일 수도 있습니다. 그렇다면 그 학문은 자신의 존재가치를 증명하는 데 실패한 것일까요?

이제 우리는 다음과 같은 질문을 던지며 문제의 핵심을 들여다 보아야 합니다. 만일 우리의 마음이 외부세계의 혼란과 압박과 흥 분 등으로 인해 동요한다면, 하지만 세상은 그것을 필요로 한다면 우리는 어떻게 해야 할까요? 이 질문을 살짝 바꾸어본다면, 현대인 들이 가장 열망하는 것은 가장 얻기 어려운 것이 아닐까요? 제 생 각에 세상에서 가장 취하기 어려운 것은 거리 두기와 마음의 평정 입니다. 그것은 현재의 근심을 떨쳐버리고 내적인 평안을 추구하 는 일이고, 공포나 욕망으로부터 오는 마음의 편향을 떨쳐버리는 일이고, 이해할 수 없는 문제들을 이해하기 위해 노력하는 마음이고, 세상을 있는 그대로 받아들이는 마음이고, 어떤 일에 직면해도 성실하고 깨끗하고 진실하게 문제를 해결하려는 마음입니다. 일상을 살아가는 현장에서든 사적인 공간에서든 언제나 마음을 다스리는 일은 필요합니다. 하지만 그것이 언제나 가능한 것도 아니고, 원한다고 해서 가장 좋은 것과 가장 필요한 것만 취하며 살 수도 없습니다. 저는 세상사의 이러한 원리를 그대로 인정합니다. 그럴 수밖에 없기 때문이지요. 사람은 언제나 어떠한 경우에든 불완전한 판단을 내리고 성급한 행동을 하기 마련입니다. 하지만 거기에 만족해야 합니다. 높고 엄격한 삶의 준칙을 배우지만, 필요에 따라 물러서는 법을 알아야 하며 삶은 불완전하다는 여유로운 마음을 가지고 최고의 것만을 취하려는 자세를 버린다면 세상은 지금과 다른 모습이 될 것입니다.

누구도 인간 세상에서 그러한 마음가짐의 가치, 혹은 그러한 마음을 품은 사람의 영향력을 부정하거나 평가절하할 수 없습니다. 저는 학생들이 자신의 학업과 삶을 의심하거나 망설이기보다는 명확한 목표와 지향점을 가지면 좋겠습니다. 문명이 마주하고 있지만 거의 논의되지 않는 문제, 하지만 많은 사람이 오랫동안 관심을 가지고 있는 문제가 많이 있습니다. 여기에는 여러분이 삶을 살아가면서 한두 번쯤 직간접적으로 연관될 문제도 많습니다. 세상에서 벌어지는 일들이 시급한데, 대학이 그 모든 것을 외면하고 정상적으로 문을 열고 고전학이나, 고대사, 노동, 철학 등의 학문을 지원하고 투자할 수 있을까요? 반면 소외되고 뒤쳐진 학문들이 효용

가치가 있으니 그 학문들을 되살리겠다고 공언하는 사람들도 있습니다. 그들의 말이 틀렸다고 말하고 싶지는 않습니다. 하지만 앞에서 언급했듯, 우리는 학문을 추구할 때의 마음가짐을 먼저 살펴야 합니다. 그렇다면 그와 같은 학문의 소외 현상도 일정 부분 스스로 드러난 모습이자 불가피한 현상일 수 있습니다.

이러한 논의에 대해 더 분명한 이야기를 하고자 합니다. 세상에서 벌어지는 일들은 언제나 급하고 근심 가득하고 공평하지 않기 때문에, 그 속에서의 삶이 얼마나 어려운지 우리는 잘 알고 있습니다. 그럼에도 우리는 현명한 판단을 내리고 마음의 평정을 찾기 위해 노력해야 합니다. 그리고 그러한 어려움 속에서도 여러분은 각자 선택한 학문을 공부할 수 있습니다. 왜냐하면 여러분이 몸담은 대학이라는 곳에서는 어떠한 편견도 없이, 즉각적인 행동이 가져오는 결과를 염려할 필요 없이 학문에 매진할 수 있기 때문입니다. 때로는 대학이 시대의 유행을 받아들이기도 하고, 때로는 대학의 연구가 대중의 환호를 이끌어내기도 합니다. 주어진 학업을 성실히 이어나가 준다면 여러분은 인내와 끈기를 배우고, 본질을 바라보는 이해력과 문제해결 능력을 갖게 될 것입니다. 여러분의 마음속에 순수한 열정과 진실을 추구하는 흔들림 없는 목표가 설 것입니다. 우리가 추구하는 모든 학문은 인류의 번영에 기여하게 될 것입니다. 그 목표가 가지는 공의로움에 대해서는 누구도 의심할 수 없습니다.

여러분은 지금까지 우리가 가져야 할 마음의 자세에 대하여 경청했는데, 이와 관련하여 두 가지 서로 다른 입장에 대해 생각해보려 합니다. 첫째는 이미 언급했듯 자신이 연구하는 분야에 마음을 다해 인내하며, 이루고자 하는 바를 탐구하고자 하는 태도입니다. 둘째는 마음의 평정과 내적인 성숙, 그리고 타인의 시선으로부터 자유로운 정신을 갖는 삶의 태도입니다. 하지만 이제 우리는 이 두 가지가 서로 분리될 수 없음을 알 수 있습니다. 왜냐하면 인내하며 연구에 몰두하는 일은 주변의 방해와 근심에서 자유로운 마음의 태도에서 비롯된다는 사실을 부인할 수 없기 때문입니다. 한 가지 덧붙이자면, 만일 우리가 진리를 추구하며 꾸준히 공부한다면 자신의 독자적인 세계를 구축할 수도 있습니다. 여기에 근거를 대는 일은 어렵지 않습니다. 열정적이고 냉철한 연구는 연구자가 아닌 연구 자체에 목적을 두고 있는데, 이것은 스스로 자족하는 마음이고 그 마음속에 근심과 걱정은 존재하지 않습니다. 이것은 특별한 사례라기보다 여러분이 살아가면서 수없이 느낄법한 이야기입니다. 여러분이 연구에 매진한다면 결실을 맺을 수 있을 뿐더러 여러분의 삶과 마음에도 평화와 안정이 찾아옵니다. 저는 그것이야말로 누구나 꿈꾸는 삶의 안위이자 사회의 일원으로서 누리는 행복이라고 생각합니다. 여러분이 몰두하고 있는 연구가 동료들과 행복한 삶을 나누는 매개가 될 수 있고, 옥스퍼드의 곳곳에 세워진 고색창연한 건물들이 상징하는 오랜 전통이 당신의 삶에 구현되는 일이 될 수 있습니다. 생각해보면 이 모든 것 속에서 당신은 우리가 이야기한 주제들이 서로 연관되어 있으며, 당신이 찾고자 하는 행복하고 고요한 마음가짐에도 적잖이 기여하고 있다는 사실을 알게 될 것입니다.

채플 시간에 제가 너무 세속적인 일들에 관해 이야기한 것은 아닐까요? 하지만 제가 언급한 마음을 다스리는 일 역시 종교의 범위에서 크게 멀지 않다고 생각합니다. 종교에 일정한 범위가 있다고 가정한다면 말이죠. 그리고 한 가지만 더 덧붙이고자 합니다. 다양한 주제에서 공통적으로 드러나는 주제로 제가 지금까지 이야기한 헌신하는 자세를 잃지 않기를 바랍니다. 당신의 신앙에 다른 무엇으로도 대체할 수 없는 헌신하는 마음이 담겨 있는지 스스로 질문해보십시오. 아마도 여러분 가운데 많은 학생이 제 생각에 공감할 테고, 그렇게 된다면 우리 대학은 이루고자 하는 목표와 지향점에 도달할 것입니다. 만일 우리가 그것이야말로 우리가 간직해야 할 굽힐 수 없는 목표의 일부라고 믿고 이곳의 삶에서 최선을 다한다면, 우리의 마음은 궁극적이고도 침범 불가능한 평정 속에서 조용히 앞으로 나아갈 것입니다.

대학과 학교 내 가르침을 위한
'옥스퍼드 튜토리얼'의 개념 탐구 지침

1

이 책은 교양 교육에 필요한 비판적 사고를 촉진하는 교육학적 수단인 '옥스퍼드 튜토리얼'TOT의 개념을 고찰하는 데 유용한 지침서이다. 학생들은 소크라테스식 질문법을 통해 지속적인 학문적 호기심을 배양하고, 이를 통해 각자의 학위과정과 연구 주제에도 폭넓은 사유로 접근할 수 있다. 옥스퍼드 튜토리얼은 인문학 영역이 아닌 다른 학문에서도 훈련과 교육의 지침으로 활용될 수 있을 뿐 아니라, 옥스퍼드가 아닌 다른 대학에서도 '교수教授와 학습'의 일부로 사용될 수 있다. 또한 학생들을 가르치는 교수법을 연구하는 일환으로도 탐구의 대상이 될 수 있을 것이다.

2

옥스퍼드 튜토리얼의 단순한 정의는 '소그룹 지도small-group teaching'

이다. 전통적으로 옥스퍼드의 대학들은 교수(돈don 혹은 '튜터') 한 명에 학부생 두 명(튜티tutees)으로 구성된 매주 1~2회의 한 시간 세션(튜토리얼)을 만들어 3~4년의 학위 기간 동안 24주 일정으로 학습한다. 캠브리지의 대학들도 많은 수고가 요구되는 이 학습법에 보조금을 투입하고자 기금을 마련하여 운용하고 있다. 이를 '캠브리지 슈퍼비전The cambridge supervision'이라고 부른다. 자세한 내용을 알고 싶은 독자는 펠프리먼 저《옥스퍼드 튜토리얼The Oxford Tutorial》(OxCHEPS, 2008)를 참고하기 바라며, 관련 내용은 다음의 인터넷 사이트에서도 찾아볼 수 있다. (oxcheps.new.ox.ac.uk) 블랙웰Blackwell에서 출간된 양장본이다. 북경대학교출판부에서 출간한 중국어 번역본(2010)도 참고할 수 있다.

3

오늘날의 대량 고등교육 시스템은 큰 어려움에 봉착해 있다. 학부 교육에 대한 지원 문제부터, 수업료의 적정성, 그 수업료를 통해 얻고자 하는 학생 고객의 높아져 가는 기대치 등을 놓고 볼 때, 현재의 교육과 '제공되는' 학습에 대한 근본적인 개선이 필요하다. 심지어 학부 교육의 경쟁력을 고민하는 경우, 옥스퍼드 튜토리얼의 일부 제도에 대한 의문마저 제기되고 있는 실정이다. 예를 들어, 플립러닝(flipped learning, 미리 학습한 내용을 토론하는 식으로 진행하는 학습 옮긴이)의 의미도 모호해졌다. 그것은 소그룹 지도를 의미하며, 학생들도 전통적인 대규모 강의보다 심도 있는 토론을 할 수 있지만, 최근 십여 년간 보이는 모습은 통제가 어려울 정도로 규모가 커진 세미나 풍경이다. 7장(종합대학과 단과대학의 미래)을 참고하기 바란다. 팰프리먼과 템플, 《종합대학과 단과대학: 간략한 소개Universities and Colleges: A Very Short Introduction》(옥스퍼드대학교출판부, 2017)

4

마찬가지로, 대학들은 맹목적인 암기 위주의 교육 현장도 우려하고 있다. 그러한 학습은 학생들의 비판적 사고는 물론, 50-60년 미래를 바라보고 나아가야 하는 독립적인 창의력마저 억제할 것이기 때문이다.

5

튜토리얼의 지침은 암기 교육과 교육이 지향하는 폭넓은 이상 사이의 균형을 촉발하는 다양한 자료를 검토하고 섭렵하는 방식을 지향한다. 그 모든 자료들은 여러 세기 동안 축적된 것으로 지식이 완전히 새로운 것만은 아니라는 사실을 보여 준다. 어쩌면 당면하는 지식에 대한 의문은 완전히 해소되지 않을지도 모른다!

6

하지만 교양 교육에 최적화된 옥스퍼드 튜토리얼의 방식은 학문의 종류와 주제를 가리지 않고 적용될 수 있다는 점은 강조되어야 한다. 그렇다고 해서 그것이 '시인들을 위한 물리학'이나 '엔지니어들을 위한 문학 총론'류의 교양 함양의 수단은 아니다. '일반교육general education'을 통해 인문학과 과학의 고지와 능선을 횡단하도

록 돕는 교육이고자 한다. 이러한 목표 아래 옥스퍼드 교수들이 수
행하는 다양한 분야의 현장 교육을 소개하고 있는 팰프리먼의 책
(2008, 위의 책)도 참고할 수 있다. 그 영역은 법, 근대 언어, 생물학, 역
사, 공학, 영어, 정치학, 철학, 경제학 등 매우 다양하다.

7

 팰프리먼의 책(2008) 1장에 언급된 것처럼, 교육 철학자들은 교양
교육의 이념과 이상을 설명하기 위해 다양한 용어를 사용했다. 예
를 들면, 앨런 블룸은 그것을 '교양 교육의 모험'이라고 했고, 마이
클 오크쇼트는 '일반 강의'보다 높은 수준의 '교양 학습'이라고 했
으며, 카디널 뉴먼은 '진정한 정신의 고양'이라고 표현했다. 그것은
학습이나 습득이 아니라 '지식을 익히는 사유이자 이성 훈련'이라
고 했다. 화이트헤드는 '학습의 상상력 가득한 탐구', 혹은 '지식의
상상력 가득한 습득'이라고 했다. 앨런 라이언은 '보편적 지식 훈련
의 실행이자 지적 자유를 함양하는 교육'이라고 했다. 폴 액슬로드
는 '지적 창의력과 자율성과 유연성을 함양하도록 돕는 일'이라고
했고, 에이브러햄 플렉스너는 '그것은 해방이고 조직화이며, 권력
과 지식의 방향성이다.'라고 했다. 호르헤 도밍게즈는 '학창시절 배
운 것을 전부 잊은 뒤에도 남는 것이 교양 교육'이라고 했으며, 프랜
시스 오클레이는 교양교육을 '이해의 지평을 넓히는 것'을 목표로
한다고 했다. 론 바넷은 의식적인 자기-임파워먼트self-empowerment를
통해 '고등교육을 해방시키는 일'이라고 했다. 이를 통해서 학생들
은 '목표와 가치와 성취를 도모하는 보편 담론'에 진입할 수 있다고

설명했다.

8

이제 1575년, 1673년, 1742년, 그리고 1854년에 쓰인 좀 더 긴 발췌문 네 개를 인용한다.

9

각각의 내용과 관련해서 독자들은 스스로 자문해 보아야 한다. 자신이 이수한 초등교육이나 중등교육, 혹은 가능하다면 대학 수준의 교육이 암기식이었는지 아니면 교양 교육이었는지, 혹은 양자가 적절히 배합된 방식이었는지, 그리고 핵심적인 사실 정보에 대한 암기 학습 없이 고등 교육 수준의 교양 교육이 가능했는지, 그리고 그 지식이 대학 수준의 담론으로 축적될 수 있을 것인지 등에 대해서 말이다.

윌리엄 볼드윈과 토마스 팰프리먼, 1575('학습과 지식이라는 두 정신적 가치에 관하여'라는 제목이 붙은 '도덕철학 선언문' 장): 그들은 소크라테스가 자신을 지식의 '산파'로 여겼다는 점을 언급했다. 교육 또한 단순히 지식을 습득하는 것이 아니라, 지혜를 이끌어내는 과정이다. 그들은 세네카도 언급했다: '모든 것의 원인'을 찾았고, '배움 없는 주장에서는 좋은 것이 나올 수 없다'고 생각했다. 마지막으로 플라톤은 이렇게 말했다. '선장이 배를 지휘하듯 이성은 지식이 지휘한다. 지식은 인생의 안내자이다.'

결국 '이성'이 교양 교육에서 촉진된다면 '지식'은 암기의 과정을 통해 축적되는 것인가? 아니면 두 가지의 섬세한 균형이 필요한가?

오바댜 워커, 1673('교육에 관하여'): 올바른 판단력은 좋은 교육에서 나온다. 그래서 교육받은 사람은 '거짓에서 진실을, 나쁜 것에서 좋은 것을, 그리고 덜 좋은 것에서 더 좋은 것을 분별할 수 있다. 또한 핵심을 간파하는 질문을 제기하는 적절하고도 합리적인 대화를 할 수 있고, 중요한 문제를 발견하여 그것을 해결할 수 있다. 그리고 진실을 추구하고 개념을 발전시키는 정신의 활동을 촉진하고 활성화할 수 있다.' 그러므로 좋은 배움은 '기억'에 관한 것이 아니다. 그것은 '읽은 것을 소화하는 일이고, 어려움이 놓인 지점을 이해하는 일이고, 그것을 해결하는 일이다. 그것은 대화하고 의심하며 논쟁하고 반박하는 일이다.'

그렇다면 교양 교육은 21세기 소셜 미디어와 정치 영역에 범람하는 '가짜 뉴스'에 속지 않도록 예방하는 역할도 할 수 있을까?

조지 턴불, 1742 ('교양 교육을 생각하다'): 그는 학교 개혁을 주장했다. 교수법과 커리큘럼 전반은 물론이고, 교양 교육을 강화해서 학생들이 지식을 알고 그것으로 무장하여 악과 유혹을 이겨내도록 해야 한다. 그래서 사회에 나아가 세상에 놓인 즐거움을 스스로 찾을 수 있도록 해야 한다고 주장했다. 턴불은 '소크라테스식 교육법'을 모범으로 생각했는데, 이를 통해 학생들이 '스스로 진리를 찾는'

여정에 나서도록 촉구해야 한다. 이때 교사들은 학생들에게 '끊임없는 배움의 기회를 제공해야 한다. 대화를 통해, 질문의 유추를 통해, 사유를 촉진시키는 산파의 역할을 통해.' '학생을 가르치는 교사들은 관습이나 정규 강의만을 맹신해서는 안 된다.' 학생들은 '암기하는 데 그치지 않고 배운 내용을 말로 표현할 수 있어야 한다. 쉬운 말이자 학생 자신의 언어로, 암기가 아닌 스스로의 사고에 의해서' 그렇게 해야 한다. 이것이 '판단력'이 되고 '창의력'이 된다. 때문에 암기한 것이 '기억'이라면, 이러한 학습은 비판적 사고라고 부를 수 있다. 이러한 교양 교육은 '비교 분석하고, 묵묵히 생각하고, 정신의 도덕적 역량을 습관화한다.'

이를 통해 교육받은 사람들은 '어떤 허황된 약속이나 유혹도 철저히 검토하고 검증하며 가장 고귀한 자세로 상황에 대처하게 된다.'

그렇다면 위에서 인용한 턴불과 여러 인사들의 견해는 일치하고 있는가? 그렇다면 이후의 교육이 무엇이든 반감만을 느끼고 그것을 자유 교양 교육에서 기대하는 것에 반하는 것이라고 여기게 될까?

찰스 디킨스, 1854. 장편소설 〈어려운 시절Hard Time〉에 따르면, 코크타운(산업혁명이 한창이던 당시 잉글랜드 북부의 암울한 공업 도시들을 상징하는 가상의 장소)의 방직공장 주인인 그레드그라인드씨는 자신이 운영하는 공장에서 일하는 아이들을 위해 학교를 운영했다. 그도 1장(1장의 제목은 '꼭 필요한 한 가지'였다)에서 언급한 것처럼 명확한 교육 철학을 가지고 있었다. 그리고 그곳은 그가 교사의 임무를 새로 시작한 곳이었다: '지금 내가 원하는 것은 사실Facts이다. 이 소년과 소녀들에게 다른 무엇도 아닌 사실을 가르쳐라. 인생에는 오직 사실만이 필요하다. 다른 식물은 심을 필요가 없고, 나머지는 뽑아내도 좋다. 이 생life에서 우리가 원하는 것은 오직 사실뿐이다. 오직 사실뿐이다.' 이 장면이야말로 학교 교실이라는 명백한 장소의 평범하고도 정직한 모습니다. 선생님의 목소리는 '단호하고도 건조하며 권위 가득한' 어조이다. 그는 '견고한 마차를 가졌고, 각진 코트를 입었고, 튼튼한 다리에 탄탄한 어깨'를 가졌다. 그를 지켜보는 학생의 무리는 '그 자리에 질서 있게 배열된 작은 그릇들처럼 기울어져 있었고, 제국의 이야기들로 가득 채워질 때까지 공간을 채울 준비가 되어 있었다.'

그렇다면 당신이 받은 교육은 어떠한가? 그레드그라인드의 '작은 그릇들' 가운데 하나가 되어 제국의 이야기들을 가득 채울 준비가 되어 있었다고 생각하는가? 혹은 다른 세 명의 인사들이 설명한 자유 교육의 방향에 부합하는 더 넓은 시야를 제공해 준 경험이었는가? 만일 그랬다면 당신의 대학, 혹은 대학교는 그와 달랐는가, 아니면 더 나았는가?

    대학에 입학하는 학생이라면 한번쯤 백양목 아래 벤치에 앉아 플라톤을 읽거나, 허름한 주점의 술잔 앞에서 문학과 인생의 페이소스를 논하는 자신의 모습을 그려보았을 것이다. 하지만 현실은 상상과 사뭇 다르고, 그 현실을 쿨하게 감내해야 하는 젊은이들은 플라톤을 입에 담을 겨를이 없다. 그리하여 고풍스러운 건물들이 가득한 대학에서도 전통 학문을 대표하는 인문학은 환영받지 못하는 것이 현실이다. 이것은 시대의 불가역적인 흐름인 것일까?

    이 책의 공동 저자 알릭 해퍼드 스미스Alic Halford Smith 교수는 그렇지 않다고 단언한다. 그는 옥스퍼드의 신입생들에게 "옥스퍼드의 곳곳에 세워진 고색창연한 건물들이 상징하는 오랜 전통이 당신의 삶에 구현"되어야 한다고 주장한다. 그것이 행복과 삶의 안위에 이르는 지름길이기 때문이다(238쪽). 지식의 궁극은 세상 속으로 뛰어들어 그 심연을 향유하고 그것을 이웃과 공유하는 데 있으며, 이 세상은 진실로 그 행복을 즐기기 위해 존재한다고, 이 책의 또 다른 공동 저자 앨런 라이언Alan Ryan 뉴 칼리지 학장은 말한다.《이기적 유전자》로 대중에 알려진 생물학자 리처드 도킨스Richard Dawkins 역시 이 책에서 자신이 경험한 옥스퍼드 튜토리얼을 이야기한다.

일주일 동안 나는 불가사리의 유압작용으로 자고 먹고 상상했다. 관족은 나의 눈꺼풀 뒤에서 꿈틀댔고, 유압작용을 하는 차극은 호기심으로 들썩댔으며, 바닷물은 졸고 있는 나의 두뇌 속을 고동쳐 흘렀다. 에세이를 쓰는 일은 카타르시스였으며, 튜토리얼을 위해 나는 일주일을 기다렸다. 그 한 주가 지나면 또 다른 주제가 기다리고 있었고……(114쪽).

도킨스 교수가 학부시절 만끽한 튜토리얼은 말 그대로 순수한 지식의 향연이었으며, 튜터와 교감하며 지식을 탐구하는 그 모습은 "옥스퍼드의 곳곳에 세워진 고색창연한 건물들이 상징하는 오랜 전통"이 그의 "삶에 구현"되는 현장이었다고 하지 않을 수 없다.

그렇다면 옥스퍼드 대학교에서 이러한 지식의 향연은 어떻게 가능한 것일까? 그것이 가능한 조건들은 무엇일까? 이러한 질문에 대한 해답의 상당 부분을 우리는 튜토리얼이라는 제도에서 찾을 수 있다. 튜토리얼은 "소수의 학생이 헌신적인 튜터를 만나 학습하는 주간 모임"을 말한다(39쪽). 대학원생이나 펠로 연구원인 튜터들은 학생들의 과제 수행이나 주제의 숙지 여부를 확인하며 읽기와 질의응답을 중심으로 과업을 진행한다. 옥스퍼드의 일원이었던 윌 무어Will G. Moore에 따르면 튜토리얼의 핵심은 "의심하고 증명하고 검

토하는 비판적 사고"이다. 따라서 "독단적이고 권위적인 선언보다
는 비판과 가설과 분석과 비교"를 우선시한다(43쪽). 심지어 앨런 라
이언 교수는 이렇게 말한다. "당신이 만일 자신의 신념을 의심하고
싶지 않다면, 대학에 진학해서는 안 된다"(20쪽).

튜토리얼은 지식의 이름으로 포장된 권위를 강요하는 대신, "우
리가 생각을 시작하는 그 지점으로 우리를 안내한다. 혹은 우리의
생각이 정말로 우리 자신의 것인 그 지점으로 우리를 안내한다"(38
쪽). 그래서 튜토리얼의 향연을 만끽한 뒤 사회에 진출한 졸업생들
은 이렇게 고백하곤 한다. "튜토리얼을 통해 우리는 거짓 정보와 무
가치한 일에 휘둘리지 않는 법을 배웠고, 세상의 명성과 기성의 제
도에 위축되지 않게 되었다"(34쪽).

대학에 진학하고 인적자원으로 성장하여 사회에 기여하는 일도
충분히 의미 있는 일일 것이다. 하지만 학생들이 조급한 유용성의
신화에서 벗어나 "궁극의 가치"(에이브러햄 플렉스너, 24쪽)를 추구하며 자
아를 직시하고, 그 궁극의 토대 위에서 학문과 지혜와 자유를 창
출한다면 그것은 "그 사람이 살아가는 내내 지속될" 뿐 아니라(16
쪽), 건강한 인문학이 되어 비로소 사회의 저변으로 확산될 것이다.

미국의 정치철학자 레오 스트라우스Leo Strauss는 "겸손을 말하지
않으면서도 가장 높은 수준의 겸양을 실현하도록 가르치는 것이
교양교육"이라고 했다(18쪽). 이 말을 조금 변형해본다면, '실용성을
표방하지 않으면서도 가장 높은 수준의 실용성을 창출하는 것이
교양교육이다'라고 생각해볼 수도 있을 것이다.

우리의 대학에서도 인문학의 가치가 더 받아들여지기를, 이를

위해 여러 제도적 장치가 마련되기를, 적어도 본래적 의미에서의 교양교육이 더욱 공유되고 확산되기를, 이 책을 번역하며 느낀 번역가의 작은 소회를 적어본다.